U1017732

邓建军的校友们·系列人物通讯
主 编 席海涛 杨劲松
第一辑

匠心花开

倪筱荣 李 颖 著

中国轻工业出版社

图书在版编目（CIP）数据

匠心花开/倪筱荣，李颖著. —北京：中国轻工业出版社，2025. 7

（邓建军的校友们·系列人物通讯）

ISBN 978-7-5184-3437-4

Ⅰ. ①匠…　Ⅱ. ①倪…②李…　Ⅲ. ①常州工业职业技术学院—校友—生平事迹　Ⅳ. ①K820. 7

中国版本图书馆 CIP 数据核字（2021）第 050203 号

责任编辑：王　淳　　版式设计：致诚图文
文字编辑：宋　博　　责任终审：劳国强　　封面设计：锋尚设计
策划编辑：王　淳　宋　博　　责任校对：吴大朋　　责任监印：张　可

出版发行：中国轻工业出版社（北京鲁谷东街 5 号，邮编：100040）
印　　刷：三河市国英印务有限公司
经　　销：各地新华书店
版　　次：2025 年 7 月第 1 版第 7 次印刷
开　　本：720×1000　1/16　印张：20
字　　数：380 千字
书　　号：ISBN 978-7-5184-3437-4　定价：42. 00 元
邮购电话：010-85119873
发行电话：010-85119832　010-85119912
网　　址：http://www. chlip. com. cn
Email：club@ chlip. com. cn

251086J2C107ZBW

江苏省党员教育培训优秀教材

序一

“非常之功”与“匠心之人”

汉武帝《求贤诏》曰：“盖有非常之功，必待非常之人。”意思是：想建立非同寻常的功业，一定要有非凡的人才。纵观常州工业职业技术学院建校六十多年来的6万多名毕业生，建“非常之功”者芸芸，他们虽非经天纬地、治国安邦的“非常之人”，但却是炼就一颗“匠心”、具有“工匠精神”的职业人，这是因为我校六十多年的发展史，本来就是一条跟随社会职业发展而发展、踩着“职业”二字稳步迈进，为培养学生“匠心”而坚毅前行的历史。

“工匠精神”是一种职业精神，它是职业道德、职业能力、职业品质的体现，是从业者的一种职业价值取向和行为表现。“大国工匠”邓建军认为：“工匠精神”可以用三个字概括：专（专注）、精（精益求精）、创（创新）；而这三个字，全部体现在邓建军的奋斗历程之中，包含在“爱岗敬业、自强不息”的邓建军精神之中。对本职工作专注、精益求精、不断创新的职业人，必定爱岗敬业；真正爱岗敬业者，对本职工作自然会专注、精益求精、不断创新；而专注、精益求精、不断创新，本身就是“自强不息”的一种表现形式。“爱岗敬业、自强不息”的邓建军精神，就是“工匠精神”，是“工匠精神”在常州工业职业技术学院的校本化表达。

为了寻找具有邓建军精神即“工匠精神”的职业人，以进一步推进构建于2006年的学校文化建设，2017年年初，党委责成邓建军学校文化研究会寻找“邓建军式”的毕业生，写成系列人物通讯，以“邓建军的校友们”为栏目，通过校内多媒体广泛宣传，以启迪和引导后来的学子。党委要求采访对象首先应该是坚守专业之路，在自己的专业领域执着前行，开拓创新，匠心如花盛开，从而结出丰硕成果者；同时，应当重视秉承“自强不息”精神，追求更高人生境界的毕业生，以及“孝老爱亲、感恩知责”，用爱心温暖社会的爱心人士。相信随着我们的持续挖掘，大量原本名不见经传的优秀毕业生将扬名于常州工业职业技术学院的内外，给老师以慰藉和信心，为在校生和刚刚离校的毕业生洞明未来之路，也为社会增添精神的力量。

从另一角度看，系统挖掘建立“非常之功”的“匠心之人”，秉承“工匠精神”深入一线采访，反复研究、构思，精心写作、修改，从而彰显优秀毕业生真实而精彩的人生，这本身也将成为常州工业职业技术学院*文化建设的“非常之功”。

邓建军的校友们·系列人物通讯编委会

2023 年 7 月 6 日

* 常州工业职业技术学院：2002 年，常州轻工业学校升格为常州轻工职业技术学院，2018 年更名为常州工业职业技术学院。

序二

育养匠心　幸福人生

——构建“工匠精神培育”和“感恩知责教育”双轮联动的
学校文化育人模式

教育的根本任务是立德树人。面对因高考失利进入高职院校的高职生，应该构建怎样的文化帮助他们立德树人？作为“为生产、建设、服务和管理一线培养高素质高级技能型专门人才”的高职院校，构建立德树人的学校文化，其抓手又在哪里？常州工业职业技术学院先后挖掘、整理出两大校本文化资源，并以此为发轫点，以“育养匠心，幸福人生”为师生共同愿景，从2006年开始，系统构建“工匠精神培育”和“感恩知责教育”双轮联动的学校文化育人模式，将之打造成了“有理念、有载体、有实践、有成效、有总结、有影响力”的品牌文化，取得了一系列成果。

“工匠精神培育”和“感恩知责教育”双轮联动的学校文化，属于从观念到制度、物质、行为，从上至下主动构建的文化，已经持续建设了17年。

“工匠精神培育”和“感恩知责教育”双轮联动的学校文化育人模式

一、挖掘校本文化资源，寻找学校文化建设的发轫点

所谓校本文化资源，是指在学校文化建设过程中可资利用的、学校独有的文化资源。我校先后挖掘出两大校本文化资源：

一是杰出校友邓建军——“爱岗敬业、自强不息”的典范，“工匠精神”的典范。他以在中专所学的知识和技能为起点，立足岗位，不断钻研，为企业和中国牛仔布行业作出了巨大贡献，成为全国劳模，国庆 60 周年入选“100 位新中国成立以来感动中国人物”，**先后 7 次受到胡锦涛、习近平总书记亲切接见，**被称作“民族工业的脊梁”。邓建军是“全国技术能手”，也是新世纪全国首批 7 个“能工巧匠”之一，是名副其实的**“大国工匠”**。

2016 年，邓建军应邀出席全国总工会组织的“大国工匠论坛”

二是余美芳老师家庭事迹——“孝老爱亲、感恩知责”的典范。余美芳家庭自 20 世纪 70 年代开始至今，先后赡养了 5 位孤寡老人，现在又跟一对失独老人结对帮扶，被评为全国“最美家庭”“文明家庭”“五好文明家庭”和“孝老爱亲最美家庭”，**受到习近平总书记的接见；**余美芳本人被评为“中国好人”“全国向上向善好青年”“全国三八红旗手”。

我们对两大资源开发利用的**基本思路**是：基于以人文教育涵养工匠精神的理念，以两大校本文化资源为发轫点，构建“工匠精神培育”和“感恩知责教育”双轮联动的学校文化育人模式，立德树人，努力实现师生共同愿景——“育养匠心，幸福人生”。

二、研究提炼学校文化理念

师生共同愿景——育养匠心，幸福人生。一方面，我们把“育养匠心”看作与“幸福人生”同等重要的目标；另一方面，又将“育养匠心”当作达致“幸福人生”的途径、手段，将培养工匠之心的过程当作一种追求人生幸福、体验幸福人生的过程。习近平总书记说：“幸福都是奋斗出来的。”只有把岗位工作、学习生活、事业与每个个体所追求的人生幸福结合起来，我们的事业才是符合人的发展规律的事业，才是可持续发展的事业。

邓建军精神——爱岗敬业，自强不息。我们概括和弘扬邓建军精神的依据是：

第一，邓建军人才类型和成才轨迹非常契合高职院校的培养目标。多年来，高职院校都将“为生产、建设、服务和管理一线培养高素质高级技能型专门人才”作为培养目标。邓建军作为职业院校毕业生，正是这样一位长期工作在生产一线并且做出杰出贡献的高素质高级技能型专门人才，是典型的适应产业转型升级和企业技术创新需要的发展型、复合型和创新型的技术技能人才，是曾被习近平总书记誉为“为国家和人民建立了杰出功勋”的“知识工人”、我国职教毕业生的一面旗帜。

第二，“爱岗敬业、自强不息”的精神，是邓建军成功的秘诀。邓建军是“全国职工职业道德建设十佳标兵”“江苏省敬业奉献模范”，其敬业奉献精神正是职业院校毕业生必须具备的职业精神；邓建军成才起点并不高，仅仅是中专时期所学的专业知识和技能，他的事迹，可以引导因高考失利而自卑气馁的高职生自信、自强、自立。

第三，邓建军的成才轨迹证明：邓建军是我校**“诚信、笃实、勤俭、创新”**八字校训的践行者。

第四，邓建军精神符合社会主义核心价值观，其成才过程也是对社会主义核心价值观的践行过程。

第五，邓建军是新时期“大国工匠”，树立这样的榜样，有利于培养学生“敬业专注、精益求精、严谨守信”等“工匠精神”，而“爱岗敬业、自强不息”的邓建军精神，就是“工匠精神”，是“工匠精神”在常州工业职业技术学院的校本化表达方式。

传统文化品德——孝老爱亲，感恩知责。日本著名工匠秋山利辉认为：“只有经过集体生活，才能培养替人着想、关心他人的心，以及感恩的情感。其中，最重要的是孝心，不孝顺的人不能成为一流匠人。”我们秉承“以特色人文教育涵养工匠精神”的理念，以受到习近平接见的余美芳家庭孝老爱亲事迹为发轫点，引导师生“孝老爱亲、感恩知责”，树立“利益他人、利益社会”的人生志向，放下功利心选择进取心，形成“工匠精神培育”和“感恩知责教育”双轮联动的学校文化育人模式，培养既有人文底蕴，又具“工匠精神”的发展型、复合型、创新性技术技能人才，立德树人。

三、学校文化建设过程及建设载体

（一）建立健全学校文化组织机构，形成了较为完善的研究会运行机制。

2006年10月，成立了“邓建军学校文化研究会”，宣传部长兼任会长，经费从宣传部支出；2017年开始由具有正高职称的文化研究人员担任专职会长，配置专项经费。研究会作为党委文化建设智囊团，研究、推进学校文化建设工作。研究会运行机制为：研究会的构思、设计以及年度文化建设常规工作，通过校党委以及宣传部、团委、学工处、工会、教务处、马克思主义学院等职能部门和教学部门落实推进。研究会会长参加学校相关会议和重要活动，从学校文化建设角度提出建议并督促相关工作。

成立邓建军校园文化研究会（后改为“邓建军学校文化研究会”），时任党委书记杨兴华（左3）为研究会授牌

研究会成立后，成功申报省市级课题5个，发表专题论文22篇，为学校文化构建了一套独特的语言体系。论文大部分在核心期刊发表，有的被中国人民大学复印报刊资料收录。

（二）进行顶层设计，使学校文化文本化、制度化，形成运行模式。

2007 年，制订了《以邓建军精神为核心的学校文化建设大纲》及大纲实施意见。大纲从邓建军精神引申出学校文化建设的三大原则，使全校的各项工作都能从邓建军精神和三大原则中寻找到结合点，为特色文化全员共建创造了条件。为使“以邓建军精神为核心的学校文化”与时俱进，研究会根据时代要求，为特色文化适时加入新的时代元素，作为对文化大纲的更新和补充，通过党委文件或党委书记讲话进行发布：2014 年，党委书记发表讲话《邓建军、邓建军精神与社会主义核心价值观》，厘清了邓建军精神与社会主义核心价值观之间的关系；2017 年初，党委发布《关于学习余美芳家庭事迹大力弘扬孝老爱亲感恩知责传统文化的决定》，明确了“以特色人文教育涵养工匠精神”的文化建设新思路；2018 年年底，党委书记发表讲话《邓建军精神是工匠精神在我校的校本化表达》，明确提出我校师生的共同愿景为：“育养匠心，幸福人生。”

经过不断创新、长期实践，最终形成了“工匠精神培育”和“感恩知责教育”双轮联动的学校文化育人模式。

此外，“爱岗敬业、自强不息”“孝老爱亲、感恩知责”理念写入了学校章程，制订了学校文化建设“十三五”“十四五”规划。

为促进教职工逐步养成“爱岗敬业、自强不息”的精神，对制度废改立：为打破教职工在获得某个层次的职称或职位之后，在科研方面满足现状、自甘平庸的局面，学校修改了科研工作量积分制度；研究制订了职称评审公开打分制度，真正“爱岗敬业、自强不息”的教职工得分明显靠前。制订《学生专业技能竞赛管理办法》，培育学生竞赛、竞争意识。

长期的文化建设实践，形成了一套学校文化约定俗成的建设、运行模式（这种约定俗成的运行模式，属于文化建设制度化的重要内容）。我们通过行政手段使“学习邓建军，树立新目标”以及“建军杯”专业技能竞赛节两项活动制度化、常态化；我们形成了较为成熟的文化建设六大载体，包括：一会（邓建军学校文化研究会）；两书（《中国技工邓建军》《邓建军的校友们·匠心花开》）；一节（“建军杯”专业技能竞赛节）；多个学校文化实践体验中心（余美芳感恩知责工作室、王德林德育工作室、吴宏胜劳模工作室、韩迎辉江苏工匠工作室、工程师训练营、505 教室、胡格班、杨兆群金坛刻纸大师工作室等）；三方面系列活动（1. 新生“学习邓建军，树立新目标”入学教育系列活动；2. 教职工层面的相关活动；3. 学生社团第二课堂相关活动）；全方位立体式营造环境氛围。

（三）为学校文化命名，全方位立体式营造学校文化环境氛围。

2006 年，我们将主流文化命名为“以邓建军精神为核心的学校文化”，以便营造文化氛围、彰显主流文化、推动特色文化传播；2018 年开始，在原来“以邓建军精神为核心的学校文化”基础上，将学校文化向前推进，命名为：“‘工

邓建军像揭幕，前排为时任院长周大农

时任党委书记缪昌武（右）、校长杨劲松（左）祝贺邓建军当选为十九大代表

现任党委书记席海涛（右）、校长杨劲松（左）邀请邓建军回母校宣讲二十大精神

（2022 年 10 月 28 日）

匠精神培育’和‘感恩知责教育’双轮联动的学校文化”。

建立学校文化象征系统，形成视觉冲击力：在校园内为当时年仅 37 岁的邓建军塑像；铺建军路、修建军桥、植建军林、建建军班；建学校文化长廊和劳模工匠长廊；立匠心石、感恩石、孔子像、鲁班像，修思源亭；利用各种墙面、马路路标布置学校文化内容，其中有三幅巨型墙面展示画面，对师生产生巨大震撼力。在校史馆重点区域设立学校文化展示墙，在校园网建立二级网站，收集特色文化资料进行系统展示。收集、撰写了 71 条特色文化理念标语用于环境布置。完成了 8 个二级学院专业文化理念的提炼工作并布展上墙。

辅之以 400 多项专题文化活动，营造出浓厚的学校文化氛围。

学校 LOGO，强调手、劳动等元素

邓建军像

图文楼一楼的“孝老爱亲、感恩知责”巨幅画框

（四）开展师生系列专题活动，用活动影响、养成师生行为。

2005 年以来，我校组织开展了 400 多项专题活动，分别在文化研究者层面、学生层面、教师层面、后勤职工层面开展；采取专题研讨、征文、演讲、师生撰写“爱岗敬业”故事、交流会、文艺演出、学生技能竞赛、教师技能竞赛等多种形式进行，形成了较为浓厚的特色文化氛围。为了使活动方向明确，同时发挥各部门的创造性，我们构建了这样的活动开展模式：学校层面确定理念、出大纲、出规划、确定指导思想；重要的系列活动责成相关职能部门（如教务处、马克思主义学院等）负责协调开展；各二级学院、宣传部、团委、工会、学工处及“余美芳感恩知责工作室”“王德林德育工作室”按照学校指导思想自发开展相关活动。我们的活动多系列、多层面、多角度、多形式，具有持续性，重点的系列活动成为日常教育教学中的常规工作。活动包括：

1. 每年一次的新生“学习邓建军，树立新目标”系列教育活动。包括：报告文学集《中国技工邓建军》授书仪式（新生人手一册），并组织阅读征文比赛；“学习邓建军，树立新目标”演讲比赛；邓建军与学生面对面活动等。

2. 教职工“践行建军精神”系列活动。将学校文化活动渗透到各项工作（包括后勤服务工作）之中，走上了学校文化全员共建之路。内容包括：教职工“爱岗敬业”“孝老爱亲”故事征集，后勤职工“议建军、学三嫂”系列活动，教职工“爱岗敬业”演讲比赛等。活动结束，以总支为单位结集出版了 9 本《教职工爱岗敬业故事集》。

3. 每年一次的“建军杯”专业技能竞赛节。学校按照专业设计比赛项目，规模大，参与学生多，从开幕式、闭幕式到中间的比赛过程，教务处和督导室全程监控，学校给专业教师以专项工作量积分奖励。

4. 将邓建军精神及事迹、余美芳家庭“孝老爱亲，感恩知责”事迹作为课程思政的重要内容，组织相关活动。

5. 团委和各二级学院、各学生社团以及“余美芳感恩知责工作室”“王德林德育工作室”自发开展了大量的“建军杯”以及“孝老爱亲、感恩知责”活动。

6. 举办邓建军学校文化研究会年会，将学校文化作为每年新教师培训内容，提高大家在学校文化方面的理论水平。

新生开学典礼上的《中国技工邓建军》授书仪式（中间 4 位授书者为获得全国技能竞赛一等奖的大二、大三学生）

始于2005年的“学习邓建军，树立新目标”演讲比赛

被江苏省教育厅领导赞誉为在“高职高专办学水平评估·专题研讨”项目中“效果空前”的专题研讨会

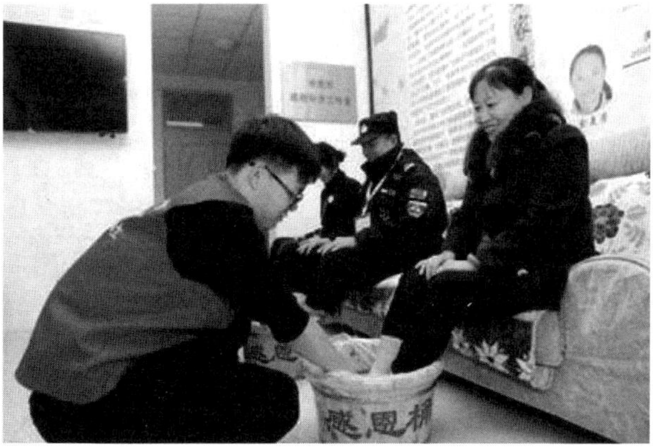

余美芳感恩知责工作室的学生志愿者为来校的父母洗脚

王德林德育工作室揭牌仪式（轮椅上为王德林，左 1 为主管宣传工作的党委副书记毛伯民）

关爱留守儿童

“一加”爱心社创始人、“全国自强模范”王德林在王德林德育工作室

（五）以“邓建军的校友们”为主题，挖掘“邓建军式”以及“孝老爱亲、感恩知责”的优秀毕业生。

2017 年开始，研究会挖掘这两类优秀毕业生进行深度采访报道，其中包括

70 后“全国劳模”“全国五一劳动奖章”获得者吴宏胜以及东京工业大学博士景建平。目前已完成 37 篇人物通讯的采写工作，通过网络发布后反响强烈。

四、建设成效和社会影响力

（一）让高职生获得丰富体验，帮助高职生转变了心态，增强了学生的自信心。

得力于 17 年来 400 多场专题活动及全方位环境营造的影响，高职生转变明显。“学习邓建军，感恩父母表决心”手机短信比赛中出现这样的精彩段子：“多年的辛勤让儿子感动，高考的失利让你们心痛，亲爱的父母别为我伤悲，从此后我做邓建军一样的中国龙！”每年一次的“学习邓建军，树立新目标”系列活动之演讲比赛中，新生这样表达自己的决心：“我本来一心想成为爱因斯坦、杨振宁那样的科学家，但高考的失利使我心灰意冷；后来知道常州工院出了个邓建军，得知一名小小的中专生也能做得这么棒，我就想：做不了爱因斯坦、杨振宁，我就做个邓建军一样的高技能工人吧。想到这里，我的心情开始晴朗起来。”我校大量学生都把邓建军当做自己的偶像，学校升格后毕业生中第一位“全国五一劳动奖章”和“全国技术能手”称号获得者、校友张志东表示：“从 2006 年入学开始，我就把邓建军作为自己的偶像。”

（二）培养了学生的竞争、竞赛意识。

学生在各类专业技能竞赛中屡拔头筹，培养出一批“邓建军式”的高素质高技能型工匠人才。邓建军当年所在的智能控制学院成立了“工程师训练营”，聘请“全国劳模”邓建军、“全国五一劳动奖章”获得者张志东担任导师，先后在全国职业院校技能大赛中获得 15 块金牌，我校 4 次被省教育厅授予“江苏省职业技能大赛先进单位”，被授予“江苏省高技能人才摇篮奖”。通过竞赛，培养出了董广东、冯彬等一大批高技能型人才。

（三）提高了教职工的“爱岗敬业”和“孝老爱亲”意识。

教师中出现了一批“爱岗敬业、自强不息”的典型。专业老师韩迎辉在邓

教职工“爱岗敬业”宣讲会

建军当年所在的二级学院指导学生大赛，成长为“金牌教练”，评为“江苏工匠”，荣获“江苏省五一劳动奖章”；周晶老师在数控加工中心四轴工种比赛中勇夺桂冠，被授予“江苏技能状元”称号；辅导学生参加创新创业比赛的李昆益老师被评为“全国优秀教育工作者”。“孝老爱亲、感恩知责”系列活动影响着教职工，活动现场屡有教职工潸然泪下。庄黎明老师疫情期间按照养老院防疫要求，隔着铁栅栏为老母亲修脚，其过程被监控拍下后，被电视台传到了网上，出现了60多万的点击率，网友怒赞如云，庄老师因此被评为“常州市第十届优秀好儿女”——他说：“我在学校收发室工作，经常看到全国各大报纸上刊登的余美芳老师家庭孝老爱亲事迹，这些事迹对我影响很大。”

（四）产生了很强的社会影响力。

江苏教育厅2012年《江苏省教育系统创先争优活动简报》和2019年《江苏教育工作简报》两次专题介绍我校文化建设经验。十多次被邀在全国以及省市级相关会议上作专题介绍：2014年在江苏省“劳模精神进校园”推进会上介绍经验出现轰动效应，省总工会副主席马永青表示：“邓建军是全国的典型，常州轻院的做法在全国又是一个典型。”2019年被邀在全国“中华传统美德与职业教育立德树人研讨会”上介绍学校文化“双轮联动”育人模式。大量媒体进行报道，百度搜索“以邓建军精神为核心的学校文化”，最高峰时可搜索到49 300个条目。在2016年全省教育系统培育和践行社会主义核心价值观创新案例评选中，我校文化建设案例入选江苏高校创新案例，《江苏省高等职业教育质量报告（2018）》收录我校特色文化内容。

（五）获得了教育部及省、市多个奖项。

“以邓建军精神为核心的学校文化”获教育部高校校园文化建设成果三等奖、江苏省教学成果二等奖、首届全国机械职业教育素质教育教学成果一等奖，“以劳模工匠事迹文本化为基础，推动劳模工匠文化品牌建设”获常州市宣传思想文化工作创新成果奖；“中华传统美德之‘孝’”获江苏高校微课比赛一等奖，“余美芳感恩知责工作室”项目获全国职业技术教育学会“奋进新时代中华传统美德职教行”优秀品牌项目奖。

常州工业职业技术学院“工匠精神培育”和“感恩知责教育”双轮联动的学校文化，是在传统文化基础上建设起来的当代先进文化。以文化人，绝非一日之功，整整17年的建设足迹、建设成就，使我们信心满怀，通过学校文化立德树人，已经成为现实，并将进一步成为现实。

常州工业职业技术学院邓建军学校文化研究会
2023年7月8日

目　录

劳模足迹

匠心独运

服务明星

创业之歌

自强之星

爱心之旅

虎年新篇

（2022 年“虎年”重印时新增部分）

劳模足迹

全国五一劳动奖章获得者的
人生质量报告

为一个刚满 40 岁的人写人生质量报告，似乎太早；然而多次采访后，“人生质量”这个词语却屡屡出现在我们的脑际。斟酌之后，我们还是定下了这个标题——当年我们为优秀校友、全国劳模邓建军塑像时，邓建军不也才 37 岁吗？

吴宏胜获全国五一劳动奖章

一、因为转学，他被转得晕头转向

1977 年 9 月的一天，一个男娃降生在盐城建湖一户农户家里。农户男主人是村长，老来得子，如获至宝，于是给男娃起名为宏胜，希望他有宏伟目标，能无往而不胜。

从小到大，吴宏胜都是这户人家的希望。小时候的他生性活泼，整天只知道调皮捣蛋，乡村里有男孩子耍不尽的新奇玩意儿，乃至于到学校上学，对他而言就是换了一个玩耍的环境罢了，所以学习成绩平平。父亲为他操碎了心，听说县城小学师资好，好强、爱面子的父亲就学“孟母三迁”，让他转到县城的小学读书。县城离家太远，只能住阿姨家。阿姨整天忙于生意，很少能顾及他，他小小年纪就学会了用柴火生火烧饭，踮着脚够着锅台炒菜，到河边洗碗洗衣服……父母不在身边，他在县城过着另一种“放牛娃”般的放养式生活。

就这样，他开心快乐地在县城念书直到初中毕业。毕业后他考上了一所普通高中，才念了半年书，父亲又让他转学，来到一所职业中学学手艺。父亲的考虑，不无道理：吴宏胜读高中的那个 20 世纪 90 年代，高考就是独木桥，普通高中能考上大学的学生寥寥无几。然而，当他在职业学校学电工专业半年后，仍没能逃过“半年”的魔咒，父亲又让他转学到盐城农业中专读预备班，准备来年重新考中专。当时的中专是个香饽饽，不仅能学手艺，还能转户口、包分配工作，这样的结局才能让父亲安心。

他在父亲的安排下接连转学，这晕头转向的转学不仅让他比同龄人多了很多同学，有了较强的适应能力，还让他明白了父亲的良苦用心——学好手艺，才有饭吃。

在预备班里短训了几个月的文化课后，他又回到老家附近的中学学习文化课，准备参加建湖县的预考。几个月后，他在预考中一鸣惊人，以全乡第一的成绩参加中考，后考入全国重点中专常州轻工业学校。

童年时期不寻常的求学经历，对懵懂的吴宏胜而言，没有艰辛，只有快乐，快乐和新奇似乎贯穿了他的童年。如今回味起来，他觉得童年的生活最美好、最有味道。也许他高质量的人生报告就是从童年时期开始的。

二、工作伊始，也曾这山望着那山高

1995 年 9 月，吴宏胜只身一人来苏南城市常州，开启了他四年的高分子材料加工专业的读书生涯。

来到常州轻工业学校，他如鱼得水，小时候孩子王的心性显露无遗，一人身兼数职，既是班长，又是学生会舍管部部长，成了老师的得力助手。早上负责查早操、早锻炼出勤情况，晚上负责查宿舍卫生、学生晚归情况，周末管理学校的溜冰场，组织学生活动等。中专时期，吴宏胜记忆最深刻的就是他的“团队”、他的“小团伙”。他说，但凡周末，他都会带领班级同学或学生会的“小伙伴”开展各式各样的活动，溜冰啦，交谊舞啦。最有趣的是到横山桥野炊，从时间安排、选择场地、采购食材，到现场的组织分工、游戏的编排全是他一手策划、一人组织实施的。看到小伙伴们尽情玩耍、津津有味地吃着自己烹制的“美味”时，吴宏胜的成就感爆棚，乃至多年以后，这种感觉仍能让他觉得生活无比幸福、人生如此美好。

充实的学习生涯转瞬即逝。毕业到常州星宇车灯工作，纯属机缘巧合。吴宏胜原本打算毕业那年的三月去昆山的一家外企上班，没想到星宇车灯提前将他“截获”了，通知他二月来公司报到。也许是老天的刻意安排，也许是吴宏胜想到了好强、爱面子的老父亲的担忧——“出来读书了，哪能再回去工作？早早在城里工作才有面子”，就这样，吴宏胜背着行囊和同学们一起来到了当年只有四十几人、名不见经传的小企业星宇车灯。在星宇车灯，他的第一份工作是注塑操作工。当年公司人手少，为了赶生产进度，经常要加班。对于加班，吴宏胜总是很乐意，为了不再伸手问父亲要生活费，为了节省房费、水电费，年纪轻轻的他，每天都带了换洗衣服来上班。加班实在太累时，就到厕所冲个凉，再找个纸盒当床，席地而睡。经常加班，不仅让他拥有远超企业平均月工资的收入，还成就了他的注塑工艺，使他成为车间里一流的注塑操作工。

吴宏胜一直都认为“吃苦是生活对自己的磨砺”，所以直到今天，他都不觉得加班苦，反而觉得有一股甘甜味，有一种自豪感。

年轻人总是有理想、有干劲的，当他听说女朋友家皮革生意火爆，需要帮忙一起卖皮革时，他动心了。摸清门道后，他毅然辞职投身商海，仅仅半年，就净赚6万多元。皮革生意有季节性，过年时火爆，夏季冷清，进货、囤货需要本钱，要强的他又不想完全依靠女朋友家。正在进退两难之时，星宇车灯周晓萍总经理嘘寒问暖的电话又将他从理想拉回了现实，与其这山望着那山高，还不如珍惜眼前的机会，回星宇车灯踏踏实实地干事业吧。

童年时期的频繁转学到青年时期的“这山望着那山高”，吴宏胜的人生好像总在做多选题，但好在他的选择总是对的。对他而言，这些“动荡”经历不仅丰富了他的阅历，还为他的人生增设了许多个未知，是一笔丰厚的、与众不同的人生财富。

与工友研究改进工艺

三、摸着石头过河，他拯救了一个模具车间

星宇车灯是把员工当成自己家人，注重打造“家”文化的企业，即便对辞职员工也会定期回访，问问员工发展如何，有没有困难或需求，他们欢迎每一个员工再回家看看。当年周总的电话就给了吴宏胜回“家”的机会。

有这样宽容、关心下属的老板，还有什么理由不好好干呢？几年后，吴宏胜从注塑操作工升为注塑工艺员、注塑车间主任、模具主管、技术部项目负责人、项目经理。职位一次次晋升，是星宇车灯对他工作的肯定，也是他努力工作、刻苦钻研的印证。

2002 年，星宇车灯从广东、浙江重金聘请技术人员来研发模具，准备建成集项目开发、模具制造和产品生产为一体的生产链。然而这些专业技术人员非但没能让星宇车灯的模具生产走上正轨，相反，还让没来得及成长的模具车间落到了奄奄一息的地步。技术人员临走时卖掉了大部分的机器，留下一个烂摊子。看着犹如台风扫荡后一片狼藉的模具车间，吴宏胜心痛不已。他临危受命，白天，挨家挨户去支付技术人员拖欠的债务，到市场上、代加工厂去找模具设备，跑客户；晚上，他又开始了“赖”在工厂、睡在车间里的生活——窗外是星空，窗内亮着灯，他把新买的模具拆开来研究，然后再想办法重新装回去，就像小时候偷偷拆装家里的闹钟、录音机、自行车。

拆装遇到困难时，他就把原先在学校里学的《模具基础》《塑料成型模具》等书本找出来研究、重温。当年的知识好多都还给了老师，“从头学是必经之路，没有捷径。”打定主意后，他四处打听培训机构，无意间发现母校的袁锋教授面向社会人员开展 UG 培训，这正是自己需要的模具设计方面的培训，他赶紧拜师学艺，师从袁教授。袁教授得知吴宏胜是母校学生，立即对他减免一半学费，这让吴宏胜感到母校的温暖，也坚定了他一定要啃下模具设计这块硬骨头的决心。培训三个月后，吴宏胜就完成了初级到高级软件的培训，并捧回了结业证书。

在计算机上设计模具

有了系统的知识体系后，他开始挑战独立设计和开发加工模具，与模具亲密接触。他依次把买来的模具拆开来，将所有零件编号，然后边组装边琢磨着画出图纸。为了设计侧转向灯模具图纸，为了无缺陷地完成设计要求，更为了他的图纸能让团队成员们看得懂，每张图纸、每道工序他都要反复设计几十遍。废弃的图纸都码到桌子高，才最终出现最有价值的那张设计图纸。图纸设计好了，他还要当大师傅，逐个逐个教团队成员。“摸着石头过河”，吴宏胜和他的团队完成了 20 副模具的开发任务，为公司减少发外设计与加工费用近 200 万元。他不仅拯救了一个模具车间，还成功拉开了公司自行研发模具的序幕。

后来，吴宏胜养成了一个习惯，每到工间操时，就到模具车间转转，那里熟悉的机油味，交响乐般的机器轰鸣声和锃亮、有质感的金属模具使他着迷；他也喜欢到模具部看看，那里的办公设备、办公室格局、一桌一椅、一草一木，都是他置办和设计的；他还喜欢到厂区其他地方走走，厂房、小花园、绿化带，有一些规划就是在他的笔下诞生的，他看着它们，仿佛在看自己的孩子，人生还能有比这更令人满足和幸福的事吗？

查看模具加工工作流程

四、他的动议，几乎让全体高层用脚投票

如今，吴宏胜的模具团队，已从当年的 8 人发展到 200 余人。厂房先后搬迁 4 次，从 1000 平方米发展到 11500 平方米。企业从作坊式管理到规模化管理，团队从公司模具项目管理到自己制作模具交付工厂，涵盖了公司所有涉及模具的工作。团队成员也逐渐掌握了模具设计技巧，大家经过对侧转向灯、雾灯、后灯、大灯的连续开发、设计制造后，经验越来越丰富。

2006 年，吴宏胜听说国外有些企业研发了双色模一次成型的双色车灯，非常好奇，买了不少中外著名高校的模具论文杂志来研究，他也想攀登双色注塑模具这座高峰。

在一片反对声中，吴宏胜默默前行，偷偷设计。结果，他们真的研制出了双色模！董事们对吴宏胜刮目相看："没想到小吴嘴上没多少毛，办事还挺牢靠的。"这完全称得上是奇迹！这是业界的传奇，更是星宇车灯里程碑式的成果，它让星宇车灯的产品升级换代，它让星宇车灯逐步进入了行业的中高端市场。

有了双色模的奇迹，星宇车灯的发展速度势如破竹。播下的种子，开始萌芽、开花、结果。在业界，星宇模具逐渐有了口碑，一些零零碎碎的项目、双色模具单子慢慢向原本不起眼的模具车间汇聚。出人意料的是，实力雄厚的上海大众也找到了星宇车灯，要求星宇为他们提供双色尾灯。

像上海大众这样高端客户的订单，涉及模具，自然应该委托更有资质的模具厂家去开发。

“什么？吴宏胜要接大众的模具单子？”这个在大家眼里几乎荒谬的想法，让参与决策的星宇高层们几乎全部用脚投票——上海大众用的是国外的设计理念，要求高，工艺复杂，在当时国内几乎没有几家模具企业敢接这样的双色模具订单，更别说是星宇车灯这个民营企业的一个小小模具车间了。一旦开发不成，不仅自己要蒙受巨大损失，还将彻底丢失上海大众的配件生产这块肥肉。

“接吧，我相信小吴的实力，出了事我负责。”周总霸气的一句话，让所有人都傻了眼，高层会议在面面相觑中休会了。周总的拍板、周总的信任让吴宏胜百感交集，兴奋、感动，又夹杂着不安和莫大的压力。如果因为自己的一时冲动，让公司丢失项目，自己岂不成了千古罪人了？

这个项目实际上是个多色注塑技术的活，模具研发只有 3 个月，要在 3 个月里达到上海大众的设计要求，达到国外水准，说不难，还真没人相信。

当时，模具车间没有多色注塑技术的设计、制造经验，而数据的保密性又要求模具车间不能请求外援，不能让前期的模具数据对外，所以一切都得靠自己研发。尤其是带配光类型的模具，如车灯反射镜，在没有 BMC 反射镜设计、制造经验的情况下，吴宏胜只能带领自己的研究团队，用老办法“拆解”外制反射镜模具，来研究成型原理、模具结构，测量模具所有配件尺寸等，从仿制别人的模具开始，一步步钻研、思考，直到拥有了自己独特的设计方案、制造工艺，最后终于圆满完成了大众订单，赢得了星宇车灯所有董事的认可。

此后，吴宏胜的团队无往而不胜，先后完成了德国宝马后组合灯，一汽大众奥迪、高尔夫、迈腾、丰田花冠、丰田卡罗拉等合资车型双色、三色注塑模具设计与研发。每年为公司节约模具开发成本逾千万元，模具产值超亿元，打破了中高档汽车车灯模具研发被合资企业垄断的局面。

巅峰，不在一万英尺的边缘，而在信念与汗水的夹缝之间。“登上巅峰，你的眼界会大不一样，你的人生会更精彩！”这是吴宏胜的认知，也是他人生质量报告的精华。

五、他是团队心目中的精神支柱

吴宏胜说“专注力”与“组织协调能力”是他在母校收获的两大法宝。来到星宇车灯，他把这两大法宝带到工作中，用“专”劲来研究模具、攻坚克难，用组织协调管理能力来带领团队。

在吴宏胜的模具部，流传着这么一句话：“每天来‘星宇’上班，看到部长在，我们就踏实了。”吴部长在他们心目中是神一样的存在，所有的难题，在吴部长那里就不叫难题了，所有的困难在吴部长那里就不叫困难了，吴部长什么都会，什么都能解决好。“如果哪天部长不在‘星宇’了，我的天都要塌了。”这是一位星宇车灯老员工肺腑之语。其实这位老员工是家境殷实的富二代，却甘愿在星宇车灯做钳工，因为星宇车灯有他心目中支柱式的人物，也有很多感人的故事。

在“星宇”，吴宏胜每天都能听到很多感人的故事。“星宇”的家文化“爱、感恩、责任”时刻感染着他，他将这种感动传递给团队成员，让这种感动像磁铁一样将他和所有“星宇人”凝聚在一起，让大家坚信没有什么是“星宇人”做不到的。

这种“没有什么是‘星宇人’做不到的”信念，不仅让吴宏胜攀登一座座宏伟目标，且无往而不胜，还成就了吴宏胜的精彩人生——将常州市劳动模范、江苏省劳动模范和全国五一劳动奖章都纳入囊中，为他的人生质量报告画上了浓墨重彩的一笔。

当这篇报告收尾时，我们查看了吴宏胜所在的常州星宇车灯股份有限公司的股票：自 2011 年上市之后，一路走牛，现在已经上升到了 50 元的高位。这一看，“质量”一词，再次出现在了我们的脑际。

吴宏胜的人生质量报告，我们只写到 40 岁；40 岁以后呢？这支写报告的笔，还是交还给吴宏胜本人吧。

母校领导老师与吴宏胜合影

所属二级学院：材料工程学院

专业：高分子材料加工

班级：高分子材料加工 951 班

班主任：袁伟民

特别说明：本文发表三年后，吴宏胜被评为全国劳模。这是吴宏胜回母校参加访谈活动

痴迷数控机床六年半，他成了全国技术能手

任何诗意的远行，都该有一个浪漫的起点。张志东在自己的专业领域远行了十几年，他的远行没有诗意，有时甚至昏天黑地；他的起点也并不浪漫，竟然缘于父亲一个多少有点奇特的想法。

我们还是从他从事的行当说起吧。

新中国成立 70 周年阅兵式上，各种尖端武器从天安门城楼前款款而过，小到士兵手中的冲锋枪，大到用汽车装载的 DF-41 核导弹、99A 主战坦克，制造它们时都少不了一种设备：数控机床。

数控机床，一种装有程序控制系统的自动化机床。该控制系统能够逻辑地处理具有控制编码或其他符号指令规定的程序，并将其译码用代码化的数字表示，通过信息载体输入数控装置。经运算处理由数控装置发出各种控制信号，控制机床的动作，按图纸要求的形状和尺寸，自动地将零件加工出来。数控机床是典型的“机电一体化”产品。

张志东搞的就是数控机床，不过他不是使用数控机床加工产品，没有用数控机床制造过任何武器。他学的是“机电一体化”专业，从事数控机床的装调与维修。从业 11 年来，他痴迷于数控机床的装调维修，“游戏”其中，游刃有余。

张志东的“游戏”当然有着很强的功利目的，但当他痴迷时，还真像英国哲学家赫伯特·斯宾塞所说的那样：把游戏过程当成了游戏的目的。你看他说起数控机床的一个个部件，你听他回忆起 11 年来从事数控机床装调和维修的一个个过往的细节，那兴奋劲，就像牌桌上的老麻将手，明明已经“自摸胡”，却还要闭着眼睛把牌摩挲了再摩挲——瘾！

从 2008 年 8 月开始从事数控机床装调维修，至 2014 年 12 月成为“全国技术能手”，时间大约 6 年半；又过了半年他被授予“全国五一劳动奖章”。

全神贯注，他究竟是在看机床还是在听机床？

一、电话母校，他用四年前的荣誉向院长报喜

2019 年 9 月 21 日下午，常州工业职业技术学院杨劲松院长接到一位参加毕业十周年聚会学生的电话，回母校的喜悦心情附着在激动的声音中感染着杨院长：“我叫张志东，2009 年机电专业毕业生，现在向您汇报：我 2014 年获得了‘全国技术能手’称号，2015 年获得了‘全国五一劳动奖章’……”

忽闻“窗外幽禽报喜声”，杨院长自是喜不自禁，立即通知我采访：“这可是学校从中专升格为高职院以来毕业生中第一位‘全国技术能手’和‘全国五一劳动奖章’获得者啊！——这些小孩，整整过去了 4 年才来报喜……”杨院长嗔怪着，欣慰着。

说起这喜讯姗姗来迟的原因，还真有点复杂。那年 12 月，张志东去北京参加“2014 年中国技能大赛·第六届数控技能大赛”，与同组的徐为为一起双双获得职工组“数控机床装调维修工种”第一名，直接拿到了盖着“中华人民共和国人力资源和社会保障部”大印的“全国技术能手”证书，同时得到通知，可以直接申报“全国五一劳动奖章”。两人回来后将申报表一级级上报盖章，武进高新区总工会—武进区总工会—常州市总工会—江苏省总工会……这章盖着盖着就没了下文。去年年初，武进区总工会要帮他们落实省级劳模待遇，催他们提供

有关证书奖章，这下两人傻眼了：他们从未见过证书和奖章长什么模样。电话江苏省人力资源和社会保障厅，人社厅再帮他们电话北京的人社部，结果是“上穷碧落下黄泉，两处茫茫皆不见”。有天上午突然接到工会电话要他们去签字，工会办公室桌上，全国总工会给人力资源和社会保障部的批复文件赫然在目：“经全国总工会第十六届书记处第37次会议研究，决定授予获得第六届全国数控技能大赛职工组各工种决赛第一名的7位同志全国五一劳动奖章……”，落款是2015年7月10日。

“原来你是雪藏的全国五一劳动奖章获得者啊!”我的一句玩笑，逗得张志东哈哈大笑，胸口的“德匠”二字也跟着抖动起来。他现在的公司全名叫“常州德匠数控科技有限公司”。

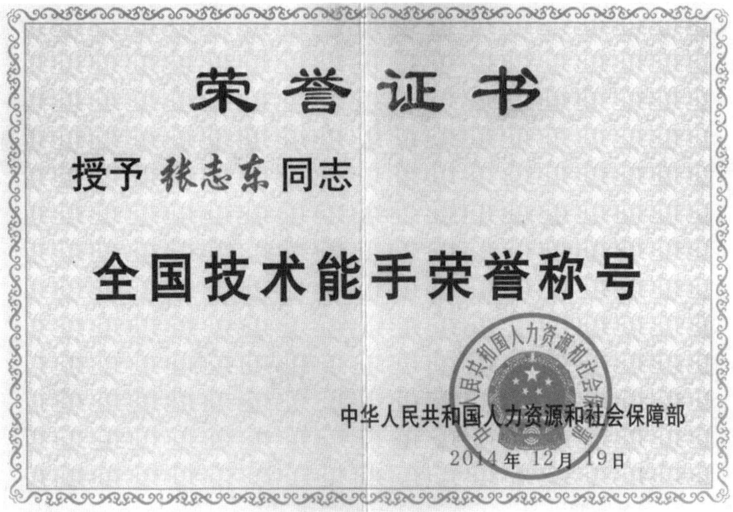

荣誉证书

授予 张志东 同志

全国技术能手荣誉称号

中华人民共和国人力资源和社会保障部

2014年12月19日

“全国技术能手”证书

这里应该有一枚“全国五一劳动奖章”的照片，但他的奖章还在寻找中

这台数控机床正静悄悄地做磨合试验，
他说他能听到内部发出的类似合唱团分声部的旋律

这台机器人即将出厂，他依依不舍

他经常沉浸在这样的状态中，就像画家凝视自己的画作

二、父亲为他选择了一个“男人的专业”

张志东生于1987年，盐城东台人。小时候有两件事他记忆犹新：父亲让年仅9岁的儿子去商店买两包烟，他就买了两包差的烟，把剩下的钱买零食吃了。父亲知道烟的价格，见儿子说谎，一顿好打。从此，张志东铭记了说谎的代价，而今面对几十万一台的数控机床，时时告诫自己这里面来不得半点虚假。那时候东台农村流行一种照明灯，夜间走路、下地时戴在头上照明，灯的电压12伏，他用家里220伏的交流电接上去，先后烧坏了几十只灯泡——没错，就是几十只。他怀疑父亲后来为他选择了“机电一体化”专业，冥冥之中与这烧坏的几十只灯泡有着某种因果关系。

我电话问他父亲为何给儿子选择了这个专业，其父的回答出乎我的意料：“这是个男人的专业。”我抬头观察眼前这位“男人”：1.72米的个子，体重82公斤，他属虎，长得虎背熊腰，让人联想到那厚重的数控机床。其父自称因为开拖拉机，也修理过拖拉机，一直跟机械打交道，认为男人应该学机械。

张志东初中毕业后，以“男人”的身份进入东台第三职业高中，进了父亲为他选填的“男人的专业”，3年后通过对口单招进入常州轻工职业技术学院，继续在该专业“做男人”。

“先后两次你爸都让你‘做男人’，你喜欢这个专业吗?”

“太喜欢啦！太好啦!”张志东声音突然来了个高八度，把我吓了一跳。

其实当时他们班还是有女生的。从职业高中未经高考直接进来的学生，与普高毕业通过高考被录取的学生同堂上课，上基础课时张志东他们大叫要老师讲课进度慢下来，上专业课时张志东他们又大叫要老师讲课进度加快再加快——因为好多课程他们在职业高中时都学过。这下普高学生不干了，严肃地找他们谈了一次话，这下他们规矩了，有关教学进度哇啦哇啦的叫声从此销声匿迹。

当初的职业高中是没有多少实验实训条件的。进入高职院后，张志东如鱼得水，对常州轻工职业技术学院实验实训室内琳琅满目的现代化实验实训设备爱不释手，毕业后仍然念念不忘。仅仅他所在的电子系（现为智能控制学院），就建有国家级机电一体化实训基地、教育部工业机器人应用人才培养中心、江苏省产教融合实训平台、江苏省高校电工电子实验中心、省级家电测试与维修中心、江苏省 LED 应用工程研发中心以及江苏省协作机器人应用工程研发中心，如今设备总价已达 3500 万元。

说到母校，张志东再次进入回忆，声音渐渐低了下来：“常州求学三年，我们学到了太多的东西。”他双手轻轻抚摸着眼前的一台数控机床，仿佛能够从这台机床里，看到母校实训室内的设备，看到母校“建军杯专业技能竞赛节”的竞赛场面。

但凡痴迷的“游戏人”，总是难忘自己最初的“游戏机”；回忆曾经的“游戏节目”，犹如念念不忘自己的初恋。

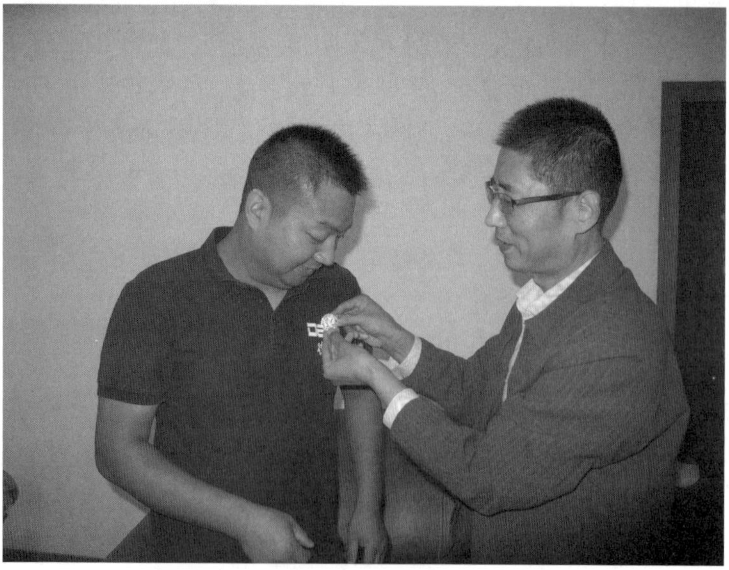

智能控制学院向张志东赠送校友纪念章

与母校杨劲松校长谈教改问题

三、开车途中，电话指导客户找到了机床程序中多余的括号

从常州到扬州大约两个小时，一路高速，音乐相伴。

手机铃声响了，张志东在开车，用免提，二十几分钟的电话被妻子完整地听了一遍。

电话是一位刚刚购买了他们数控机床的客户打来的。尽管张志东他们的供货属于“交钥匙工程”，从机床安装到使用培训全部服务到位，但客户还是会遇到这样那样的问题，整了半天不得其门而入，就像夏天的夜晚，原本想着可以清清凉凉地睡一觉，突然来了一只蚊子，开灯找不到，灭灯嗡嗡响，心烦。张志东根据对方描述，很快确定是对方设计的程序代码中有非法语言，于是引导对方一步步检查，二十几分钟后，发现程序代码中多了一左一右两个括号。“蚊子”抓到了。

妻子责怪他不该一边开车一边听电话，张志东装出一种“无奈”的样子说，他们是“我的上帝”，“上帝”那么急，就早点给他们解决问题吧。其实张志东的“无奈”早就被妻子“勘破”：客户一旦有问题，张志东就会兴奋起来，就像一位上了瘾的麻将迷，突然接到牌友的电话，而且对方说的是“三缺一”！

有好几年，张志东担任品质部和售后服务部部长职务，后者最为考验人。有一次客户的数控机床出了故障，先后派了两个人前往未能解决问题，张志东亲自披甲上阵，从晚9点一直研究到第二天凌晨5点，终于云开雾散。

张志东至今还没遇到自己解决不了的问题，他是公司售后服务最后一道挡风的墙。

他的服务经常“越位”。比如开车途中他解决的机床加工程序问题，客户自己接单编程加工，本不是张志东他们的服务范围，但是他总是“越位”服务。慢慢名气大了，有些加工厂明明购买的不是他们的机床，也拐弯抹角地找过来请他帮忙。张志东从不推诿，乐呵呵地继续“越位”服务。因为他喜欢听这样的话语：“早知道这样，当初就买你们的数控机床了！”

跟客户洽谈数控机床订购问题，对方会提出各种各样的非标定制要求，张志东技术出身，不像一般纯业务出身的销售员，谈判时要不断地打电话给公司问这问那；技术上能不能达到对方要求，张志东心里明明白白。面对那一摞技术参数，行与不行，张志东的回答从不拖泥带水，很容易决断；加上他有多年的售后服务经验，还具有面对“上帝”应有的服务态度，底气十足。

在智能控制学院工程师训练营参观。这里诞生过15块全国技能竞赛（学生组）金牌

四、“全国技术能手”和“全国五一劳动奖章”是这样炼成的

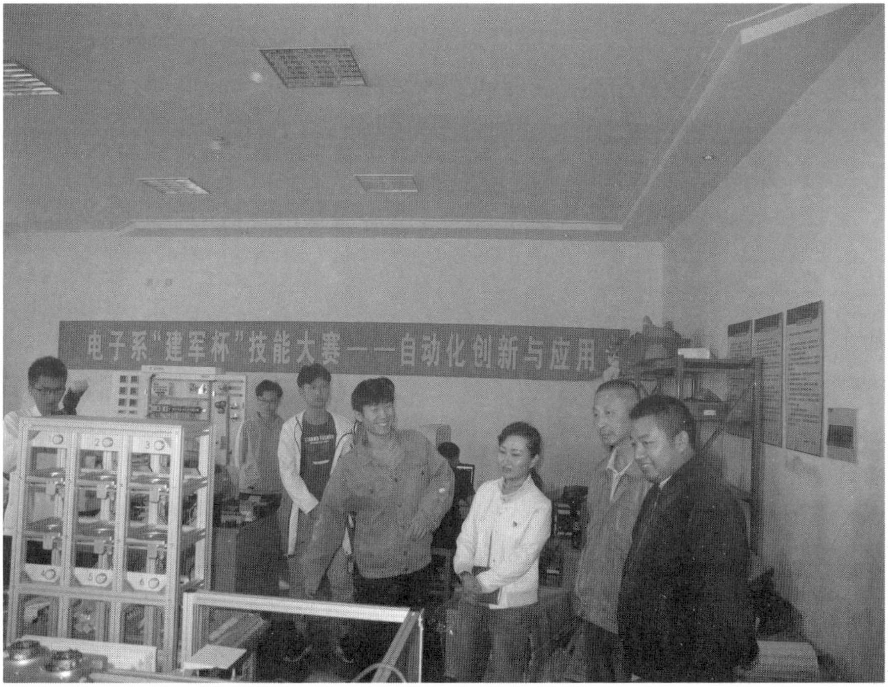

在实训室参观

2008 年 8 月 8 日，奥运会的大脚印走进了北京，这一天，张志东进入常州创胜特尔数控机床设备有限公司实习。所谓实习，其实是正式招聘入职，但要有 3 个月的试用期。公司有严苛的优胜劣汰用人机制，他感到前面是锦绣前程，而若原地不动，身后正塌方的泥石流很快将把自己淹没。

3 个月试用期结束时，经过考核，一同进来的十几个人只留下 5 人，而留下的 5 人工资马上翻番。要想获得更高的岗位和更加丰厚的薪酬，必须参加每年一次的岗位考核、技术比武。他比别人早上班，晚下班，将师傅所讲的重点和自己遇到的难点一一记下来，这本记录本后来成了新入职员工争相阅读的“教材”，被翻烂了。因为是考试“秘籍”，最后不知被谁藏了起来，不知了去向。公司每年考核，获第一名者岗位工资上调一级，最后一名岗位工资下调一级。张志东通过公司装配制造副手及主手考核，最后成了公司生产中层主力。

他获得了参与公司高端数控机床研制的资格。

五轴联动数控机床是一种科技含量高、精密度高、专门用于复杂曲面加工的数控机床，对一个国家的航空航天、军事、科研、精密机械制造等有着举足轻重

的影响。长期以来，以美国为首的西方工业发达国家一直把五轴联动数控机床作为重要的战略物资，实行出口许可证制度，限制出口。20 世纪 80 年代，日本东芝机械公司因私下向苏联出售五轴联动数控机床部件，有关人员被警视厅逮捕，引起国际舆论哗然。2012 年，山东某单位要订购一台高端数控机床——高速龙门式五轴加工中心，当时，张志东所在的公司与世界著名机床品牌 DMG MORI（德国德马吉和日本森精机公司强强联合的品牌）同台竞标，最后中标。张志东全程参与该高端数控机床的研制，同时作为现场负责人负责安装调试。公司网站首页至今飘动着这台机床的图片。

“后来我被公司委派到售后服务部门，为客服提供优质的技术服务，快速解决设备在使用过程中发生的一切问题。有时为了解决一个偶发性的故障，可能需要在客户现场足足待几天时间。我随时随地都在接触各种各样的问题，在服务过程中自己的不足渐渐显露出来，我感到我的知识面不广，于是我通过网络和书本寻找解决方法，同时向行业佼佼者请教，就这样在不断学习中使自己的能力不断提升。”

你若精彩，天自安排。

2014 年初，他突然接到公司董事长的电话，问他愿不愿意代表常州市参加数控机床装调维修的“魔鬼式”集训，经过江苏的两轮比赛（第一轮选拔赛，第二轮淘汰赛）后，再代表江苏参加“2014 年中国技能大赛 · 第六届数控技能大赛”。这下他兴奋起来了，他似乎感到全国大赛的第一名非他莫属。

他和他的搭档参加的“数控机床装调维修”是全国比赛中新增赛项，作为第一个吃螃蟹的人，没有前车之鉴，完全靠摸着石头过河。

训练开始了。早晨，太阳从窗口照进来；每晚 12 点，训练场的灯灭了，张志东总要在黑暗中静静站一会儿，星星从窗户透进来，安抚着黑暗中疲惫的身心。集训时他们发现，在有限的时间里要和队友完成 10 个大项的赛题，彼此之间要完美配合，丝毫不能发生差错，否则功亏一篑。为此，他们唯有反复训练，反复总结。训练后期，张志东到了注意力难以集中的地步。听说这就叫“魔鬼训练”，他不知道这“魔鬼”二字，究竟指的是教练，还是指包括一个叫张志东在内的参赛集训者。

所有人都在同一个天空下生活，有人在麻将桌前坐到半夜三更，坐得筋疲力尽；有人在手机游戏中醉生梦死，心力交瘁；张志东在巨大的数控机床旁踟蹰徘徊，凝眉苦思，双手摩挲着每一个部件。他想自己应该做一只“火凤凰”，因为相传火凤凰每 500 年都要自焚为灰烬，再从灰烬中浴火重生。他期待着经历这场“魔鬼式训练”和“魔鬼式比赛”后，自己能够“凤凰涅槃”。

全国比赛在北京举行。比赛选手使用的检测仪属当今最先进的检测设备，每台价值 50 万元，提供检测仪的企业心有不舍，比赛开始前要求选手们签订协议：一旦损伤，必须照价赔偿。有的省份的选手心理上受到了重重的一击，抖索了半天不敢签字，放弃了；江苏选手心里有底，无一例外都签了字。6 个小时的比赛，最初 1 小时他们要排除考官设置的 20 多个故障。江苏队各小组实力很强，技术纯熟，同场比赛的某省选手还没来得及理清故障头绪，江苏队的一台台机床已经陆陆续续开始运转，嗡嗡嗡地叫了起来，引得某省队员全部转头朝这边看，最终该省选手只参加了 4 个小时就退出了比赛，站在一旁观摩。江苏队员戏称这叫“意志摧残”。

张志东小组的两人配合默契，开始时他们主动放弃了一部分故障题——他们认为战略上的放弃不叫放弃。当裁判宣布“还有最后 5 分钟”时，他们尚有一个项目没有完成，然而关公温酒斩华雄，心里有谱，他们毫不慌张，最后顺利完成了 10 个项目的比赛。

走出赛场，张志东端详着自己的手，每只手 5 个手指头，跟常人比一个不多一个不少——这真是一双有可能被人社部命名为“全国技术能手”的手吗？

比赛结束后，江苏队几十名队员穿着统一的服装，于一个清晨来到了天安门广场参加升旗仪式。寒冬时令，广场上吹着凛冽的风，当国歌响起，张志东的心脏与共和国一起搏动。他知道，一个人的成长，就像共和国的诞生，必将历经寒冬酷暑。没有“魔鬼式训练”和“魔鬼式比赛”的一段人生，何来人生的涅槃和涅槃后的云开雾散、朗朗乾坤。

我很想用“炉火纯青”一词来形容他的技术，但他坚决反对，他说“技术能力水平没有最高只有更高”。他现在的微信名中有“DEJA”四个大写字母，是新公司“常州德匠数控科技有限公司”的简称。新公司为何用“德匠”二字？他说数控机床要“以德国为师”，自己则要做一名“有职业道德的工匠”。

被聘为智能控制学院“工程师训练营”技能导师

五、两只“全国技术能手”触碰到了一起

两只“全国技术能手”触碰到了一起

在一个崇拜歌星影星的时代，张志东却悄悄崇拜着一个不会唱歌也不会跳舞的人——杰出校友邓建军。邓建军的铜像在张志东入学那年就站立在了校园的草坪上，虽岁月更替，风雨剥蚀，但张志东心中对这位全国劳模的崇拜一刻也没有停摆。

11 月 7 日下午，张志东回母校参加智能控制学院专门为他安排的“工程师训练营”技能导师聘任仪式。仪式结束后，他走到邓建军铜像前，踮起脚，用右手触摸那青铜颜色的手——此刻，两只“全国技术能手”终于触碰到了一起。

邓建军是 2004 年的“全国技术能手”，时隔 10 年，张志东也成了“全国技术能手”。我突发奇想：这两个人的手外形上究竟有何异同之处？于是要求双方提供各自手的特写照片。照片传来了，看着看着，我眼前出现了金庸《笑傲江湖》中那一双双如剑似锋的“功夫手”——唯有拥有了这样一双“功夫手”，方能笑傲机电行业的江湖。

我陪同张志东在校园行走。收获的季节，金黄满地。他感恩母校，让他获得了全面的专业知识和专业方面的综合分析能力；他感恩“建军杯专业技能竞赛

节”，让他初尝竞技的乐趣；他感恩当初的创胜特尔数控机床设备有限公司，给了他一个良好的成长平台，让他的背后不断“塌方”，迫使他只能向前追赶；他感恩“好记性不如烂笔头”的古训，让他用笔记下了师傅所教的所有要点和自己摸索出的所有难点；他感恩创胜特尔、常州市以及江苏省给了他参加国赛的机会；他庆幸自己为何总是会比别人早一点上班晚一点下班，从而感动了师傅，学到了比别人更多的东西。

走到学校北广场的“匠心”石旁，这位数控机床装调维修的痴迷“游戏人”与我握手告别。我目送他的背影渐渐远去，此时天高云淡，晴空有一鹤排云而上。

所属二级学院：智能控制学院

专业：机电一体化

班级：06 机电 631

班主任：杨育宏

“金牌教练”韩迎辉

韩迎辉指导学生操作设备

韩迎辉，1993 年毕业于常州轻工业学校，学的是塑料成型及工艺专业。毕业后，他先后供职于常州中化勤丰塑料有限公司和常州华威模具有限公司，从技术员、助理工程师到设备主管，练就了他勤于动手、勇于探索、善于创新、乐于获取新知识的能力，其研发的“铝卷分切机项目电控系统设计调试”等项目，为企业降本增效数十万元。

一个学塑料的，在企业爱上了电气，竟然把电气控制做得这么好，这事被当时的电子系主任杨劲松发现了。2005 年，韩迎辉应邀回母校电子系（现智能控制学院）代课，没想到，这一“代”便“代”成了电气自动化专业正式教师。2010 年至今，他指导的学生 9 次获全国职业技能大赛一等奖，成了学校的“金牌教练”，获得了“江苏省五一劳动奖章”，被评为“江苏工匠”。

一、老外赞叹“No. 1”

2013 年 6 月 26 日下午，天津，骄阳似火。来自全国 20 多个省市的 40 多支参赛队伍汇集天津轻工职业技术学院，参加全国职业院校技能大赛“风光互补发电系统安装与调试”赛项的比赛。

群雄争战如火如荼，时钟转过了五个半小时，比赛还剩下最后 30 分钟。各支队伍已如弦上之箭，随时有可能穿越终点。此时，常州轻院代表队三个青涩的小伙，第一个完成了接线和设备的组装，正有条不紊地进行最后的调试，以确保风机和太阳能电池板能够顺利启动。最后的时刻就要来临。当电机开始转动，测试灯亮起来，监控画面显示一切正常。那感觉，仿佛一支鸣箭“嗖”的一声飞出，正中靶心。三名小伙如同战场上的战士长舒了一口气，释下重负。面对测试正常的画面和完美的工艺，外国观摩团人员纷纷竖起大拇指，连声赞叹，“No. 1!”“No. 1!”

玻璃幕墙后的韩迎辉，将这一幕看在眼里，心中的一块大石头也终于落了地。

当组委会宣布我校代表队以第一名的成绩获得一等奖的时候，三个小伙以沉稳淡定的外表掩饰着内心的激动——当然，他们也说不清是故意掩饰还是那种庄严的场合不允许他们狂跳起来，他们只是感到内心在剧烈跳动！他们的目光在场内搜寻指导老师韩迎辉——毕竟为了这光荣的时刻，师徒们已经付出了近一年的汗水。

二、U 形训练法、秒表、三分钟

这已经是韩迎辉老师第五次指导学生参加这样的大赛了。掌声传来之际，韩迎辉很清醒，也很淡然。他说，工科方面的技术日新月异，同行们都在奋发向上，作为一个教练，永远都没有停下来享受成果的资本。要给学生一碗水，自己就必须要有一桶水。要能够想学生所未想，解决学生不能解决的问题。当然任何人都不可能是“全智者”。指导学生时，韩迎辉也曾遇到难题无法当场解决。有一次学生在安装设备时，追光传感器发生了不该出现的震荡问题。学生解决不了，向他求助。他也无法当场解决。之后，他与队员们一起用了两个晚上的时间来攻关，问题最终得以解决。所以他认为，指导老师面对技术时，要有开放心态，要敢于迎难而上。

谈到专业技能，韩迎辉打了个比方，他觉得，技术能手就像神箭手，百步穿杨的神技一定来自于大量的训练，一鸣惊人的背后，需要日日闻鸡起舞的磨炼。他的训练方法，与其他学校不断加大训练强度的做法不同。在竞赛准备的前期，他先让学生进行远超正式比赛强度的训练，随着选手技术和配合程度的娴熟，开始逐步做减法，快到正赛时，再加负荷热身训练。这样的“U 形训练法”张弛有度，使得学生在正式比赛高压的环境下，也能够驾轻就熟，游刃有余。队员们形象地把这种训练方法称作“沙袋跑”。

省赛之前，系领导联络常州信息职业技术学院、武进职业教育中心校两支队伍，分别来校搞热身赛。韩迎辉抓住这难得的练兵机会，使用秒表全程记录队员们每个环节所耗时间，精确到秒。这为之后的训练提供了重要参考。

他的这种精细化作风，有时到了令人咋舌的程度。参赛团队中，有一个队员负责 PLC 编程，需要使用笔记本电脑。韩迎辉获悉今年比赛使用的电脑与他们训练使用的电脑虽是同一品牌，却是不同款式，键盘的设计稍有不同。他通过学校和系部向设备供应商南京康尼科技有限公司提出换置电脑的要求。刚开始，供应商很不理解，认为电脑只是键盘稍有不同，不会影响比赛结果。韩迎辉告诉他们，如果学生比赛使用电脑并非平时训练用电脑，那么编程手由于操作不适，6 小时的正式比赛，编程手的操作时间可能要因此延长 3 分钟。3 分钟！设备供应商被韩迎辉的严谨精神所折服。

韩迎辉提醒选手，可别小看了这 3 分钟，3 分钟是可以决定成败的。他举例说，上一次全国技能大赛同一赛项，我校代表队以第五名的成绩获得了二等奖，跟一等奖第四名的成绩只差了 0.5 分，而那 0.5 分，可能就是从这 3 分钟里流失的。

三、凌晨回家，被保安盘问

韩迎辉是我校 93 届毕业生，在校学习的是塑料成型专业，毕业后，先后在常州中化勤丰塑料有限公司和常州华威模具有限公司担任过技术员、助理工程师、设备主管等职。在工作中，他逐渐对电气自动化的领域产生浓厚兴趣，开始不断钻研相关知识与技能，成为公司的技术骨干。2005 年他来校代课，2006 年正式来院工作，成为电子系电气自动化专业教师。整整 12 年生产一线的工作经历，既造就了他吃苦耐劳的精神，又让他养成了一丝不苟、精益求精的工作作风。到校工作之后，他将这种精神和作风融入到了教学和训练之中。

给队员们影响最大的是韩老师对他们的严格要求和在细节上的一丝不苟。他们举例称，由于参加正赛的时候，每个团队的活动区域不是很大，三名队员在操作的时候相互之间容易擦碰，所以韩老师要求他们在平时训练的时候，就要定好三人如何站位和走动，以避免擦碰，节省时间。不仅如此，他还要求队员们用完的工具一定要放回工具箱。接线有时需要使用剪刀，他强调剪刀用完一定要倒插放回工具箱，不给他人带来麻烦和危险。

在担任技能竞赛指导教师的这几年，加班已经成为韩迎辉的习惯。竞赛的教学和指导工作常常是在晚上和周末进行，所以加班到晚上八、九点钟，属于正常现象，最晚甚至要到凌晨。今年三月份，距技能大赛的省赛还有约一个月，团队里的编程手，由于和其他队员配合上出现大的问题，无法协调，故而退出团队。新来的编程手徐炜同学，虽然技能过硬，但毕竟这是一项需要三人通力配合才能完成的任务，所以让徐炜尽快融入团队，就成了指导老师韩迎辉的当务之急。他们进行了分工，相关老师负责巩固其理论知识，韩老师负责实际操作和团队配合。紧张的时光总是过得很快的，师徒们的训练经常不知不觉地就到了凌晨。韩老师背着个笔记本电脑骑车回家，小区保安满脸狐疑上来盘问——毕竟，这是凌晨时分了。

韩迎辉的事迹上了母校的宣传架

四、那些受用的“金科玉律”

电子电气工程系主任姚庆文教授说，爱岗敬业、自强不息是我们的特色学校文化，以韩迎辉为代表的电子系技能大赛的指导老师们身上，可能集中彰显了这种文化。

他们吃苦耐劳、爱岗敬业的精神，已经感染了全系的师生，并且直接影响了他们的弟子。冯彬，电子系 2011 届毕业生，2011 年代表学校参加全国职业院校技能大赛光伏发电系统安装与调试项目，并获得一等奖，就是在韩迎辉老师指导之下完成的。与此同时，他在常州蓝翔电气有限公司实习三个月，刚一毕业就被任命为技术部工程电气设计员，毕业不到半年，就被公司任命为电气设计部门经理，在工作中爱岗敬业，自强不息，现在已被公司领导作为重点培养对象加以培养。

对于竞赛训练，队员们说得最多的词就是“辛苦”。确实如此，事隔近半年，三名队员手上的老茧子还没有消去。训练异常艰苦时，他们也曾想放弃，但看到韩老师他们周末和夜间也陪着一块训练，受到老师们精神的感召，他们都坚持到了最后，没有人选择放弃。

竞赛团队队长、2013 届毕业生周立超称，韩老师的言传身教，“剪刀用完要倒插放回工具箱”这样对细节的一丝不苟、要站在别人角度看问题、要善于和他人精诚合作等，已经成为他工作中最为受用的“金科玉律”。

五、“我只是在做个严师而已”

平素随和健谈的韩迎辉，一旦走入课堂或实训室，神色就会变得严肃起来，他对学生的要求特别严格。韩迎辉常挂在嘴边的一句话就是“名师或可遇，严师出高徒”。他说，自己根本算不上优秀，“我只是在做一个严师而已”。

我校是中国技工邓建军的母校，而电子系（智能控制学院）是邓建军的母系。在这里，有一大批像韩迎辉这样带出过出色徒弟的“严师”，他们的年龄形成了梯队，其中蒋正炎、沈治老师都只有三十多岁。而且值得人咀嚼的是，在电子系（智能控制学院），包括韩迎辉在内的很多优秀老师都是留校的——有一种文脉，在悄悄延续。

江苏省人力资源和社会保障厅命名的“韩迎辉江苏工匠工作室”

所属二级学院：材料工程学院

专业：塑料成型工艺及设备

班级：工艺 891

班主任：花震亚　伍学雷　毛伯民　汤罗增

在透明膜切割机旁一站十年的忠诚员工

常州西太湖科技产业园，位于风光旖旎的西太湖北侧。盐城射阳人与这片土地似乎有着特别的缘分，单是稻香路的常州山由帝杉防护材料制造有限公司分切割车间就有 5 人。也许就是因着这一缘分，周根群从常州轻工职业技术学院一毕业，就直接进了这家公司，时间：2008 年 7 月——不对，准确地说，他提前半年就到这个公司分切割车间实习了。从此，他在透明膜切割机旁一站就是十年，直站得在这片土地上娶妻生子，把自己站成了车间主任，站成了共产党员，站成了武进区劳模，站成了常州市人大代表，站成了公司领导眼里公认的忠诚员工。

他在透明膜切割机旁一站就是十年

他把自己“站”成了武进区劳模

把自己“站”成了常州市人大代表

一、罢工潮中，他带两个人撑起一个车间

山由帝杉，据说是个韩国名字。2010 年 7 月，周根群正式入职满两年时，车间出事了：由于公司尚未正式由中国航天科技集团有限公司控股，管理层有中方人员、韩国人员以及民营企业人员，关系尚未理顺，管理层内部有分歧，加上员工三教九流什么人都有，导致了分切割车间的罢工。罢工队伍以几个工人“油子”挑头，他们没有通知周根群，周根群耳闻后也没有参加。周根群说：既然领导已经答应下个月开始落实待遇，为何要死磕甚至拉车间电闸呢！于是他带着两名工人继续干活。就这样，三个人，硬是撑起了一个车间。

“如果我们有一半周根群这样的忠诚员工，该多好啊！”

公司领导看着眼前这位在江南七月的大暑天气里忙得全身大汗的 24 岁小伙，怜惜之情油然而生。

也就是在这个时候，他由一名配合车间主任工作的班组长被提拔为车间主任，开启了一段以“以身作则”为基本管理手段、以“凝聚团队力量”为管理首要目标的管理工作实践。

作为车间主任，他拿得起车间所有的活

二、近距离摩挲子弹也打不穿的防爆膜

2017 年 11 月 8 日，公司网站上出现了一条新闻：《山由帝杉新型安全膜通过了防弹测试》。看到新闻图片上被子弹击出花纹的防爆膜图片，我顿生猎奇心理，要求亲手摸一下那专供银行玻璃柜使用的防爆透明膜。双手摩挲了半天，感觉并无特别之处，就像我初见周根群，他穿着胸前标志“中国航天”字样的工作服，跟车间一般工人并无二样。

公司生产汽车贴膜、建筑玻璃用功能膜以及特种防护膜。周根群管理的分切割车间，就是把其他车间制造出的各种类型的防护膜按照客户需求分切成各种规格，包装后装入客户指定的纸箱。那些透明膜薄如羽翼，手感如玉，随着卷轴的旋转，成了一卷一卷晶莹剔透的艺术品。周根群经常会摸着它们沉思：这些如玉的艺术品，究竟如何一站一站地分销出去，让哪些人的汽车光洁如镜？那些穿上护甲的建筑物是坐落在喧嚣的城市，还是宁静的山野？那些子弹也打不穿的透明膜，会在哪个银行的窗口为人保驾让人平安？

然而遐想之时，投诉信息来了：有客户反映他们的防护膜短斤缺两。短斤缺两的事，自然应该由分切割车间负责，责任落到了车间主任的头上。

这实在是一个让人百思不得其解的投诉——短斤缺两，这不可能啊！热胀冷缩的原因早就考虑过了，工人故意为之，也不可能。周根群像遇到了一个难解的

他喜欢回母校打篮球，喜欢那种高高跳起，在空中停留片刻的感觉

方程式，不得其门而入。他围着车间里那么多台机器转悠，从“人、机、料、法、环、测”各个环节逐个分析检查，猫腻终于找到了：竟然是机器计米器的位置设计不合理，透明膜卷到最后另一根卷轴“偷懒休息”所致。

问题解决后，他回八千米之外的母校打了一场篮球，用汗水把心中的郁闷全部排出体外。类似头疼的事情经常发生，于是他就经常有了打篮球的机会。

他领导着分切割车间16位员工，“杜绝不良产品流入客户端”这11个字成了他的誓言，也成了他每年年终述职报告中始终不变的语言。

车间分割的透明膜多种多样，面对质量问题，他要成为那种子弹也打不穿的防护膜，不允许有任何瑕疵穿透防护膜混出这车间的大门。

三、团队的力量，用一摞奖状见证

公司有5个二级部门，年终评比，先进称号往往都落到分切割车间头上。年度荣誉老是被一个部门抢走，这让上层领导有点为难。

“这个团队太强。有一年他们车间出了点小问题，年终评比被扣了分，我们就抓住时机把先进给了另外一个多年来一直跟周根群车间争高下的部门——过了这个年度，又要被周根群他们抢走了。”公司领导毫不掩饰对分切割车间这个群体的欣赏和赞美，他看周根群的眼光，慈父般怜爱。

从车间荣誉柜里，周根群搬出了一大摞荣誉证书，最多的是盖着“常州山由帝杉防护材料制造有限公司”红印的年度部门先进证书，另有3张是2013年到2015年每年一张的公司“优秀管理人员”证书。点了一下，一共10本。压在最底下的一本证书十分有趣：“优秀工会小组长?”我口里疑惑地念叨着，联想起幼儿园小朋友得的小红花，抬起头看着眼前的“周组长”。

“那一年，我们车间评上了‘西太湖科技产业园优秀工会小组’……”我们的“周组长”被我念叨得不好意思起来，解释着，看着我呵呵地笑，他笑得有点羞涩，跟幼儿园小朋友一样可爱。

最夺人眼球的是2015年常州市总工会授予的“工人先锋号”奖牌，红色奖牌悬挂在墙上，如一团燃烧的火。这团火，让我看到了一个热血青年团队的活力。

周根群的车间，平均年龄26岁。看他们的文化程度统计表，大专2人，高中8人，初中7人，绝大多数是来自外地的打工仔，这么个散兵游勇似的队伍，其团队力量来自何处?

我向两位同样来自盐城市射阳县的员工提出了这个问题，他俩异口同声说了一个成语：以身作则。

他希望自己的团队永远健步如飞

四、关于“以身作则”的名词解释

以身作则，语出《论语·子路》：“其身正，不令而行；其身不正，虽令不从。”则，准则，榜样；以身作则，以自己的行动作为榜样。其近义词为：身体力行，身先士卒。

周根群作为车间主任，他的办公室紧挨着车间。他桌子上的电脑旁，一直有一双有点发黑的手套，他随时都会到机位上去干活。

分切割车间员工流动较大，经常有新入职的员工到来。周根群有一个愿望：将每一个新入职的员工都培养成能独当一面的岗位能手。每当新员工进来，周根群无一例外都是亲自教亲自带，而且每一位新员工都听过他绕口令式的一段话：“你先看我怎么干，然后自己干；我再告诉你存在什么问题，你继续干继续总结；遇到问题你再向我提问。”教完了，他再把新员工交给机台，让师傅继续带。

有一种幸运，叫作一入职就遇到一个好师傅。周根群就是这样的一名师傅。

周根群动手能力很强。有时车间设备出了故障，他干脆利用自己在母校所学的专业知识直接动手解决问题，省得喊检修工，说不定检修工还要找切割机的维保单位呢，那样岂不是又要耽误生产？他还自己设计出了辅料运转车。

他经常会去切割机上干一段活，融入团队与员工共同作业。酷暑期间，他干得汗流浃背，上级安排的会议时间到了，他夹起一本记录本就走，那模样，完全是个一线工人坐到了中高层管理者的会议室。车间哪个地方脏了，他先拿起笤帚清扫。天降暴雨，他自己开个叉车抢收露天的货物。

“你有叉车操作证?”

被我一问，周根群又不好意思起来，他说一直想考一张证书的，拖到现在还没有去参加学习。

“我的前任是一个韩国人，他什么都会，会各种设备操作，会安排生产会管理，会设计产品标签……他是我师傅。我呢，接班以后，又来了个‘亲力亲为’。俗话说‘慈不带兵’，明确的纪律要求加上‘亲力亲为’，团队力量就出来了。”周根群这样解释自己多年来的带兵经验。

前几年他入了党，有人跟他开玩笑说“你叫周根群，根群，就是‘扎根群众’的意思”。他想了一想，觉得这话有点道理。

“他还带头献血。”射阳老乡又补充了一句。的确，常州轻工职业技术学院多少年来都是常州高校“单次献血量冠军”高校，每年几次的校园采血时间，不需要动员，图文楼一楼献血车前排好的队伍都要拐好几个弯，周根群入职后带头献血，不足为奇。

包括周根群在内，车间里有 5 名射阳人，周根群对射阳人是否特别照顾?

“哪里，对我们比对一般员工还要严!”听了我的问题，坐在我面前的两名射阳员工不约而同地笑起来。

“他挺会讲道理讲知识，有些是他上大学时学来的，有些是他参加各种会议听来的，有些是他自己看书看来的，他抓住一切机会给我们讲，我们挺爱听。”射阳老乡继续补充。

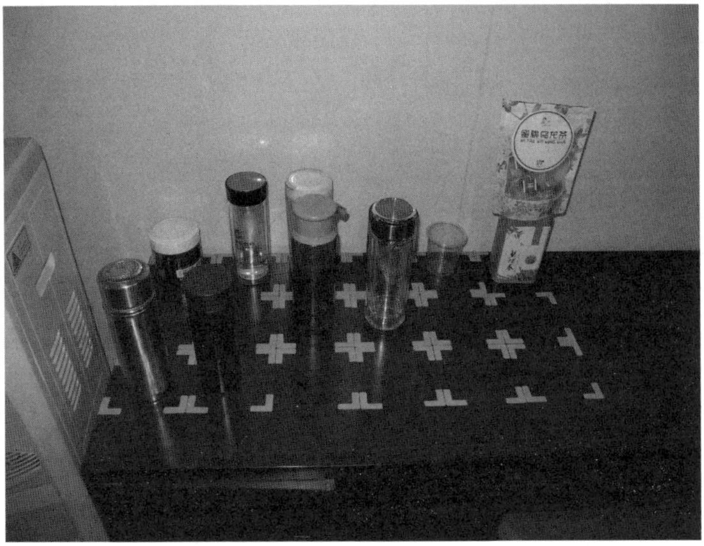

将杯子定位，这是 6S 管理的要求

这时周根群走进了访谈室，估计是料到员工会说他的好话，脸上一脸羞涩。其实他一直是有点羞涩的，包括根据我的要求摆拍照片时，始终有些不好意思。

来到他办公室，我目光搜寻他桌上的那副手套。他说现在实行 6S 管理，手套不允许放在桌上了，收到了柜子里。经他提醒，我发现这间办公室兼车间会议室所有桌椅柜子都有定位标志，连大家的茶杯都只只入格。

据说“以身作则”有个反义词叫“瞠乎其后”，意思是在别人后面干瞪眼赶不上。将“瞠乎其后”作为“以身作则”的反义词，实在有点勉强，但如果我们查找“瞠乎其后”的原文出处，却很有点意思——《庄子·田子方》中，孔子的门生颜回对孔子说：“夫子步亦步，夫子趋亦趋，夫子驰亦驰；夫子奔逸绝尘，而回瞠若乎后矣！”大意是：“老师慢走，我也慢走，老师急走，我也急走，老师快跑，我也快跑；但是老师如果一溜烟地飞奔，那我只好眼巴巴地远远落在后面了！”

周根群拿得起车间所有的活，从严要求、以身作则、亲力亲为地带徒和组织生产，大家都跟着快跑，谁都没有被拉下“瞠乎其后”。

他说，公司给了他一个好平台

五、西太湖上，有一轮温润的月亮

对周根群及其周围人员进行了多次采访，最后一次采访结束时，已经是农历八月十四日的夜晚。我合上笔记本，周根群要带我去附近的西太湖揽月湾转转。

明天就是中秋节了，一轮圆月，从八千米外的母校方向升起，带着母校的气息，以其温润之光抚摸着揽月湾的水面。月光下，西太湖波光粼粼，如一首优美的诗。

周根群说：母校的关爱，深深地影响着他，让他温暖，让他精进，让他脚踏实地。对母校老师，他提得最多的是班主任杨萍，一个虽然没有给他们上过一节专业课和基础课，却完全融入了他们大学三年的学习生活，乃至毕业后十多年仍然关注着学生事业前途的老师。61 人的大班，人数多，宿舍多，矛盾多，迟到早退，学生晚归，事情不断，杨老师看护着这份“家业”，在教室，在宿舍，在马路，在操场，用大量时间跟同学沟通谈心。学生毕业后，对那些事业生活不顺心的同学，一如既往地鼓励鞭策，促其奋进。周根群正是以老师为榜样，用心去关爱、去组织和领导一个车间的人员。

揽月湾的月亮升得越来越高，此时的周根群突然浪漫起来，其语如诗：“母校的爱犹如这月光，月在中天时，潮水如涌，月亮下山了，月光也在心中。”

抬头远望，此时的西太湖，月光普照。

毕业十周年聚会，近距离感念母校的温暖

所属二级学院：智能控制学院

专业：电气自动化技术

班级：05 自动 332

班主任：杨萍　沈丹萍

匠心独运

心花开

网络安全行业的蒙面侠客

十年磨一剑，霜刃未曾试。

今日把示君，谁有不平事？

贾岛一首侠客诗，让多少后来少年做起了侠客梦，期待自己身挟宝剑，身披佐罗那样的披风，威风凛凛行走江湖。

此刻的董广东其实并不威风，他站在华为松山湖基地的一处平台上，欣赏着基地的小火车如何沿着松山湖蜿蜒而行，然后带我在华为投资了100亿元的欧洲小镇中穿行。他没有电影中佐罗把剑的矫健身材，外表文弱如书生；他网名叫“大米”，自然也不如佐罗那样家喻户晓。作为网络行业的安全工程师，他经历过三家公司，岗位职责始终是分析软件病毒、处理网络病毒，以及寻找公司产品

董广东在华为松山湖基地欧洲小镇

中的程序漏洞，提出修补方案，为公司产品或服务对象解危除困。因工作性质限制，他姓不显于网络，名不见于江湖，我戏称他为“网络行业的蒙面大侠”。他说万万不可称“大”，华为人才济济，他不过是小卒一枚。

用华为手机拍“华为”。董广东说，华为手机国内销售价格比欧洲便宜很多

一、汉高祖故里走来的“游戏男”

董广东，一名来自汉高祖刘邦故里的小伙，2011 年 9 月拥有了常州轻工职业技术学院信息工程系（现常州工业职业技术学院人工智能学院）的一个学号，专业：软件技术；然而，借道信息工程系设立的课外学习中心，他利用业余时间玩起了计算机网络专业的玩意儿。2012 年年底，领衔组队参加江苏省经济和信息化委员会、省教育厅联合举办的“天翼杯”江苏省首届信息安全竞赛，作为业余选手与网络公司专业选手同台竞技获得一等奖，一夜之间成了同学眼中的明星。在很多酷爱网络技术的师兄师弟眼中，只要再给董广东配上一匹白马，戴上一副墨镜，俨然就是计算机网络世界的“佐罗”。

追溯董广东的专业之旅，他曾经历过“游戏男”到“技术男”的嬗变。

初中阶段，他是个“学霸”，对数理化尤其喜欢，获得过徐州市金钥匙科学知识竞赛的二等奖。初三之前，他的成绩从来都不会掉出年级前三。初三时，他迷上了上网打游戏，于是就嚷嚷着让爸妈给买电脑，父母亲拗不过他的软磨硬泡，最后答应了他。

买电脑，干什么呢？他跟爸妈说的是为了上网查资料，为了学习，这是天底下想玩游戏的孩子哄骗爸妈的惯用伎俩。那时他最喜欢的游戏是《跑跑卡丁车》，经常在周末和寒暑假，抱一个键盘闯徐州，到处参加《跑跑卡丁车》的网游比赛，还挣了不少奖金。

当然，他自己也付出了代价。凭着初三第一学期的成绩本可以上徐州最好的高中，由于迷恋“驾驶”卡丁车的超级快感，只考上他们的县中。也是因为玩游戏，高考结束了，他没能叩开本科院校的大门。

整天上网的他，在过去的几年里，自觉不自觉地，都在关注一件事——找网站和网络的漏洞。一般人看到电脑弹出的软件升级提醒、电脑漏洞提示时，会按部就班升级软件或修补漏洞，而董广东是个“另类”，第一次遇到这情况便开始思考：为什么软件要升级？为什么不升级就不安全？为什么有漏洞就要下载补丁进行修补？他开始对一些网站进行“安全检测”，他把这些“检测”称为“练手”。高考之后的那个暑假他就经常练手。

后来他拖着行李走进了常州轻工职业技术学院，选择了软件技术专业而不是他熟悉的计算机网络专业。当时的想法是软件开发毕竟还是一项技术，而网络谁不会玩呢？事实证明，正是在“谁都会玩”的网络方面他大放异彩。因为他进入了所在系的课外学习中心——505 教室，从而完成了从“游戏男”到“技术男”的嬗变。

欧洲小镇，一个看似很欧洲的地方

他在松山湖畔的这栋建筑中工作

松山湖基地内部的小火车。董广东难得休息半天，他带我乘小火车颐养精神

二、505，让他期待无畏之境

时光荏苒，眨眼间，大学就开学了。毛头小伙子一边学习自己的专业软件技术，一边继续他的老本行——网络安全与入侵渗透等技术。

人工智能学院的学习中心“505 教室”

2010 年，常州轻工职业技术学院借鉴美国大学的经验，要求所有系辟出专门的办公室或教室，配备专门的设备和值班老师（指导老师），成立“课外学习中心”，利用学生课余时间为学生提供学习、生活、心理等多方面的指导帮助，发展学生的兴趣，同时为学生参加各种竞赛提供训练条件。董广东喜出望外：在信息系课外学习中心 505 教室，价值百来万的设备让好学的同学练手，系里具有敬业精神和精湛技术的老师做指导。大三学生、当时课外学习中心负责人渠洋说：“最难得的是老师们对技术的痴迷和超级敬业的精神。”他讲了这样一个故事：有一次，他们几个搞网络信息安全的同学按殷玉明老师的要求，做一个“策略路由”的试验，但是努力了半天，也没能成功，无奈之下，他们又回过头来找到老师。殷老师从中午开始一直在机房测试实验直至深夜，中、晚饭都是学生替他带的，直至晚上十点多，才在家人的催促下下班回家。第二天，问题搞定，师生忘情欢呼。

“505 最让你难忘的是什么?”

没想到，他说最难忘的是几位集训的同学悄悄将被子从宿舍弄出来，再通过图文信息大楼的地下室，瞒着老师拿到 505 教室，偷偷在 505 过夜。保安巡夜，他们又设法应付——我被他说话时的神秘兴奋样逗乐了：“你们这是‘黑客’的快乐啊！”

说到“黑客”一词，董广东陷入沉思。他说老师反复告诫他们：“网络技术是一把双刃剑，既能惩恶护善，一不小心也会步入歧途。要时时惕厉自己，加强道德自律。”当年的信息系主任高佳琴说：“在学生的网络道德方面，我们信息系的很多老师都是‘婆婆嘴’，必须反复告诫，在不厌其烦的告诫中提高学生的网络道德意识。”董广东说他很早就给自己定下了“金科玉律”——不做任何违法和自己认为不正义的事情。

为了“练手”，董广东经常通过505配备的电脑为学校的网站做免费的“安全检测”，一旦找到漏洞就进去转悠一番。而只要一转悠，就有痕迹留下——他的网名叫“大米”，网络中心老师第二天就会发现一路抛撒的“大米”，于是找他聊天谈心讨论堵漏方案。

磨剑多时，霜刃却未曾试。505，让他期待沙场杀伐的无畏之境。

三、论剑石头城

2012年11月，常州轻工职业技术学院信息系派出由董广东、赵赫、束旋三名同学组成的团队，参加省经济和信息化委员会、省教育厅联合举办的“天翼杯”江苏省首届信息安全竞赛。全省共有103个网络信息安全团队参加比赛，队伍分成两组：一组是专业组，成员为省内知名的网络安全公司人员；另一组是业余组，成员为省内高校（如南京大学、东南大学、南京理工大学、江苏大学等）大学生团队以及社会人员组成的团队。

常州轻工职业技术学院队竟然顺利地通过了预赛（局域网理论知识）和复赛（虚拟网络环境攻防），以业余组第三名的成绩，与东南大学、江苏大学等大学的赛手们一起跻身决赛的“豪强”之列，这让他们的指导老师殷玉明喜出望外——毕竟，三人仅仅是高职院的大二学生，又是业余选手。

南京，古名石头城，诸葛亮感叹“钟山龙蟠、石头虎踞”之地。11月18日，石头城内北风萧萧，业余组的6支队伍与专业组的3支队伍在此会师决赛——决赛阶段已经没有业余和专业的区别，9队共战强者胜！决赛规格高，参赛团队实力强，时任国家工业与信息化部信息安全协调司司长赵泽良、时任江苏省政府副秘书长王志忠等省市领导莅临，并在场外观看比赛实况直播。

如果说初赛和复赛是各自为战的“孤岛作战”的话，那么真实信息系统及网络环境的决赛，可就是相互攻防的“抢滩登陆战”了。比赛说起来很简单：有个“宝贝”被藏在了由7道防线层层阻隔的“城墙”之内，在规定的5个小时之内，9支队伍中谁攻进的关隘最多，谁便夺标。

选手们除了“过五关”外，还要“斩六将”，也就是说，他们不仅要攻城拔寨，更要将对手拒之门墙之外。如同金庸笔下修习绝世武功“乾坤大挪移”一般，每攻克一城，参赛队伍就要赶紧修复加固已被攻破的“城墙”，以防外敌侵入。决赛甫一开始，9支队伍齐刷刷地攻进了“围城”第一关——果然是“长缨在手”，不怕缚不住“苍龙”。比赛进行到20分钟左右，常州瑞新网络科技有限公司的专业代表队一马当先，他们竟然连越两道防线，进入第三关，并在“入关”之后，迅速加固了第三关的“城墙”。其余8支队伍铆足了劲，奋力直追。

战场局势瞬息万变，受困于第一关的8支代表队中，先后有4支队伍攻破第二关的防线。这时，仍然受困第一关的常州轻院的年轻战士们压力倍增。身为团队核心和主攻手的董广东急中生智，他先交代身旁的束、赵二战友继续对第二层防线发起攻击，自己则尝试在第二层和第三层“高墙”之间，制作了一个“跳板”。他做到了！通过一个完美的“鱼跃”，直接完成了从第一关到第三关的跨越。这让场外观看“现场直播”的领导和老师们都大吃一惊。这时其他七支队伍也已攻进了第二关，并正在对第三关发起炮火猛烈的攻击。常州轻院和常州瑞新两支劲旅，在做第三关的防御之外，彼此也发动了对攻，一时间九雄混战，硝烟弥漫。混战之际，常州轻院队突然从第三层高楼一摔而下，掉到了第一层，也就是掉到了所有对手的后面，这让场外观看直播的观众大跌眼镜。这当然是竞争对手的猛烈攻击所致。正当同伴焦急之际，董广东突然想起之前微软发布的一个漏洞，借助那个漏洞，他成功地使得整个系统蓝屏，也就是瘫痪，这一招，让所有参赛队伍从第三层的这台服务器摔了下去。

三人抓住这一良机，迅速杀回第三层，并以迅雷不及掩耳之势攻破第四道防线，第一个进入“乾坤大挪移”的第四层境界——此时面前风光一片！之后，他们迅速对第四层的防线进行了加固。比赛最后时刻，常州瑞新久经沙场的老将们，也顺利攻进第四层。铃声响起，计时器指针定格在了4小时60分那一刹那。

常州轻工职业技术学院代表队和常州瑞新科技股份有限公司代表队双占鳌头——而常州轻工职业技术学院队仅仅是个业余队。

一等奖荣誉证书及2万元奖金，从国家工业与信息化部信息安全协调司司长赵泽良手上传至董广东他们手中。

走出赛场，冬日的风飕飕地吹——这起自三国石头城的风。

领奖台上（右二为董广东）

“中国技工”邓建军为董广东等三名获奖同学签名

四、“后门”，从系主任一直开到党委书记那里

自从董广东等三人获奖，大量网络公司便主动找上门来要人，一拨拨的人拉着系主任、系总支书记的手“我们先吃顿饭聊聊……”有人干脆直接找到了学校党委书记：“不管他们有没有毕业、能不能拿到文凭，只要他们同意，你们学校头头批准，现在就可以跟我们走！”——这一系列情节，听起来简直有些夸张。

但董广东有他的打算。2014 年毕业后，他“专转本”去南京读了两年本科。之后，打卡三家高端网络公司，分别为：总部在杭州的安恒网络安全公司，总部在北京的 360 科技有限公司；2018 年，去了苏东坡因垂涎“日啖荔枝三百颗”而号称愿意长住的岭南——位于广东东莞的华为总部。原本缘于家族“广”字辈而起名“广东”，如今“广东”真的来到了广东。

“听说华为选人很严格，一般都要研究生以上学历，而且试用三个月不满意马上就会让他走人。你没有研究生学历，当初担心过不了试用期吗？”

董广东说，华为用人，刚刚毕业的看文凭，有工作经历的看你在什么档次的公司干过，做过什么项目，看本事。他从来不担心试用期问题，甚至在他的简历中，都不再填写学生时代获奖的事情。

董广东对网络信息安全的兴趣常人难以望尘。他很刻苦，经常通宵奋战，当年比赛获得的奖金几乎全都用作向同行专家请教的“学费”了。网络信息安全领域的专家，就是这样炼成的。

“倪老师，你要跟学弟学妹们说：付出多，收获才会多，只有不断努力，才能到高端公司工作。”

现在，董广东在华为的工作就是探秘华为产品程序设计中的漏洞。一旦发现漏洞，他会兴奋不已，就像垂钓者水中的鱼钩终于被鱼咬住，无论大鱼小鱼，那种鱼线被牵引的感觉让他的心怦怦直跳，让他陶醉。漏洞上报到程序设计员那里，漏洞修补了，篱笆也就越扎越牢。就这样一个个回合来回决战，在矛与盾的攻防中，矛越来越尖锐，盾越来越牢固。国货华为，每天都在向科技的金字塔塔尖攀登——不对，准确地说，是华为人每天都在创造新的塔尖、新的高度。

看似严密的墙，总有漏洞——他的工作就是探查网络漏洞

五、一只洗脚桶，温暖到如今

华为松山湖基地全景

东莞有二美：一是华为建在松山湖的基地欧洲小镇，二是东莞马路两旁的路灯杆——那路灯杆，挺拔壮美，造型刚毅，色彩明丽，无论矗立何方，都自成风景。董广东因自身的刚毅，到哪里都是独立的风景。他经常接到猎头的电话，因技术过硬从不怕失业。27 岁的人生履历，基本可以简化为一位网络安全工程师的专业之旅。

他就像东莞街头的路灯杆，竖到哪里都是风景

董广东网络安全专业的“金刚不坏之身”，最初是在母校 505 教室锤炼的。他对 505 给他的锻炼机会念念不忘，同时他十分感谢 505 辅导老师们的借书证，因为老师的借书证可以借 20 本书，借期“逆天”到长达半年甚至一年。他经常拿着老师的借书证到图书馆借来一大堆书，所以尽管学的不是网络专业，但却对网络信息安全前沿技术极为熟悉。“吾爱吾师，也爱老师的借书证。”交谈中，董广东冒出了一句文绉绉的话。

欧洲小镇，风光旖旎，被网友怒赞。看着身边这位带我在欧洲风光中游历穿行的“网络安全蒙面侠客”，突然感觉应该给他当年的老师打个电话，说说我的所见所闻。电话那头，当年的系主任高佳琴老师很是兴奋。她回忆说有一年她突然收到一只电热洗脚桶，是董广东寄来的，董广东先是给自己的妈妈买了一个，妈妈用得很好，就给老师也买了一个。

“几年过去了，这桶水始终是热的。”高老师说。

所属二级学院：人工智能学院

专业：软件技术

班级：11 微软 331

班主任：过林吉

凭多年不变的电气专业特质，他把电柜做成限量版艺术品

百度一下“涟水方言”，会跳出一串声音怪怪的搞笑视频。1988 年 9 月，初中毕业的王礼伟就是用一口涟水方言在课堂朗读“赵惠文王时，得楚和氏璧”逗得同学哄堂大笑，在大家的笑声中，他开启了在常州轻工业学校的中专学习生涯。虽说不会说普通话让他一段时间内有点儿自卑，但一个淮安农村的孩子进城变成了国家户口，却着实让他和他的家人高兴了很长一段时间。

他学的是工业企业电气化专业。志愿是他自己懵懵懂懂填上的，而且很长一段时间他一直怀疑“电气”二字写错了，应该是“电器”。一晃三十年过去了，他所从事的专业始终是那个带着“错别字”的工业企业电气化。他的身上，渗透着电气专业人的特质，与他交谈，我有一种幻觉：他的体内，定然有一张电路图，这张图由许多正方形、长方形、菱形组成，方正之间，他思维的电流不管如何活跃，都运行得规规矩矩。

“当年老师教我专业知识，今天我向老师汇报专业成就”——王礼伟向母校的任课老师和班主任介绍他的电柜产品

他的思维如此，工作如此，为人如此，企业运行也如此。

难怪有的老师这样形容电气化专业人的专业特质：规范、规矩、规则，外加谨慎二字。

一、跟着不修边幅的王老师做电工，练就了一手吃饭本领

采访过程中，我向好几个人问过同样一个问题："王礼伟给你印象最深的是什么？"

当年的班主任老师蒋志强回答："稳重，老实。"

当年的任课老师张涛回答："稳重，老实。"

比王礼伟高两届的同专业同学、涟水老乡徐素白回答："稳重，老实。"

已经跟着儿子到昆山定居的王礼伟的父亲回答："稳重，老实。"

电话采访年逾八旬的王方大老师，王老师回答："人想不起来了，但是王礼伟这个名字很熟悉。"

其实对王礼伟一生事业影响最大的，恰恰是这位表示"人想不起来"的王老师。

王老师平时不修边幅，常常一条裤管长一条裤管短就来上班，但他做的电工活，却规矩得就像创作艺术品，不完美不肯罢休，每个活都成了他的"限量版"作品。他带着同学们参观各种电气设施，王礼伟一边负责招呼跟班的同学，一边听着强电间发出的那种微弱的嗡嗡声，提醒大家谨慎、再谨慎。王老师接了很多企业和家装的电工活，王礼伟则跟前跟后不离左右。老师对电工作业的规范和完美极致的追求，深深地影响着王礼伟等一班弟子。一次次跟班学艺，让王礼伟练就了一手吃饭本领，终身受益，并耕耘于这个专业矢志不渝。

工人在接线

二、报缝里发现的生存机遇

1992 年，学得一身功夫的王礼伟毕业了。学电的人才到处抢，他从涟水人事局拿到了派遣单后，到国营涟水化肥厂报到，负责化工仪表维护。虽然师傅手把手地教，让他的专业水平又提升了不少，但此时的涟水化肥厂已经日薄西山，发工资都很难，每月每人发 1 吨化肥，让他们跑村头转田头销售，卖完净得七十几元就算当月工资。

一年后的一天，王礼伟巡视完车间仪表回到办公室，随手拿起一张报纸，报缝里的一则招聘启事让他眼睛顿时亮了起来：昆山某台资企业以月薪 500 元招聘电气专业人才。于是他来到昆山面试，等他付完旅馆费、买完回家的车票，借同事的 100 元已花得精光，只能饿着肚子回家。坐在回涟水的长途汽车上，他时而看风景、时而眯缝着眼睡觉，以此来抵挡肚子的咕噜声。

如果不是生活所迫，他不会离开家乡，因为在家人和亲戚眼里，涟水化肥厂毕竟是国营单位，他的身份可是国家干部——父亲拉了一大帮亲戚到家里一起分析做工作，但王礼伟最终选择的仍然是背井离乡。

三、专业特质加台资管理模式，让他的企业小而不危

昆山是改革开放的前沿城市，2018 年 6 月，昆山市统计出的改革开放 40 年

他说他要把每一台电柜都做成“限量版”的艺术品

来所批准的台资企业已达 4903 家。王礼伟当年应聘的也是一家台资企业，专做高低压配电柜，这让他如鱼得水。尤其是台资企业的那种严谨守信、工作中的一丝不苟，让原本就很讲究规则的王礼伟规则意识更强。

台资企业基本都是日企管理模式，深受日本工匠精神影响，讲究信誉，讲究品质保障体系，讲究产品质量，讲究按合同及时付款，讲究按规定上下班——工作多半个小时就会给算你加班费。这一切，后来都被王礼伟移植进了自己的电气公司。

王礼伟以规范、规矩、规则和谨慎等电气专业特质经营着自己的公司。他采购的配件上都有三菱、施耐德等国际品牌标识，用的辅助线材最便宜的就是人民牌和远东牌——其实这两个牌子属于国产一流品牌。

“辅材在产品总成本中占比其实不大，再说用好的辅材可以降低我们售后服务成本。”王礼伟用一口涟水腔的普通话为我们介绍——原来他做产品不仅仅算信誉账，信誉账中包含着经济账。

于是他的产品在台资企业中树立起了口碑，尤其是新到昆山的台资企业人生地不熟，老客户总是把他们介绍到王礼伟的工厂订购配电柜。为了资金安全，他的销售名单中都是台资企业。

他只做高端产品，从不与同行拼价格。甚至到现在，他的兴业牌电柜都没有进行商标注册。看他产品的标识，有时写的是“兴业电气”，有时写的是“昆山兴业”。他不愁销路，即使商标让人抢注了，没有牌子他照样有活干，因为客户购买的，其实是他讲规范、讲规矩、讲规则的人品，他的企业至今没有专门的营

他坐在朋友送的领航舵旁接待我们，但他说不想做领航的舵手

销人员。

王礼伟只做配电柜，他不想涉猎其他产业，不想扩大规模，不炒股，没有那种赚更多钱的欲望。王礼伟接待我们时，他自己坐在会议室的一座领航舵旁边。他说这领航舵是朋友送的，其实他从不想领航。

他的厂房是租的，固定资产只有 150 万元，职工 40 人，年产值 5000 万元。他没有一分钱贷款，也没有陈年的应收款。采购材料，他喜欢现金交易。

“其实我们属于传统的手工作业，就是靠老老实实干活，我要把每台电柜都做成‘限量版艺术品’。”说这话时，王礼伟一脸神圣。

台塑集团 2007 年就成了他的客户，作为台湾地区规模最大的企业，台塑集团对供应商有着十分严苛的规定，经过严格考察，他们选中了小小的兴业电气。十年来，随着台塑集团在大陆的不断扩张，王礼伟的“限量版艺术品”也跟着一路地展示。

他的企业很小，但目前没有任何危机的迹象。

四、他不是跨河掠地的骏马，只是一头踽踽而行的青牛

王礼伟的公司坐落于昆山北环线外。北环线，又叫富士康路，路南侧接二连三的，都是富士康的厂房。八年前经过这里时，曾看到富士康厂房二楼以上的窗外都挂着网兜，如今这种防止员工跳楼的设施已经在视野消失。台资企业这种特殊标志物的消失，是否表征着什么，我一时难以判断。

王礼伟长期在台资企业工作，自己开公司后，也采用台资企业管理模式。他在一线工作多年，知道工人需要什么，知道自己该怎么做。这让他的企业在中规中矩的台资企业管理模式下，又多了很多人性化的成分。

公司大部分是老员工，工龄长的与他公司同龄。“让这么多老员工有养家糊口的地方，让他们能够按时还房贷，能尽到我的社会责任，我就满足了。”他说老家涟水经济不发达，凡是跟他沾边的亲戚，他都会帮忙。

王礼伟经常会“不好意思”。比如他雇用一名厨师给大家做午餐，尽管午餐是免费供应的，但是吃差了，他会“不好意思”。我问一位工龄十年的老员工“怎么没想到要跳槽”时，这位工人不解地用反问句回答我：“老板对我们好，我们为什么要离开呢?”

每一个创业者的背后都有一个艰辛的故事。但王礼伟说他没有，他的创业之路，一切都是自自然然。2003 年，他在台资电气企业做电气产品品质管理和售后服务的同时，与两个朋友合伙注册了昆山市兴业电气服务有限公司，让朋友负责打理。几年下来，公司没亏，也没赚钱。2011 年，他溢价把两位朋友的股份买了下来，离开原有企业全身心经营自己的公司。渐渐的，公司开始盈利。

他的电柜叫“兴业电气”

辅料仓库

他不喜欢跟政府官员打交道。前几年有人介绍了一笔 2000 万元的地铁配电柜生意，利润丰厚，但是他放弃了，因为他实在不想过那种磕头求人的日子。采访至中午，他招待年近退休的班主任和任课老师，酒都已经倒好了半天了，他只顾讲话竟忘了招呼大家开始用餐。吃饭吃到一半，他才想起把口袋里的一包烟掏出来发给老师们——他不是一个喜欢应酬的人。

汽车在富士康路上一路驰行。王礼伟没有富士康那样的规模和富士康那样的扩张野心，稳重与老实，电气专业人士的规范、规矩、规则及谨慎，让他拒绝做跨河掠地的骏马。1973 年出生，属牛的他，不会梦想在惊涛骇浪中勇立潮头，他只会做一头踏踏实实的青牛，避开繁华和灯红酒绿，踽踽而行。

采访完回到学校，我在他当年的一位任课老师面前赞叹这位高徒。当提到王礼伟的兴业商标还没有注册时，这位任课老师急了，让我赶快电话催他注册。

我拨通电话，电话那一头传来王礼伟对母校老师感激的声音。

师生在车间合影

（左 1 为电气专业 86 级校友徐素白，左 2 为班主任蒋志强，右 1 为任课老师张涛）

所属二级学院：智能控制学院

专业：工业企业电气化

班级：工电 881

班主任：蒋志强

尝试了刺绣、熬粥、卖鸡蛋，如今他点“草”成金

在一间100多平方米的创客工作室内，装裱考究的《四大美女》《梅兰竹菊》《八骏马》等一幅幅画作挂满了整面墙，一位穿着“五毒”辟邪图案衣裳的小伙端坐桌前，将吸管粗细的麦秆浸泡、熏蒸、上色、漂洗后，用剪刀剖开，用熨斗烫平，抛光去膜，再将纸片状麦秆，依照此前画好的图案裁剪、雕刻、拼接、粘贴、装裱。龙腾虎跃与万马奔腾、娇艳欲滴与苍翠挺拔、婀娜多姿与可爱呆萌，从他手中孕育而生，这些画有一个统一的种类名称：麦秆画。

90后小伙郭畅旭，就是这间麦秆画创客工作室的主人，也是常州市麦秆画唯一传承人、常州恒驰旭文化产业有限公司总经理，专职从事“非遗”麦秆画的设计、制作与传播工作。

专注

一、学校创业宣传栏激发的创业兴趣

说起“非遗”传承人，很多人脑海里立即浮现出一群戴着眼镜、头发花白的“老古董”，很难与标新立异、个性张扬、追求时尚的90后划等号。出生于1996年的郭畅旭，是常州轻工职业技术学院2018届毕业生。今年7月，他带着他的“非遗”创业项目“执秆为画，非遗新生——小麦秆做出了大文章”，代表学校参加了“第五届江苏‘互联网+’大学生创新创业大赛”，获得了二等奖。

郭畅旭的创业梦想，源自他刚入学时学校创业宣传栏里的一张创业海报。海报介绍了学校创新创业文化节系列活动，有“GYB&SYB”创业培训、创业校友交流会、“BOSS”课堂、店铺设计大赛、创业设计大赛、职业生涯规划设计大赛、互联网+创新创业大赛等，形式多样，种类繁多。郭畅旭报名参加“GYB”（产生你的企业想法）培训。半年后，他通过了考核，晋升第二阶段“SYB”（创办你的企业）培训。

创业梦想一旦被激发，很多人都会夜不能寐。郭畅旭犹如热锅上的蚂蚁，一刻不能耽搁。他找父母要了2万元启动资金，跨出了他创业的第一步。

二、他熬出的粥，连他自己都不想喝

郭畅旭创业，曾尝试过刺绣、熬粥、卖鸡蛋。

甘肃庆阳是“中国香包刺绣之乡”，也是郭畅旭的故乡。父母在庆阳经营一家“前店后厂”的香包店，专卖手工刺绣的香包。庆阳的风俗，让香包在当地很有市场：逢年过节、婚丧嫁娶、造屋迁徙等都会用到香包，祛邪纳福，必不可少。郭畅旭利用家庭优势，从香包店进香包、刺绣等手工艺品，快递到常州，在学校周边、旅游景点附近摆摊售卖。刚开始生意倒也不错，他还凭借这个创业项目，参加了校级创业大赛，获得了三等奖。那一次，他的创业辅导员严田田老师为他的项目取了个雅致的名字：“行走的艺术——民间工艺品展卖”。

后来，这种地域性极强的工艺品就开始“水土不服”了。经过考察，郭畅旭发现学校周边早餐铺生意红火，他决定尝试做早餐生意。志同道合的两位同学也加入进来，三个大小伙一起“洗手做羹汤”。他们捧着“养生营养”类书籍，经过上百次的研制，熬制出了营养养生粥。粥熬好了，粥的成分经分析营养挺好，可那口味却连他们自己都不想喝，店铺自然无人问津。卖鸡蛋吧！他们选择那种天然的、野生的、绿色环保的鸡蛋，健康又养生。但山里的鸡蛋好是好，运出来价格不菲，加之鸡蛋是易碎品，稍有不慎，就血本无归。生意之惨淡，郭畅旭至今谈起来，那张苦笑的脸仍然像摔碎的鸡蛋。

他曾经销售过从父母那里进货的香包

三、为拜师学艺，他周游列国

摆地摊卖香包刺绣，开早餐铺卖粥卖鸡蛋，均以失败告终。多次尝试让他增长了经验，磨砺了意志，培育了他永不放弃的精神。郭畅旭感到越是困难之时，就越意味着黎明时刻即将到来。

大二暑假，也是机缘巧合，妈妈让他去陕西跟一位民间手工艺人学艺。在那里，他第一次接触麦秆画就完全着迷了。半个月后，虽学艺不精，但已经能做一些工艺不太复杂的画作了。他早在 12 岁时就帮家里用电脑设计、制作刺绣图案，与生俱来的绘画功底和做精细活的潜质，让郭畅旭感到麦秆画应该就是带着他冲破黑暗的那颗启明星。

为提高麦秆画制作水平，他又到徐州找到了做麦秆画的彭师傅，听说拜在彭师傅门下的门徒有 50 多个，他交了 3000 元学费，师从彭师傅学了 8 天手艺，顺利出师。一幅摆在创客工作室门口的《孔雀图》，就是当年他练手时的作品。这幅画作让彭师傅感慨不已："你是我所有徒弟中最有悟性的一个，学习时间不长，但做出来的东西跟做了 20 多年的老手艺人一样。"

回到常州后，武进电视台播出了一档介绍麦秆画的电视节目，电视中的麦秆画师傅通过电视寻找传人。于是他骑着电动车，到距离学校 40 多公里的魏村找师傅。两个多小时的电动车车程，逢人就问、逢门就敲的"地毯式"排查，终于从大海里捞到了针，他找到了麦秆画手艺人王艾青。在王艾青的书房，有两幅立体麦秆画，《风染寒谷》和《翠羽琼丝》，经历了 40 多年的岁月，画面依然保持着最初的鲜活与灵动。这是王艾青最早的麦秆画作品，也是王师傅与麦秆画结缘的开始。

师傅王艾青谈起徒弟郭畅旭，笑逐颜开

郭畅旭说，王师傅的制作工艺更原始，更复杂，但做出来的作品更立体、更灵动、更具光泽感。

他在回忆周游列国拜师学艺的故事

此后的两年里，从常州最南端的常州工业职业技术学院到最北端的新北区魏村，每个周末总有郭畅旭风雨无阻、骑车奔波的身影。王师傅看到了郭畅旭的坚守，不但不收学费，还免费提供午餐。

郭畅旭拜师学艺的足迹印在了义渠戎（今甘肃庆阳）、秦国（今陕西西安）、宋国（今江苏徐州）以及吴国（今江苏常州）等多个诸侯国，他与孔夫子周游列国传道不同，郭畅旭周游列国，为的是拜师学艺。

四、“现代数字技术+工匠精神”，让他点“草”成金

在王艾青看来，麦秆画的制作工艺并不难，只要有一定的美术功底，有一份足够的耐心便可出细活，只是这份耐心不是人皆有之。“相比同龄人，郭畅旭不浮躁，能沉得下心来。他能够长时间专注地做麦秆画，所以他做得也最好。”

师傅们的肯定，更坚定了郭畅旭创建一家专做麦秆画公司的信心。回校后，他申请入驻学校的大学生创新创业实践基地。该基地是学校为大学生搭建的集创客训练、创业培训、创业实战、创业帮扶为一体的创新创业实践平台。基地里有专业的导师团队，他的麦秆画项目放到大学生创新创业实践基地，严田田等多位老师“多对一”指导，反复打磨技艺，精心优化业务，让郭畅旭感到自己创业的春天即将到来。孵化成熟之后，他创办了常州恒驰旭文化产业有限公司，干起了与“非遗”有关的事业。

麦秆画工艺品的价值，与选材和做工密切相关。做工是粗糙还是精细，会产生完全不同的效果。王师傅说，一幅做工考究的麦秆画，必定是剪裁圆滑流畅，熨烫粘贴平整，色泽自然灵动，内容生动传神，富有美感并能触发想象力。

郭畅旭传承了王艾青师傅的传统技艺和选材方法，又助之以 90 后全新的思维。他能结合现代年轻人的审美，将传统手艺和潮流文化很好地融合在一起，赋予麦秆画新的内涵。他的麦秆画，有融入传统故事元素的，如《西游记》《红楼梦》等；有体现时代潮流的，如《小猪佩奇》《哪吒》等；他还将麦秆画印制到陶器、瓷器、石碑上，做成形状各异、形态不一、突破传统的现代手工艺品。

在制作方式上，有“大师创作限量版”，即由大师构思创作图案，手工制版、制作；有“电脑制作批量版”，即按照现成的电脑图案，手工制版，再用他创造的一套标准化、程式化的制作模式，进行批量生产。不论是限量版，还是批量生产版，在郭畅旭心中，每一件麦秆画都是精品，因为每一件作品都是精益求精、精雕细琢出来的。

成书于战国初期的《周礼·考工记》上说，所谓工匠，就是集传承和钻研、专注与磨砺于一身的人，他们享受把每一件事做到极致的成就感。一件麦秆画诞生后，郭畅旭会放在手里端详良久，如慈父对待自己的孩子般，舍不得放下。那

天我们轻轻走进他的创客工作室，从侧面看到他对着麦秆画专注的神情，突然心有所悟：这不就是一位现代工匠的人物造型吗？

工匠是这样练就的

用麦秆制作的四大美女

透过公司玻璃窗，可以看到他的麦秆材料

现代数字技术和工匠精神的结合，让郭畅旭点“草”成金。倚仗这项重新焕发青春的古老民间手艺，他的公司开始出现活力：经营才 1 年，公司已开始盈利，上千幅麦秆画作品，远销各地。

作为 90 后“非遗”传承人，业余时间，郭畅旭会到中小学开设麦秆画手工课，到大学开讲座，到老年大学授课。现在，郭畅旭正在思考如何传播“非遗”，让麦秆画技艺福惠百姓的业余生活。

所属二级学院：智能控制学院

专业：机电一体化

班级：15 机电 335 班

班主任：鲁志明

岗位创新成就“五星级员工”

一张春天般热情的笑脸，一项较硬的舞蹈技能，一种像邓建军那样创新和爱岗敬业的精神，让金梦颖成为恐龙园“演艺化服务”的标杆。

恐龙园要求员工们树立“我的服务是园中一景”的服务理念，以“今日有我演出，必将全力以赴”为口号，主动、热情、礼貌、周到地服务，快乐地服务，将快乐传递给游客。这就是恐龙园的“演艺化服务”。

2009 年，金梦颖到恐龙园的第一个岗位就是以标准站姿在鲁布拉湾入口处迎客。一动不动站了没几天，这位爱跳舞的姑娘就对自己的工作进行了大胆创新，改变原本静态的站姿，跟着广场音乐有节奏地晃起脑袋、摆起双手。这一“动”，不仅让游服人员增强了亲和力，而且可以减轻游服人员的疲劳感。于是所有的游服人员都来学习，金梦颖几乎是带“动”了所有在闸口处工作的游服人员。

后来，金梦颖发现，恐龙园花车巡游时，花车两边的游服人员仅仅是拉着长绳维持观众的秩序，太死板、太严肃，和游客会有隔阂。于是她想到了“演艺化服务”，想让游服人员与游客融为一体，和游客互动。于是，她根据花车巡游的音乐和现场氛围，编排了花车两侧所有游服人员的表演动作。这样的互动不仅让机械呆板的花车维护蜕变为生动的舞蹈，还与游客进行了肢体语言的沟通，效果较好。再后来，金梦颖经常利用业余时间上网学习舞蹈动作，并向园中艺术团演员请教，编排了 2011 全年所有的花车维护互动动作。

因为有她的创新，有她的努力及倾注，花车巡游维护工作中的互动成为恐龙园中靓丽的一景，每当花车音乐响起，维护员们随着音乐翩翩起舞，游客也跟着扭动起来。这一人“造”的景观让很多人拿起相机，纷纷摄影留念。

恐龙园人力资源部孙部长认为金梦颖是真正做到恐龙园“演艺化服务”的第一人，也是爱岗敬业的典型。现在爱岗敬业且乐于奉献的金梦颖已然成了一名多面手，上至恐龙园管理中心下到项目点，她都在发挥越来越多的“标杆作用”。如今，她兼任部门的内训师，积极配合部门及班组面向新老员工开展培训工作。

中华恐龙园星级员工评比制度从2003年开始实施，但“五星级”一直空缺。工作两年半来，金梦颖从“二星级员工”一直冲到“五星级员工”，并成为中华恐龙园开园12年来第一个、也是目前唯一获得“五星级员工”称号的员工。

金梦颖认为目前自己所做的一切都是普通的、分内的工作。“干一行就要爱一行!”是金梦颖的座右铭。她认为不管事大事小，都要把它做好，既然选择了旅游服务行业，就要把自己的理想、信念、青春、才智毫不保留地奉献给这一行。要爱自己的职业，就像鱼儿爱大海，禾苗爱春雨，蜜蜂爱鲜花一样。

金梦颖是这样说的，也是这样做的。在服务岗位上，金梦颖主动、热情、礼貌、周到，严格按照规范为游客提供服务，身体力行“三先六会”的人性化服务，不遗余力的将快乐传递给游客；在演艺化服务方面，她积极发挥自己的才艺特长，倾其所能的将花车维护互动蜕变为园中靓丽的一景，使游服人员与游客形成了很好的互动效果；在操作岗位上，她一向秉承严谨的作风，将游客的安全和利益放在首位，严格按照操作流程进行操作，熟悉多套大型设备的操作及应急预案流程。不断总结学习，不断完善和优化服务流程，守护着游客的安全；而作为部门的一名内训师，她积极配合部门及班组面向新老员工开展培训工作，常常将自己的工作心得进行总结，并且毫无保留的拿出来与大家分享，促进大家共同成长。

一个人的价值取向决定人生的奋斗目标。金梦颖的价值观很简单：废寝忘食、绞尽脑汁，苦熬一个个不眠之夜，如果写出的材料、提出的建议能得到领导的一声肯定便欢欣不已；诚心诚意，尽职尽责，干过的一件件分内分外之事，如果付出的努力能得到同事的一声赞许，就足以使她欣喜万分。正是有这样的价值取向，才使得金梦颖爱岗敬业、努力工作。也正是因为工作出色，金梦颖才会连续三次被评为公司四星级员工，2011年上半年被评为集团服务明星，2011年末被评为公司开园以来的唯一一名五星级员工。

金梦颖在“水火动力”游乐项目控制室

付出总有回报，现在初出茅庐、工作才两年多的金梦颖，薪水差不多可以赶上公司中层副部长了。

“大家坐好了吗?”

她还是恐龙园的内训师

与游客小朋友一起“嗨”起来

接受中国教育电视台采访

所属二级学院：旅游与烹饪学院
专业：旅游管理
班级：07 旅游 631
班主任：严灵灵

他带着一支校友团队
玩转十七亿的铸造设备

目光穿过波光潋滟、缓缓流淌的西太湖向东望去，一片巨大的现代化工业建筑群映入眼帘，这是常州市遐迩闻名的企业——江苏恒立液压股份有限公司。在湖水的伴奏下，恒立公司里演绎着很多故事：

比如一群年轻人如何不畏艰苦，努力提升自我，为民族工业的发展而拼搏奋斗；比如一个企业如何把握时代脉搏，大力引进人才，从“大型工厂”到“高端智能”的嬗变；比如一所高职院校如何和企业开展紧密的校企合作，实现师生“育养匠心、幸福人生”的共同愿景……

今天，我们要讲的故事是关于其中的一个男主角——马艳东，现任江苏恒立液压股份有限公司常州铸造分公司铸造二部经理兼总经理助理，他带着一支校友团队，玩转十七亿的国际先进铸造设备，荣获“中国机械工业优秀工匠”称号。

“中国机械工业优秀工匠”马艳东

一、选择与大哥一样的专业

马艳东，男，1987年出生在徐州邳州市戴圩镇杜家村。高大结实、面貌淳朴的他，名字里却带个“艳”字。他向我们解释是小时候上户口时把名字报错了，本该是个“雁”字。

雁，又称鸿。在《声律启蒙》中说“来鸿对去燕”。雁在古人眼中是一种神奇又神圣的动物，具五种美德：仁、义、礼、智、信。马雁东，父母是希望他宛如大雁一般展翅高飞，也希望他兼具仁、义、礼、智、信的传统美德。

鸿雁东南飞，终究，这只满怀理想和抱负的大雁越过蜿蜒的长江，一路向东朝南，来到江南的常州轻工职业技术学院材料成型及控制技术专业学习深造。

材料成型及控制技术专业主要的就业方向是铸造，即将液体金属浇铸到与零件形状相适应的铸造空腔中，待其冷却凝固后，以获得零件或毛坯。

“据我所知，铸造行业是很辛苦的，你当时选择这个专业时知道吗?”随行采访的倪筱荣老师刚参加工作时曾接触过这个行业，他回忆起多年前传统的翻砂铸造工艺，眼前便浮现起一个个灰头土脸的身影、火光四溅的高温环境以及吸入灰尘的肺止不住迸发的咳嗽。

“知道的，苦倒是不怕，最主要的原因是这个专业找工作比较容易!”马艳东道出了心中的实话，年少时家庭条件的拮据就赋予他一种超乎同龄人的成熟与担当。

家中有兄弟三个，马艳东排行老三。父母亲辛苦拉扯三个儿子长大，几个儿子倒也争气，大儿子是武汉大学的研究生，学习材料成型专业；二儿子学了门手艺，有一技傍身；马艳东看着比自己大七岁的大哥毕业后顺利找到工作，也跟随大哥选择相同专业，盼望着早日赚钱养家。当然，现在的铸造车间已非倪老师当年所见的脏兮兮、黑乎乎的模样，连专业名称都改成了“材料成型”。

如果说一开始选择专业是对现实处境的无奈，真正接触铸造行业后马艳东对它的热爱则一发不可收拾。2008年他只身来到常州轻工职业技术学院学习，成绩始终名列前茅，获得各类表彰和奖学金。2011年进一步专接本学习深造，仅用一年时间就把两年课程读完，提前毕业。学校一位教师关于创业典型案例的论文中记录着些许他在校时的成长轨迹：“模具系2008成型331班学生马艳东，他家境贫寒，为帮助其顺利完成学业，学校多次为其颁发奖助学金。2012年2月应聘江苏恒立高压油缸股份有限公司担任总部设备管理员，不到两年的时间成为公司采购物流部主管。2014年4月，马艳东作为学校助学成才典型被上报省教育厅。”寒门学子自强不息终有成的形象跃然纸上。

二、在这里，“清理车间”并非动宾结构的词组

“他主动要求去清理车间!”好几位同事都跟我们说了同一句话，面带不解，

亦面带钦佩。

清理车间？就因为铸造车间脏乱差马艳东看不下去了？其实在这里，“清理车间”并非一个动宾结构的词组。铸造行业里，有一个很重要的环节叫做“清理”，是指将铸件从铸型中取出，清除掉本体以外的多余部分，包括附着在铸件内外的砂粉，并打磨精整铸件内外表面的过程。这道工序对从业人员的首要要求是“不怕吃苦”。

“不怕吃苦”这四个字，既是马艳东进入恒立的敲门砖，也是他事业发展的垫脚石。2012 年的春节刚过完，马艳东就开始了他的求职之路。他优先选择恒立集团应聘，当时看中企业待遇比较好，也是自己一直向往的铸造龙头企业，他需要以最快的方式去贴补家用。那是个北风呼啸的冬日上午，来恒立应聘的毕业生把会议室坐得满满当当的，终于轮到马艳东面试，恰巧碰上企业副董事长来现场观摩，领导发问：“你有什么优点？”马艳东的回答让在座领导们印象深刻——“不怕吃苦！”他被录用了。此后，一年 365 天在岗工作 362 天，加班加点是家常便饭，仅用一年时间他就向大伙证明了自己所言不虚。

渐渐地，他在设备部做管理员开始崭露头角，若顺着当前轨迹继续前行，前途必会无量。这时，他却一意孤行，多次主动向领导请缨要求到铸造清理车间任职。转岗至铸造车间，意味着一切从零开始，且工作任务将更为艰巨。马艳东仿佛一头倔强的初生牛犊，任人劝说都不听，明知山有虎，偏向虎山行。领导在办公室，他去说要转岗；领导在食堂，他去说要转岗；领导在车间，他去说要转岗……领导耐不住他百般“骚扰”，终于松口。就这样，马艳东如愿去了铸造部，一干就是两年。对于这段在旁人看来摸不着头脑的选择，马艳东说他只是想更贴近铸造的一线，铸造是他的初心所在。

马艳东与德国专家研究图纸

到清理车间参观，来人无不为经过清理加工后呈现出的铸件啧啧称赞，一件件精细得如同艺术品。做这工作要求极高，不仅要不怕苦不怕脏，身体素质好，还要有十足的耐心。铸件清理过程分成外部清理和内部清理，经过外部打磨清理后，真正的考验还在内部清理——内窥检查，需用专业的超声波仪器探查内部的一个个孔洞和流道，检查清理一件至少十几分钟。马艳东经常亲自指导工人操作，还主动参与铸件设计，因为他“不怕吃苦”。

三、黄老师谈马艳东，眼睛会发光

黄之德是常州工业职业技术学院材料成型及控制技术专业的专任教师、首席专家，2006 年从德国深造回国教书育人至今。马艳东是他 2008 级的学生。我们采访期间，黄老师正在恒立集团的车间指导学生实训。

作为铸造行业实践派专家，黄老师学识渊博、侃侃而谈，他带我们在恒立铸造车间里参观，这里有金属熔化的味道，电光火石闪烁。黄老师头戴安全帽，乐在其中，一副活力四射的模样，一路上对我们说得最多的话是：“瞧，那个是我的学生……是主管，这个也是我的学生……也是主管。”

我们很疑惑：究竟有多少常州工业职业技术学院的学生成了这里的主管？

“在恒立，至少 70% 的主管是我们的毕业生，大多数是马艳东一手带出来的。马上要投入使用的二期新厂里，只有一个主管不是咱们学校的，其他都是。”黄老师一脸难掩的自豪，向我们一一细数：

担任专业课的黄之德老师介绍起在铸造车间的这批学生，一脸自豪

刘亚东，常州工业学院10成型331班毕业生，现任熔炼车间主管；

陆振，常州工业学院10机电332班毕业生，现任造型车间主管；

钟金龙，常州工业学院08成型331班毕业生，现任后处理车间主管；

……

黄老师谈起马艳东等一批学生，眼睛会发光，每到一处，都要拉着岗位上的毕业生让我们给他们照相。

四、他要玩转十七亿的铸造设备

正在安装的铸造二期工程

马艳东是恒立液压企业里升职速度最快的员工。从2012年入职恒立至今，他只用了七八年的时间就做到了铸造二部经理兼总经理助理的职位，还接手管理整个铸造二期工厂。铸造二期工厂引进的是德国最先进的设备，价值十七亿。

第一次采访他是六月的一个午后，我们跟着他走了一遭恒立铸造二期新厂房。马艳东扬着一张热汗涔涔的脸，兴奋地向我们介绍每一样设备的用处，向我们述说从一期的“大型工厂”发展到二期的“高端智能”过程中的所有故事。

当前，恒立液压正在全力打造智能工厂，在铸造分公司内，投资十七亿的年产5.5万吨高精密液压铸件智能工厂二期项目正在加紧建设，明年5月建成投运后，将形成从自动加料、自动铸件打磨再到自动运输为一体的智能工厂体系，设备陆续从国外进来，已全部安装调试好，正式投运后产能在一期工厂基础上将增加一倍，生产技术突飞猛进。

离开时，我们碰巧遇到马艳东的领导杨总开车外出，听闻我们是母校来采访的老师，他对我们感谢不已："常州工业学院培养出一批像马艳东一样优秀的学生，才有了恒立如今人才济济的局面。马艳东各方面能力都强，作为学长，能够负责任地把学弟、同学都带动起来，团队管理得相当不错!"

加了马艳东的微信，打开他的朋友圈，一股子干事创业的浩气迎面扑来：

"为了祖国的强大、民族工业的复兴，继续赶机。"配图是装满方便面、煎饼、胃药的行李箱和飞往德国的机票。

"他们有一双双稚嫩的眼睛，离开校园，怀揣着梦想走上工作岗位。同学们，踏实从基层岗位做起，用心做好每一件事。天高任鸟飞、海阔凭鱼跃。加油吧!"配图是今年四十多个新入职恒立的常州工业学院毕业生拎着行李入住员工寝室。

再往前翻，4 月 26 日，他发了条状态："11：28 母女平安！老婆辛苦了!"字里行间满是迎接新生小女儿的喜悦；紧接着下一条状态，4 月 30 日，他写道："初见雏形!"图片是二期新厂欣欣向荣、蓄势待发之景，如同是他另一个新生儿般即将呱呱坠地。一面是作为父亲的真实柔情，一面是作为青年创业者的壮志豪情，我们忍不住猜想，马艳东站在这天平的两端，会更倾向哪一端?

五、每当他在家头疼胃疼，妻子就催他赶快去工厂

我们采访了马艳东的妻子，话语间她与马艳东那种"同甘共苦、相互扶持"的伉俪深情，溢于言表：

"他是个有担当、靠得住的人，是个完美主义者。"

"和他在一起后，感受到很多正能量，每天都很幸福。"

"感觉他的成长史，写一本励志小说都没问题。"

"我不想听他的过去，因为我会忍不住心疼流泪。"

说起他们的相识，那不得不回首一段马家人异常艰难的时光。那时，马艳东的妻子刚从大学毕业，到湖北一家医院参加工作实习，工作内容之一是照顾一位重度烧伤的患者。本是作为医护人员寻常不过的工作，有一点却引起了她的注意：常常有个二十来岁的小伙子来照顾这位病人，一来病房就闷声做事，比医院里的金牌护工还耐心细致。几次接触下来，她知道了小伙子叫马艳东，跟自己一样来自徐州，是患者的亲弟弟。家境贫寒，好不容易家里兄弟几个长大成人，大儿子却意外烧伤，一度病危。这突如其来的变故让这个家庭雪上加霜，老母亲几近崩溃。当时，作为弟弟的马艳东远在常州读大学，他一声不吭扛起了家庭的

重担。

人的成长，往往与苦难相随，像地理板块碰撞、挤压那样，时而被夹其间感受折磨，时而又被甩在一旁冷静思考。马艳东就是在这种折磨和思考中寻求新生的。妻子说那段时间是最令她印象深刻的，看着马艳东江苏、湖北两头奔波，看着他忙碌学业的同时又要照料哥哥，看着他在医院出的一次次病危通知单上签字，看着他在是否带哥哥去上海求医的艰难抉择中徘徊，当时这个小伙子身上超乎常人的责任感深深打动了她，她默默对自己说：以后找对象就要找马艳东这样的男人。

后来，他们走到了一起，组建了家庭，生了两个可爱的孩子。再次点开马艳东的微信朋友圈，试图找寻这个幸福家庭的“蛛丝马迹”，一条状态落入眼帘：

“成功的背后总有不为人知的一面，在此我特别介绍我新工厂熔炼主管：仅给两天的婚假，草草办个婚礼就踏上工作岗位。虽然家在常州，新婚燕尔却聚少离多，当得知公司决定给他放 3 天假期时，一个七尺男儿潸然泪下。这是我们永久的事业，对家人的亏欠，是一辈子弥补不了的。这一年新厂的建设离不开公司领导的支持，即将承担中国智造 2025 项目是我们义不容辞的责任！”配图是穿着工作服站在设备前喜笑颜开的同事们以及自己两个幼女的照片。

显然，天平的两端，马艳东的选择一目了然。于此，妻子不是没有抱怨，她原是常州一家医院的麻醉师，三年前，为了照顾两个孩子，她放弃了工作辞职回家，“他工作很忙，几乎每晚回家都要八九点钟，我有时候带孩子累了忍不住对他抱怨几句，他从来不生气发火，下班回家就帮忙照顾老大。”

妻子还提到丈夫的一个怪癖，每当马艳东头疼、胃疼的老毛病犯了，她不是让他去医院，而是催他赶紧去公司：“他去车间看一看转一转，投入工作后，什么头疼脑热立马消失。”

采访结束时，我们向马艳东索要一张全家福照片，他露出了为难的表情，我们不便多问。隔了几天，他发来一张他们一家四口的照片，说是刚拍的，平时忙于工作，这张照片是一家人第一次集体上照。照片里，妻子抱着穿一袭花裙的大女儿言笑晏晏，马艳东搂着熟睡的二女儿稳立在旁。

我把这张照片打印出来仔细夹在厚厚的采访记录本里，开始琢磨以什么样的文字来抒写他的故事才配得上这照片里时光含笑、岁月凝香的光景。

所属二级学院：现代装备制造学院

专业：材料成型与控制技术

班级：08 成型 331

班主任：徐克选

服务明星

坚持，让他成为大中华区最年轻的酒店总经理

涓涓细流无数，日夜汇聚，汇成长江。长江流经江苏南通时拐了一个弯，其北岸湾头，有一座外资酒店，楼前一个大大的“H”，吸引着中档消费却追求品质的旅客的目光。这是洲际酒店集团旗下的一家智选假日酒店。酒店大门口，我校 2006 届酒店管理专业毕业生陈荣荣，虽西装革履，却一改十年酒店工作养成的儒雅风度，冲上前来急急地握住我们的手——母校来人，让他心潮澎湃。

洲际酒店集团成立于 1777 年，总部设在英国，是全球最大、网络分布最广的专业酒店管理集团，旗下拥有洲际、皇冠假日、假日酒店等多个国际知名品牌，其中智选假日酒店（Holiday Inn Express）在大中华区（我国大陆地区）有 70 多家。2013 年，仅仅在酒店行业工作了 7 年的我校毕业生陈荣荣被聘为总经理，成为洲际酒店集团大中华区 300 多家酒店最年轻的酒店总经理。如今 4 年过去了，他仍然保持着“最年轻”这一纪录。

南通智选假日酒店外景

一、虽是临时工，却专心研究端茶倒水的学问

陈荣荣，男，1986 年牛尾虎头之时，出生在盐城射阳县农村。出生地的偏僻，让他孤陋寡闻，以至于到镇上陈洋中学上个高中，就以为进了城，带着新奇的眼光大玩特玩，直到父亲穿着土布衣服从乡下赶来一顿训斥，他才如梦初醒开始用功读书，连晚上躺下都要翻一会书。

陈荣荣站在南通智选假日酒店门前

因为家里太穷，2004 年高考后，他填报了我校两年制试点专业数控技术，便于早点毕业好挣钱；结果“服从分配”进了两年制的酒店管理专业。

这下老家炸开了锅。亲戚朋友左邻右舍议论纷纷：有的说做酒店西装革履——帅气！有的说不就是端茶倒水专门伺候人吗？你老夫妻俩本来就不应该节衣缩食送儿子去上学，早点打工挣钱多好！父亲每次电话来，都犹犹豫豫地问这个专业究竟行不行？电话那头欲言又止，让陈荣荣一次次想起家里的窘况，想象着村里人的目光。

然而他从不认为端茶倒水低人一等：“父母病了，病榻前我端茶倒水；客人花钱住店，我为他端茶倒水——这有区别吗？”这一客人就是父母的观念，支撑着他后来所有坚实成长的脚步。他在辛苦中体验到快乐，他在各种磨炼中保持着心灵的平静。他的座右铭是：坚持。

陈荣荣说，“坚持”这一理念来自于他的母校。既然酒店管理是大学开设的正规专业，自然有其高大上的地方。持续的专业学习、专业磨炼，让他越来越坚定了自己从事酒店管理的志向。他利用课余时间乘着公交一路搜寻过去，眼光专盯马路边的高楼大厦——他想去高档酒店寻找一份临时工干干，除了挣点生活

费，他想通过实践去研究“端茶倒水”的学问。因为常州新北区的富都盛茂酒店楼房砌得高，他一路摸过去，成了这里宴会厅“电话一叫就到”“每小时 8 元钱”的临时工。作为常州轻工职业技术学院第一届酒店管理专业学生，他是全班最早与酒店“肌肤相亲”获得直接感受的人员。“我必须尽可能地表现好——比如双休日，上午活干完了，我必须争取下午和晚上还被主管看中。”端茶、倒水，一个从来不熨自己衣服的毛头小伙每天熨烫桌布、椅套；这大型宴会厅有时用于餐饮，有时用于会议，他们将桌子抬过来扛过去组合成各种花样；宴会又分为中式的、法式的、美式的、意大利式的……看着宴会厅自己参与完成的“作品”，看着客人们进入宴会厅那欣喜的样子，陈荣荣一脸的成就感。

南通智选假日酒店内景

带母校老师参观

毕业了，他成为这家大酒店的一名正式员工。因为宴会厅能学到的东西太多，他还是选择了之前做临时工的这个地方。他每天提前半小时到岗。下班前，有时餐厅主管会突然说看看门窗都关好了没有？“都看过了，关好上锁了。”——久而久之人们发现，给出这一肯定回答的人经常是陈荣荣。于是两年不到，他穿上了宴会厅主管的服装。

二、这一跪，跪出了一片新天地

然而，接着他就失业了。

在常州富都盛茂大酒店工作两年多，他被另一家酒店挖走去做宴会厅主管。上任不到两个月，因为内部矛盾，他就稀里糊涂跟一批人一起被辞退了。

他心里变得晦暗，一时不知所措。家里经济状况窘迫，自己也不想让家里人担心，他就跟着朋友到常熟服装市场批发时装，回常州摆地摊出售。时装看似利润空间很大，一旦不对顾客胃口便滞销，于是仅有的利润最后都变成了滞销服装堆在了拥挤的出租屋内。在此过程中，还闹出过一个笑话：朋友有一辆徐州牌照的“苏C”车，他们想，外地牌照的车会不会不方便？于是自作主张用不干胶把“C”贴成“D”，结果没贴好，成了“O”。治安巡逻人员一脸疑惑赶来询问，带他们进了派出所，吓得陈荣荣抖抖索索的，反复询问“会不会留下案底？”看他一副惊魂未定的样子，派出所民警乐了，反倒拍着他的肩膀安慰：“放心吧，以后注意就是。”

年少不更事，命运之神为他准备了一堂微型体验课。一身冷汗之后，父亲时常关照他的那句话就成了记忆中父亲的名言，他反复背诵甚至背出声音来：“犯法的事情不能干，不要染上恶习。”这段失业的经历，他至今不敢跟父母讲，免得父母伤心。

一个多月之后，他经人介绍到了正在筹备的常州青枫苑大酒店。经历了创业的失败，重新踏入酒店，他倍加珍惜，尤其是五个月的封闭式培训，让他重温了“如饥似渴”的学习状态，对酒店管理专业有了更加深入的理解。

他在宴会厅做“菜头”，也就是宴会厅主管。有一天，他跪下了，这一跪，为自己跪出了一片新天地。

酒店行业有一条不成文的规矩：你想学到真本事，最好拜师学艺。酒店行业尤其是外资酒店晋升台阶明晰：部门员工—部门主管—部门经理—部门总监—酒店总经理。这不仅仅是职位和工资待遇的区别，更是能力水平的体现。秦始皇时代丞相李斯在搞法制建设时提出“以吏为师，以法为教”，提倡百姓和一般官员要向法官、法吏学习法律知识，因为法官、法吏的法律水平高；酒店行业所谓拜师，自然就是拜自己的领导、拜自己的“吏”。至于师傅是否认你这个徒弟，就看你的福分了。从某种意义上说，总经理既是酒店总负责人，也是能力水平的巅峰人物。作为宴会厅主管的陈荣荣，他认准的师傅是青枫苑大酒店的潘总经理。

陈荣荣说，从母校到社会，他命中有很多“贵人”。他把常州青枫苑大酒店的潘总经理称作是自己命中的又一个“贵人”。也许是集训期间大家都睡觉了，而陈荣荣还在走廊上借着月光为培训师做PPT被潘总发现了；也许他总是每天早来半小时这一敬业精神被潘总看在眼里；也许是他的好学，每天都要向身边老员工请教很多问题，传到了潘总耳朵里——他感到潘总对自己青睐有加。有一次大家一起喝茶，有人悄悄提醒他：何不乘此机会以茶代酒向潘总拜师？他隐约感到时机已经成熟，于是他面向潘总，将一杯清茶高高举过头顶，单膝下跪——跪天跪地跪父母，今天为了拜师学艺，陈荣荣跪向了自己的师傅。

当时周围究竟有多少人面面相觑，猜测潘总紧接着会出现的举动，陈荣荣已经没有心思多想。他心中一阵忐忑，潘总会不会王顾左右而言他来一句“别开玩笑了”，就势让他起身了事？几秒钟的等待，陈荣荣感觉几乎是经历了一个世纪。

潘总接茶杯了！潘总抿了一口茶！拜师成功！

此后，陈荣荣向潘总学到了很多东西：潘总的为人，潘总的境界，潘总思考和处理问题的高度和方式，都深深地影响着这位孜孜不倦钻研“端茶倒水”学问的人。一名员工在某个岗位的角色定位，在酒店的角色定位，在整个酒店行业的角色定位，潘总都有自己的思考，这些都启发陈荣荣拓展着自己的宽度和高度。“我经常对员工讲：当你在酒店遇到事情时，你就想一想总经理会怎么处理。”

“知道别人做什么，你才会成为他：你知道主管在做什么，你才能成为主管；你知道经理在做什么，你才能成为经理……”十年酒店管理的实践与思考，让陈荣荣口吐莲花，经常冒出经典性语言。

三、大中华区首席运营官握着他的手送他回座位

后来，陈荣荣跟着师傅潘总来到了南通智选假日。2013 年潘总离开，陈荣荣便成了这里的代理总经理，承担起 167 间客房和 40 多位员工的总管事务和酒店事业发展重任。

一年之后，他的南通智选假日酒店获得了“最佳客户体验奖”。在洲际酒店集团大中华区总经理北京会议上，他上台领完奖，澳大利亚籍的大中华区首席运营官周卓林（中文名字）上前握住他的手不松开，并一直送他到座位，然后用生硬的中文跟大家说：“这个小伙子可以升职了！”回到南通，他“代理总经理”前面的两个字就被取消了。

说到自己的升职过程，“坚持”一词高频率地出现在陈荣荣的谈吐中。陈荣荣认为，做酒店行业，你只要“坚持”，就能成功。陈荣荣长得比较胖，当他还是新员工时，“胖子，你来把这张桌子搬过去！”“胖子，你把那个去洗一洗！”被人差使着做这做那，他从不认为这是老员工在欺负新员工——“对这些，你要习以为常，你要坚持，”陈荣荣平静地说，“你心里有不高兴的事情，不要放在脸上，你还是要坚持微笑，保持正能量；你每天要坚持学习，有问题要坚持问，总可以得到答案；你只要坚持做下去，坚持脚踏实地，你就会得到晋升的机会，酒店行业有很多可以让你晋升的岗位。”

“我经常对我的员工讲：坚持就是事业，坚持就是成功，坚持就是幸福人生。是酒店行业改变了我，改变了我的人生。”陈荣荣十分认同这样一句话：“工匠精神就是有信仰的踏实和认真。”

陈荣荣和他的团队

四、面对后羿射日的雕塑，他感慨万千

射阳县位于中国大陆南北地理分界线的东部起点，相传因精卫坚持衔木填海而成陆，由后羿悲悯人类苦难弯弓射日而得名。在射阳县城入口处，有一座高大的后羿射日球形雕塑，每当陈荣荣思亲心切开车回家途经此处，都要停车片刻注目凝视，感慨万千。他想，父母年龄越来越大，在偏僻的农村吃了多少苦，自己坚持做这份为他人服务的工作，在服务他人的同时，就该让父母、妻儿日子过得好一些。

是的，陈荣荣的这份坚持，已经使得远在盐城射阳农村的父母开始扬眉吐气。人们发现，陈荣荣的父母生活大变，走路时腰板也硬了。陈荣荣的坚持，改

盐城市射阳县入口处的后羿射日雕塑

变了人们对酒店管理行业的偏见。

慈善捐款

陈荣荣认为，作为酒店总经理，自己要善待两种客人：外部客人和内部客人——内部客人包括自己的员工和员工家属。有一位长住客带着自己尚在哺乳期的妻儿住店，陈荣荣利用自己在伺候哺乳期妻子时所学的营养知识，亲手下厨为客人煲汤烧营养菜；而组织员工和家属聚会时，大家念念不忘的是他的拿手菜回锅肉和鱼羊鲜。今年开始，他考虑安排员工体检。而对员工未来发展的关注，更是他的一项重要工作。他利用各种机会进行各种形式的培训，现身说法，为了员工的未来铺设道路。

“我自己算不算成功，我还真不好说；但是，如果我的经历能够让母校酒店管理专业的学弟学妹们对自己将来所要从事的行业，以及自己在酒店行业的发展前景有一个正确的认识，不要人云亦云产生认识上的偏差，我就心满意足了。酒店行业人员流动比较频繁，我认为我们既然选择了这个专业、这个行业，我们就要忠诚于这个专业、这个行业。”说这段话时，陈荣荣眼中透露出一种对母校深

南通智选假日酒店内景

深的眷恋。

采访结束，我们坐上了回程的车。看着窗外一排排生机勃勃的道旁树，我突然想到了学校酒店管理专业那些被五星级酒店争抢、供不应求的学生。陈荣荣作为旅游系毕业的学生，怀着对酒店行业的一份忠诚、一份事业心，每天心系内外客人的工作、发展、吃住、感受，他的这一份坚持，不也是一种修行吗？我相信，他会一直坚持这份事业，在事业中体验快乐人生。

车，从狼山脚下经过。

南通智选假日酒店内景

所属二级学院：旅游与烹饪学院

专业：酒店管理

班级：04 酒管 321

班主任：邢凯岭

被越级晋升却反对越级晋升的酒店高管

走出无锡火车站向西南眺望，千米之外，楼高 99.8 米的无锡金陵大饭店拔地而起。2018 年 7 月 8 日，该酒店收到了国际饭店金钥匙组织中国区总部寄来的金钥匙台标，当这两把高约 20 厘米相互交叉的金钥匙固定在前厅接待桌上时，标志着酒店服务的档次又上了一个台阶。酒店有资格摆放金钥匙台标，只是因为这年年初，南京金陵酒店管理公司向无锡金陵大饭店派遣了一位前厅部总监，而这位总监是国际饭店金钥匙组织中国区会员，他左右衣领上各佩戴着两把交叉的金钥匙徽章。

因为他，无锡金陵大饭店大堂有资格摆放金钥匙标识

现场指导员工工作

到房间安顿下来后，我坐到桌前展开了该酒店金钥匙会员郑凯的简历。不知是郑凯有意为之还是遵循了某个特殊范式，这张简历存在着一个很有趣的现象：其工作经历一栏从上至下是逆时间排序的，即目前单位和岗位在最上面，依次往下填写。简历显示，如果把 2004 年和 2006 年还在常州轻工职业技术学院读书时的两次专业实习计算在内，2004 年至今不到 14 年的时间内，他在 8 个国内品牌的高星级酒店工作过；如果剔除实习时的两个酒店，他一个酒店至少待两年，多则 4 年。简历从下往上看，他的职位逐步提升：一般职员—基层管理员—中层管理员—高层管理员。从工作岗位上看，除了话务员，他做过前厅部所有的岗位。这张简历让人联想到埃及茫茫沙漠上顶层小而基础宏大扎实的金字塔。

再细细研究，他在毕业后进入无锡某五星级酒店工作的两年内，从前台接待岗位越级晋升成为大堂副理，跳过了领班这个最基层的管理岗位。

“你在校期间两次实习两次获得了优秀实习生称号，你的越级晋升应该并不意外。”谁知我话音一落，郑凯出乎我意料表达了另一层意思：“其实我是反对越级晋升的。酒店管理不比一般的企业管理，专业性很强，还是应该脚踏实地一步一个脚印。自从我有了决定人员晋升的权力之后，从来没有越级提拔过一个人，而且我主张最好满一定年限之后才考虑提拔晋升，这样基本功才扎实。”

“从毕业到现在 12 年时间，你换了 6 家酒店，这跳槽是不是也太频繁了一点?”——哪壶不开提哪壶，我希望抓住他的“软肋”打开采访的缺口。

介绍金陵饭店管理公司的理念

金陵饭店的金陵文化廊

一、关于“工作”和“职业”，郑凯如此解释

“我的‘职业’是酒店管理，第一次专业实习我就爱上了这个职业，此生我

也不会离开这个职业；至于说在哪个酒店上班，那仅仅是我的‘工作’。”其实我知道，酒店行业平均每年都有30%的人员流动，跳槽很正常，倒是郑凯对“职业”和“工作”的独特解释，提示我要去追索他的过往。

1985年是牛年，郑凯出生在江苏丹阳市的埤（pí）城。埤者，城上的矮墙，平凡得让人视而不见；埤城原名仁信，三国吴时为孙权育马领地。这些可能连郑凯自己都不知道，就像人们不知道无锡金陵大饭店还有一位戴着金钥匙徽章的酒店高管一样。2001年，他从丹阳市埤城中学初中毕业，听已经在常州轻工业学校读书的往届同学说这个学校不错，就跟着一起到学校看看，这一看就看上了。报个什么专业好呢？当时学生科的一位老师说你不是外语好吗，人又长得帅，就读个五年制的宾馆专业吧。

老师的一句话，为他定格了一种命运。他没想到这个在常人眼里就是个为别人端茶倒水做服务的专业，会在他第一次进酒店实习之后，产生出势不可挡的魅力，让他从此在酒店行业如耕牛般彳亍（chì chù）前行，不再回头。

在环境那么好的高星级酒店做礼宾员，穿上制服送往迎来，不时遇见白白黑黑各种肤色的外国人，还时不时收到点小费，这一切，对他充满了趣味性。他坚信自己没有搭错车。第一次实习回校之后，他拼命学外语，因为他发现外语对酒店从业人员来说实在太重要了。

他说要学习体验一个酒店的风格和文化底蕴，至少要工作两年时间。在毕业后的12年里，他进入过6个不同的酒店，横看成岭侧成峰，终于练就了一套专业本领。这让人联想到他用90公斤的体重匹配1.8米的个子，在下属面前一站，就像一艘航空母舰，足以带着大家应付各种风雨。

可能很多人都会注意到，当汽车从镇江往北过润扬大桥，扭头往东俯瞰，会看到世业洲上一座像是许多吊脚楼叠成的五星级酒店。2017年年底，酒店的业主忽然更换了管理团队，总经理要离开了。离开之前，总经理上下打量着眼前这位个子敦实、做事踏实，已经有十多年酒店专业管理经验的前厅部经理，欣然向南京金陵酒店管理公司总裁办公室推荐，希望他们重用郑凯这样的人才。经过面试和上岗培训，很快，他作为南京金陵酒店管理公司项目总监，外派到无锡金陵大饭店担任前厅部总监，成为高层管理人员。从此，郑凯站上了一个水准更高、视野更宽的发展平台。

无锡金陵大饭店游总经理听说总公司调来了一位前厅部总监，兴奋不已，给郑凯打电话，希望年前就能到岗。面对未来上司的催促，郑凯没有从命。他说：“润扬大桥酒店青黄不接，又临近春节，非常繁忙，我还是帮他们度过旺季再过来吧！”

郑凯对未来上司说了个“不”字，不承想未来上司却对郑凯竖起了大拇指：“这就叫职业道德！”

在金陵饭店中餐厅

二、先不要想着挣钱，先让自己值钱

南京金陵酒店管理公司是国内著名的星级酒店专业管理公司，受全国各地业主邀请管理着128家以“金陵”二字冠名的高星级酒店。无锡金陵的游总经理就是南京金陵酒店总公司外派的酒店老总。她做了几十年酒店，说到新员工的问题时，说得最多的是好些刚刚入职的小青年嫌待遇低，信心动摇，他们看不到在星级酒店工作有一条非常清晰的上升通道，看不到现在酒店多，发展空间大。

好像茶室门口有个“舞台监督”安排上场人员似的，游总话音刚落，现成的“案例”就自己走着来到了我们面前——郑凯处理完眼前的几个事情找我来了。站在我们面前的这位酒店前厅部总监的发展路径，为游总的观点提供了一个现实的注脚。

2007年3月，在正式参加工作满一年之后，郑凯被越级提升为大堂副理，从此他多了一项任务：带徒弟、带团队。而且随着职务的提升，他带的人越来越多。他给徒弟和团队说得最多的话是：“先不要想着挣钱，先让自己值钱。”

我们看看郑凯是如何让自己值钱的。

十多年的酒店管理、酒店服务生涯，郑凯比一般职员早上班、晚下班，早就成了常态。郑凯跟客人接触时总是不卑不亢，哪怕有些客人故意找茬无理取闹，他也是始终彬彬有礼。华西村龙希国际大酒店总经理吴协德在写给国际金钥匙组织中国区总部的推荐信中这样评价：“郑凯把他的满腔热忱和敬业精神带到了自己的工作岗位上……一次又一次地让投诉客人满意而归，一次又一次地协助酒店让 VIP 客人从抵店到离店，享受满意加惊喜的服务。”——其实这位总经理说得不准确，郑凯对 VIP 客人的服务，早在客人抵店之前就开始了：他会提前了解客人的喜好和禁忌，了解他们平时的习惯。有一次他发现一位外宾，住店的第二天是生日，于是安排手下一群帅哥美女推着插满蜡烛的蛋糕敲开了他的房门，让客人惊喜得掉眼泪，离开酒店时与工作人员一个个拥抱。

2013 年年底，他在天津被国际饭店金钥匙组织中国区总部授予了金钥匙徽章，从此成为所在酒店的品牌，也成为常州轻工职业技术学院毕业生中的第二把金钥匙。说来好笑，他争取金钥匙会员资格的原因，最初竟然是因为看到有人戴着金钥匙徽章“帅呆了”，于是立志也要像他们那样帅。而戴上金钥匙“帅”起来之后，他接待过胡锦涛、李鹏等一批党和国家领导人。他收到过马来西亚第 13 任国家元首端姑粘再纳·阿比丁的一块定制手表，原因是他的满腔热忱和敬业精神感动了对方。

——疾书至此，我突然想起常州轻工职业技术学院旅游与烹饪学院墙壁上的 8 个大字：“亲情一家，服务至诚。”这一学院文化的核心理念究竟是如何随风潜入夜对郑凯的观念和性格潜移默化的，我不得而知。

参加金钥匙年会

在郑凯的成长过程中，其曾经参过军的父亲一直对他产生着积极的影响。如今郑凯结婚生子了，依然保持着每次回老家主动向父亲“汇报”工作、共同研讨问题的习惯。

“我喜欢了，就会去研究它。”

参加工作 12 年，学习成了郑凯始终不变的习惯。他不断读书，在市旅游局、国家旅游局对酒店进行星级评定时察言观色学习、钻研行业标准，他利用一切机会参加各种培训。他曾自费 6000 元参加上海的酒店专业培训。最近得知中国饭店管理培训中心将在青岛举办课程编排很好的房务管理研修班，他找到总经理：“只要游总经理准假，8000 元我自己出。”

他获得过第 19 届、20 届国际金钥匙组织中国区年会“用心为您服务奖”和“创新服务奖”，多次获所在酒店“年度优秀员工”和“优秀培训师”称号。

于是他的含金量越来越高，越来越能够匹配他那魁梧如山的身材。

三、为防“一百减一等于零”，他每天都在揿“责任”这个按钮

前厅部是客人最先接触的部门，又是客人离开时留下最后印象的地方。郑凯经常告诫大家：“做一百件事情，只要有一件没做好，客人眼里你就是零分——各位务必各负其责。”

整个采访过程，郑凯口中出现频率最高的词汇是“责任”。

责任，存在于生命的每一个岗位，家庭责任、职业责任、社会责任、领导责任各有不同，唯有尽到责任，你才能扮演好自己在各个领域的角色，积攒出一个人的人文厚度，增强生命的力量。

2018 年的正月初八，郑凯作为南京金陵酒店管理公司外派的前厅部总监到无锡金陵大饭店履职。当他走进无锡金陵百米大楼时，倍感责任重大。

什么是总监？百度百科告诉我们：总监，某领域的高级管理人员，承担对公司具有重要影响力或关系公司全局性的工作事务的岗位职务者，英文翻译时常常使用“董事”这个单词。在描述其岗位职责时常常使用“策划”“推进”“战略”“组织协调”“目标”等词语。除此之外，郑凯每天都在督促、检查、辅导前厅部几十号人的工作。规定总监的上班时间是早晨 9 点，而签到簿上 7 点多就会出现他的签名。

“什么叫管理？就是指导、督促、检查、激励。你带不好一个团队，就是没有尽到责任，就不是一个合格的管理者。下属出了问题，你不能把责任全部推到他身上，领导至少要负一半的责任。”郑凯的这段话，让我联想起他丹阳老家埤城的原地名：“仁信”——一位领导若能为每个职员的成才和前程着想，兢兢业业地把一个团队往上带，这本身就是一种仁义之举。他多次在员工培训会上对大家说：“在我们这样上升渠道明晰而畅通的星级酒店工作，你不要想领导为何没有提拔你，先要看自己的责任有没有尽到位，自己做得是不是比别人更出色——真要是提前甚至越级提拔你到某个岗位，你掂量一下敢不敢待在这个岗位？这个岗位的工资你能否拿得稳？”

其实郑凯刚开始到酒店实习，对责任一词也并无多少意识，直到正式参加工作，他才意识到责任一词对每个人、每个部门，对整个酒店的重要性。每当面试新来的服务生，看到他们迷茫的眼神时，他感觉到自己有责任对他们循循善诱，让他们早日懂得责任，一步一个脚印健康成长。

“员工工作出现差错，必须跟他讲清楚该怎么做，微信群讲一遍，下午两点

交接班会议上再分析一遍——这是对酒店负责，也是对大家的成长负责；如果发现问题不吱声，不去为他们指引方向，那是我失责。”郑凯说这句话时，目光中透出一种使命感，“领导带团队必须讲原则，用原则把团队成员的潜力逼出来，他们才会快速成长。”

看来，他每天都在揿“责任”这个按钮，包括自己的和前厅部所有经理、主管、领班以及一般职员的按钮。有一次他回到老家看父母，下属电话来了，他思前想后，感到还是要提前回酒店；车到高速路口，前厅副理来电话说事情已经处理完毕，于是他又调转车头回了老家。

他对员工进行责任教育时始终和蔼可亲。我采访了他好几个下属，问到这位高个子总监给你最深的印象是什么，大家众口一词是“脾气好”。问最欣赏郑总监的哪一点，大家说郑总监只要开口总是说到点子上，偶尔人手不够他亲自代班，无论在哪个岗位，他都做得像模像样。

“听说前台忙时大家误了饭点，你自己掏钱帮他们叫外卖？”

“奥，客人一多，前台会忙不过来，让他们误了吃饭时间，我也有一定的责任，再说这也是对员工应有的情怀吧。”郑凯淡淡地说。

行将结束采访时，出现了一个小插曲。早晨我在餐厅用餐，两位自称是某著名佛山来的和尚一身黄色僧衣，主动与我攀谈。其中一位抬头看了一眼走过来与我打招呼的郑凯，赞叹着跟我说：“他五官端正，一看就是贵人相。”听说我的学生是“贵人”，我自然闻之心喜。何为贵人？有事不明问度娘，百度说：“贵人，即天乙贵人，源于远古道教神话传说，为命理中最吉之神，若人遇之则荣，

他说他热爱酒店管理这份工作，每天虽忙却心如花开

功名早达。”

你看，这下还真对上号了：郑凯不就是他团队成员的“贵人”吗——他揿着“责任”的按钮，一步一个脚印；绝非踽踽而行，他的身后，一个团队正拾级而上。

——写到这里，我突然发觉“一步一个脚印”竟被我用了三次，重复得厉害。不过我不想改了，就此收笔。

无锡金陵大饭店外景

所属二级学院：旅游与烹饪学院

专业：宾馆管理

班级：01 宾馆 51

班主任：刘米红

他是阳澄湖畔一把金灿灿的钥匙

因为他，酒店大堂摆放了金钥匙标识——当然，他的岗位早已不在这里

正是樱花花瓣如雨的季节，我来到苏州阳澄湖畔费尔蒙酒店，看望十年前的毕业生。他一脸阳春三月的笑容，站在樱花树下迎接我。

这是一棵巨大的樱花树，满树蓬勃的花瓣，欢快如春晚的舞台。微风惹得花瓣飘落，一路往下，落到他的肩上、身上。他左右衣领上各有两把交叉的金钥匙徽章，阳光下熠熠闪光。

站在我面前的就是国际饭店金钥匙组织认可的“万能”员工，2007 年毕业于常州轻工职业技术学院旅游英语专业（旅游管理方向）的金晨。

金晨站在苏州阳澄湖畔费尔蒙酒店前

一、从“不得无故殴打旅客”到金钥匙服务

我国改革开放之初，国外游客进了国门惊讶地发现，有些宾馆墙上赫然写着这样一条标语：“不得无故殴打旅客!”尽管这句话逻辑上无法推出“若有缘故则可殴打旅客”的结论，但钱钟书先生说过，否定判断的背后一定隐含着某个肯定判断——外国人看了这标语就像进了威虎山。的确，国门刚刚打开，我国酒店行业无论硬件设施还是服务观念、服务品质，都处于起步阶段，百废待兴。1990年，广州白天鹅宾馆等3家酒店成为中国内地第一批五星级酒店，5年后，在爱国人士霍英东先生倡导下，“金钥匙”这个概念开始被业内人士所关注。

“金钥匙”全称为“国际饭店金钥匙组织”（UICH）。1929年法国人率先提出金钥匙服务理念，他们将“客人委托、饭店代办”式的个性服务上升为一种理念。1952 年在此基础上成立了饭店业委托代办组织——金钥匙组织。金钥匙一词演变至今，已经成为对具有国际金钥匙组织会员资格的酒店里面佩戴金钥匙徽章人员的特殊称谓。金钥匙徽章既是荣誉，又是责任，每一把金钥匙都要自觉地通过一言一行和工作效率，向所在酒店和入住客人渗透金钥匙组织的服务理念。你走进一家高星级酒店，一旦发现有个服务员两侧领子上金光闪耀，那就请你给他十二万分的信任，因为金钥匙是世界各国高星级酒店服务水准的形象代表，被誉为“无所不知、无所不能”的“万能博士”，他会在遵守当地法律和道德准则的前提下为你解决任何问题。金钥匙的服务理念是：满意加惊喜。他们永远面带笑容，永远机敏缜密。

此刻，站在我面前的金晨就是具备这两个“永远”的人。

“你真的‘无所不能’？”我用怀疑甚至挑衅的眼光看着他——谁让我曾经是他的班主任呢！

不承想金晨笑得更开心了：“‘无所不能’主要是用来表达一种至诚服务的理念，我们会竭尽全力满足顾客要求。”

“此刻我想要一张游客实时参观比利时首都布鲁塞尔撒尿小男孩雕塑的照片，你能给我弄来吗？”我的要求很是刁钻。

“可以啊——金钥匙既是指高档酒店的某个具体职员，又是指国际饭店金钥匙组织，是一个朋友圈。全苏州酒店有几十把金钥匙，全省、全国、全世界都有，总可以想到办法的。”说着，金晨打开手机，让我看了一张中国金钥匙苏州地区会议部分金钥匙的合影。

中国金钥匙苏州地区会议部分金钥匙合影

多年前，他还在另一家高星级酒店工作的时候，著名女演员刘涛下榻，其男友王珂委托金晨策划安排为刘涛过生日，给刘涛一个惊喜。金晨缜密且有创意的策划和处处滴水不漏的布置，让刘涛进酒店一路花瓣步步惊喜，金晨至今回忆起来都充满成就感。

费尔蒙酒店及度假村是全球最大的奢华酒店品牌之一，在中国只有5家。阳澄湖费尔蒙酒店临水而建，将整个阳澄湖拉进我们的视野成为后花园。春来杨柳依依，秋来蟹肥叶黄。金晨第一次来此应聘时，接待他的是来自新加坡的副总经理，副总经理用满口的英语带他参观酒店以及酒店外风光旖旎的度假村和有机农场，他被这里的优美环境震撼了。平时忙得累了，他会去湖边散一会儿步，让朝晖夕阴和碧水蓝天滋养一下心灵，然后从心底里荡漾出微笑，去传递给周围每一个人。

费尔蒙是酒店中的高端品牌，金晨则是阳澄湖费尔蒙的品牌，是引导酒店优质服务良性发展的“龙头”。

环境怡情，碧水养心

二、偶尔听了一次宣讲会，从此爱上酒店管理

金晨从小生活在吴侬软语的阳澄湖畔，父母买了一艘运输船风里来雨里去，他跟着外公外婆生活。2005 年考入常州轻工职业技术学院就读旅游英语专业。有一次走在路上，我随口问他以后想去旅行社还是酒店，他突然止步原地站立，就像军人宣誓自己使命一样，斩钉截铁地对我说：

“倪老师，我肯定去酒店！”

他的回答方式让我觉得蹊跷——好像我问了一个不该问的问题似的。

后来才知道，他偶尔听了一次星级酒店来招人的宣讲会，就深深地爱上了酒店管理这一行。毕业实习时他去了常州香格里拉酒店做礼宾——奥，就是老电影里上海滩大酒店为客人开门关门拎行李的门童——客人被他的微笑服务所陶醉，不断地给小费，让他成了班级的富翁，老是被同学“敲竹杠”请吃饭。2011 年从业满 5 年，他有了申请金钥匙的资格，金鸡湖凯宾斯基大酒店看好他的潜质，花大钱送他去培训，同年在四川成都参加了授徽仪式，所在酒店也因此有资格在大堂服务台摆上了一个大约 20 厘米高的金钥匙标志，向客人宣示酒店的品牌。

“因为喜欢，所以出色”——金晨的职业生涯，为这句话添加了一个极好的注脚。

“我喜欢每天学到新东西。”他的这句话，给我留下了很深的印象。他家有一个安放着电脑、堆满书籍的书房，他下班后经常躲在里面学习。他参加各类培训，通过网络选择自己感兴趣的模块。其实，金钥匙组织本身就是个促进学习促进提高的朋友圈。中国金钥匙组织作为国际金钥匙组织第 31 个成员国，规定每

员工培训会上，他为大家展示最经典的笑容

个地级市的金钥匙组织至少每个季度开展一次活动，一起学习交流，共享新发现的好景点、好餐饮、好服装、好书籍、好活动等各种信息，这些信息或物品说不定有一天会出现在某个酒店的商务中心或顾客的手机里。对于新晋升的金钥匙，老成员还承担起一定的考核指导义务，经常问问新成员下一步计划是什么。

金钥匙被誉为“无所不知”是有原因的，不断学习，追求完美，是金钥匙的真谛。

三、规则内化于心，他举手投足都在诠释服务理念

星级酒店，尤其是外资星级酒店，其最大的福利莫过于系统的、连续不断的培训。这些培训加上金晨对行业的兴趣和热爱，使酒店服务的规则和技巧内化于心，他举手投足都在诠释星级酒店的服务理念。

他带我去房间，遇见任何客人都会满面笑容喊“你好”。进入电梯，有个客人拖一只小拖箱，他自然让对方先进，并主动问“需要我帮忙吗?”事后他跟我解释说：“万一客人需要帮忙却不好意思主动说怎么办？主动询问是我们的规矩。”当然，他也有忘记微笑的时候——比如他若有所思地拨打一个电话，我拿起照相机对准他，但我的动作被他发现了，瞬间脸上又是春暖花开。当年撒切尔夫人与邓小平谈判完毕走出来时因心情沉重，需要旁边人及时提醒她微笑，金晨不需要提醒。拿他自己的话说：“我们的微笑是刻在骨子里的。”有很多客人因为他而成了酒店的回头客。

采访的第二天上午，他负责接待一批重要客人，带着人在酒店门外转悠等待。大门有里外两道，客人离店，只要大厅内礼宾人员为客人打开里面一道门，金晨必定随手打开外面一道门——他不断用电话传达指令，却始终保持着一心二用的机敏。从毕业实习就开始的多年的礼宾工作，养成了他时刻关注他人的性格。

他现在管理着前台、礼宾、车队、值班经理、商务中心、行政楼层以及电话房等多个部门和人员。那天我们下了火车，他派了一辆商务车接站，下午我们打算从酒店到他家采访他母亲，这时有趣的现象发生了：他居然打开手机为我们叫出租车——车队的车是用来接站的，即使面对自己的老师，他也不会违反规则。

对于金晨来说，最累的事情莫过于带徒。究竟带过多少徒弟，他自己也说不清。他细致入微地告诉徒弟们如何戴着手套为客人拉车门、护顶，如何摆放行李，如何与客人交流，如何从方方面面为客人服务，如何面对故意刁难的客人。他善于与部门人员沟通交流，分享经验和快乐。

当然他也有不喜欢的岗位，比如大堂值班经理，因为要处理各类投诉、各种意想不到的事情，接触的都是负能量。不过他在这个岗位还是做了一年，这一年的历练，让他练就了不管对方如何蛮不讲理，都能够“微笑—耐心倾听—继续微

笑”的功夫，内心的正能量更加强大。

四星以上的酒店属于完全服务酒店，对客人不能说“不”，何况他是国际品牌酒店的金钥匙呢！客人订房，有要求两间房内部打通的，有订房到店后突然要求换吸烟房的，有要求享受各种优惠的。有一次某集团一次性订了 20 间房，他们被要求必须按级别分配房间，并且每个房间要写上个性化欢迎纸条，不得有任何差错。金钥匙服务倡导“越俎代庖”“只重效果，不重过程”的工作理念，避免了常规管理因一级对一级负责造成的效率低下。金钥匙是酒店的信息中心，作为阳澄湖费尔蒙唯一佩戴金钥匙徽章的高级服务员、部门领导，金晨比一般部门领导担负着更大的责任。人事部经常收到客人对他的表扬信，让他多次成为月度优秀员工、月度优秀领导。

他在酒店优雅地走路，优雅地交谈，优雅地安排着分内分外的各种事情，关注着酒店入住客人的变化，忙并快乐着。酒店对很多客人的喜好都有记录，并通过系统让全球的酒店分享。

是环境优雅了他，还是他优雅了环境？

金晨，把服务做成了艺术。而且，他把星级酒店养成的习惯延伸到了家庭。

吴淞江在金晨家附近拐了一个弯，我们来到了金晨家。

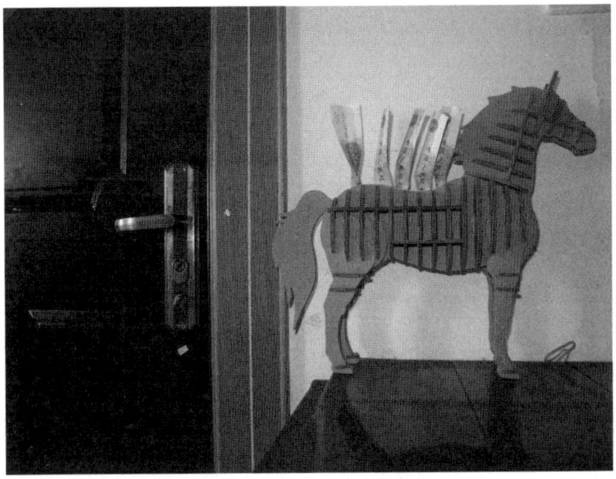

他跟儿子一起制作的“马上有钱”

在酒店，金晨叫 LOUIS JIN（罗斯·金），在家才叫金晨。在酒店，金晨是一位与客人和员工沟通的高手，在家里，每当与妻子之间有不太开心的事情，他会对妻子说：“我们坐下来聊聊？”妻子也是苏州某星级酒店中层干部，看到丈夫这套酒店工作的路数，就禁不住要笑。

尽管金晨很忙，但他会尽可能抽出时间陪伴家人，带父母妻儿一起到全国各地游玩，享受系统内酒店每年10间（天）带早餐的福利房间。他从小就对父母发誓长大后不抽烟、不打牌、不玩游戏，父母眼里的金晨是个典型的孝老爱亲的儿子，说话和颜悦色，总是想方设法讨父母、岳父母和外婆的欢心。

黄志刚老师把自己主编的酒店管理教材送给金晨，并留言“学海无涯，酒店为家”

这下我明白了，原来金钥匙还是指一种能够传递给他人的乐观向上的情绪。阳澄湖畔的这把金钥匙，不仅影响着费尔蒙，感染着费尔蒙的员工和客人，还幸福着他的家人，滋润着他自己的人生。

所属二级学院：旅游与烹饪学院

专业：旅游英语（旅游管理方向）

班级：05 旅英 331

班主任：费建明　倪筱荣

创业之歌

一生三回头，成就中国农膜大王

云南民间流传着这样的谚语：四川有座离娘山，云南有座回头山。意即四川人一旦外出，常常在外安家落户不愿回家，而云南人无论外出求学或者外出打工，到头来还是会回到家乡。

靳树伟捐资助学

回头山坐落在云南玉溪市江川县，山高不过百十米，山顶有佛寺藏于青松翠柏间。1985 年 8 月，一位母亲带着刚刚初中毕业的儿子爬上了这屋后的山巅，虔诚地点上了三炷香，从此，这位以全县前五名的中考成绩，考入江苏常州轻工业学校塑料成型工艺及设备专业的玉溪籍青涩小伙，便有了“一生三回头”的经历，最终成了“中国农膜大王”。

一、见到当年的老师，他手舞足蹈，念念不忘常州话“阿寺嘎”

毕业生见到母校来人，常常会过于兴奋。何况我们是千里迢迢赶到云南玉溪市，何况他们中有的毕业生已经几十年未见老师一面呢！

三位校友为我们斟上 53 度的白酒，说是高度酒不可能掺假——就像他们见到几十年前的任课老师，流露出的都是不掺假的真性情。

几杯酒下肚，本文的主人公话越说越兴奋。这位高个子男人乐得像小孩一样，面对当年任课的戴伟民老师不断“恩师”“恩师”地敬酒，然后伸出指头把当年的任课老师一个个排了一遍。接着烟瘾上来了，他双手拎起身边约 50 厘米长的云南水烟筒，将一根玉溪牌香烟掐掉过滤嘴插到水烟嘴上，咕噜咕噜吸起来。然后大踏步走到他的团队中间，边吸水烟边将手指剪成一个“V”字：“倪老师，给我们来一张！”之后又兴奋地回忆常州话是多么难懂，在常州上了 4 年学，只听懂了一句“阿寺嘎”。经他这么一提醒，另两位校友就“阿寺嘎”“阿寺嘎”地说起来，弄得大家忍俊不禁，然后一阵大笑（“阿寺嘎”，常州方言，意“是不是啊！”）。

“倪老师，给我们来一张！”

这就是靳（jìn）树伟，玉溪市旭日塑料有限责任公司的董事长，一个 28 年前刚进玉溪市第一塑料厂（公司前身）曾被人喊作“祈树伟”和“斩树伟”的人。

靳树伟，1967 年出生在玉溪市江川县回头山下，父母都是农民。小时候家境的贫寒，让他长吁短叹。兄妹五人跟父母住在 20 平方米的木阁楼上，阁楼中再搭阁楼，他们晚上睡觉坐在阁楼上都直不起腰。楼下村民经常因为楼板的晃动或者楼上菜汤不小心滴到楼下而找上门来吵架，每当这时，靳树伟心中就升腾起一个“远大理想”——好好读书，让父母住上大房子。

回头山下的靳树伟

靳树伟读书聪慧，几位老师研究半天也做不出的数学题，找他做，十几分钟一定解决。他就读的初中实际上仅仅是乡村小学附设的一个初中班，没想到他能够一飞冲天成为乡村学校的金凤凰。小学校长激动不已，送来了 60 元奖金和开学报到的路费。家徒四壁，家人拥挤，老校长坐在放着煤油灯的桌子旁，右手颤巍巍地从裤子口袋里往外抠钱。这一幕让靳树伟心里有一种崩溃的感觉——父老乡亲啊！

家乡的贫困和父老乡亲的情意，让他无法拒绝母亲带他去回头山敬香的要求。

二、两个声音或远或近的呼唤，让他一生“三回头”

当我们到云南采访时，坐在我们面前的靳树伟已年过半百。在这半百的岁月中，始终有两个声音或远或近地呼唤着他：一个是故乡，一个是专业。

常州是轻工业发达地区。1984 年和 1985 年两年间，云南省先后有 6 名最优秀的初中毕业生，作为云南地区的委培生进入常州轻工业学校学习塑料专业。1989 年，经过 4 年专业学习、专业训练的靳树伟，耳边回响起回头山的呼唤，背起行囊回到了玉溪市第一塑料厂。这是他人生的第一次“回头”。

然而靳树伟并不安分。云南玉溪是云烟的故乡——红塔山上，红塔巍巍耸立；红塔山下，树立着“山高人为峰”的著名刻石。早在学生时代，靳树伟就发现了这里面的商机：一条红塔山香烟，玉溪 9 元，到了常州竟然可以卖 20 元！后来每次开学，他都要带两条烟到常州市小营前市场卖给小贩赚回路费，最多的一次他携带了 40 条。他还将云南回族几毛钱一把的小刀贩运到常州，卖五六元一把。很快，他成了班级的“富翁”，竟然有条件购买 400 多元一台的星球牌收录机，放在宿舍“蹦嚓嚓”“蹦嚓嚓”地放歌。刚参加工作，每月工资 56 元，自己跑一趟常州就能赚来十个月的工资——于是他又开始在云南和常州之间来回，单位工作暂时被搁在了一边。

“其实携带刀具和香烟是违规的，那时候年轻不懂事，管他违规不违规，有钱赚就做。”靳树伟咕噜咕噜抽着水烟，沉浸在回忆中。

后来母亲找上门来了，千叮咛万嘱咐的。算了，还是回头做自己的专业吧。靳树伟第二次“回头”了。

第三次“回头”，那是在工作了几年之后，玉溪市开办了第一期青年干部培训班，靳树伟有幸被选中进班学习。在这被称作玉溪市“黄埔一期”的学习班里，靳树伟始终在“从政当官”还是“搞专业搞企业”之间摇摆。

然而，他第三次“回头”了。这第三次“回头”，让靳树伟彻底皈依了塑料专业，不仅做大做强了塑料企业，而且发表多篇塑料专业论文，成为云南省农膜专业委员会主任和中国塑料加工工业协会专家委员会委员。

其实，靳树伟到工厂才几年，在塑料行业就已声名远扬了：方圆一两百里的塑料企业都来找他。他在校时专业知识学得扎实，钳工、电工实训时手上的血泡都硬化成了老茧，加上企业的几年实践，为人修理注塑模具，解决各类技术问题，基本是手到病除。有家塑料厂折腾了半年的问题，他担任技术顾问一个多星

靳树伟每天围着玉溪的红塔山快走两万多步

期就解决了。他同时担任 4 家企业的顾问，每家企业每月给他几百元；有家企业甚至因为他临时为他们解决了一个重大问题，一次性给了他 2000 元劳务费——要知道这是在 20 世纪 90 年代。这一切给了他信心，他再也无法摆脱塑料行业、塑料专业的魅力。

看着眼前这位又开始咕噜咕噜吸水烟的回头山下的“土著”居民，我在想：如若不是他一生“三回头”，也许坐在我面前的就仅仅是一位厅处级干部，“中国农膜大王”又该到何处找寻呢？

靳树伟究竟获过多少奖，连他自己也说不清

三、贷款三百万，他摸着良心买下了别人不想要的股份

靳树伟，24 岁任厂长助理，26 岁任厂长。2002 年，属于大集体性质的玉溪市第一塑料厂进行股份制改造，一个变集体资产为个人资产的良机摆到了靳树伟的面前。面对现成的资产，身为厂长、掌握着话语权的靳树伟能抑制住心跳吗？

企业资产评估后，按照每股 3 元配送，个人出 1 元购买，每股净资产 4 元。虽然出 1 元就能获得 4 元的净资产，然而由于企业前途未卜，这股份就像烫手的山芋，很多人急于转让，连老厂长都想出售手中的股份。

基于对塑料专业、塑料行业的了解以及对自己的信心，靳树伟想控股。但是，他提出购买份额的多少只考虑工龄的长短，不考虑职位。这样一来，靳树伟虽身为厂长，却由于工龄短，很难拥有更多的股份。

掂量再三，他毅然贷款 300 万，承接大家不想要的股份——当然，此时就不是 1 元 1 股了，而是 4 元。

股改至今 15 年过去了，没有举报，没有游行，没有上访，公开公平公正的交易，使得他们的股份制改造成为玉溪市最为成功的案例。玉溪市多次邀请他上台跟企业主作报告，介绍如何平平安安进行股份制改造的。靳树伟一次次推脱，因为他觉得自己一开口，台下会有很多人听着不是滋味，甚至背脊冒冷汗。

“你当时身居厂长之位，为何不按照职位高低配送股份呢？”我问。

“如果我利用自己的话语权多占股份，面对那么多工龄几十年的老职工，我良心不安呐。”靳树伟抬起头来，眼光透过窗户，遥望起滇中的山水——顺着他的目光看去，一缕几乎透明的白云正从山腰飘过。

靳树伟是企业家，以营利为主要目的，但他绝非唯利是图，就像他吸烟总是喜欢吸水烟，尼古丁通过水的过滤会消除大半，以至于不抽烟者接近他，也闻不出他身上的烟味。

棚膜覆盖种植

地膜保水保温防止病虫害

烤烟地膜覆盖种植

四、认亏五十万，却打开了浙江人的农膜销售市场

汽车行驶在从玉溪到昆明的高速公路上。青山连绵不绝，白色的云块堆积在远山的背后。一路上，不断有覆盖着农用薄膜的种植区，以其银白的色彩迎接着我们，遥看疑似一片湖水。

农用薄膜分棚膜和地膜两种。大型的种植区，几百亩的棚膜铺天盖地，鳞次栉比，让人联想起项羽40万大军屯兵新丰鸿门的气势。地膜则薄如羽衣，最薄的只有0.005毫米，农民铺膜时，微风一吹，自有一种“风吹仙袂飘飖举”的浪漫。

然而农膜市场却风云变幻看不到这种浪漫。

地膜覆盖在土壤上，保温、保湿、防虫，将大大提高烟叶、蔬菜、花卉等农作物的产量。然而要农民认可谈何容易！耕读传家几千年，没听说过给土地穿一件透明的雨衣会提高产量的。靳树伟他们就走村串户进行科普，将地膜送给村里人免费使用，于是销量开始增加。

但不管怎样，来云南搞种植的浙江人，就是不认可靳树伟他们的旭日牌农用薄膜。

2006年，一群浙江人来到昆明东川种植大棚西瓜，40多亩地需要80万元的货。由于东川地区高温高热，半年后大棚出问题了：棚膜提前老化。本来已经根据质保协议双方各承担一半损失，靳树伟董事长赶到现场，主动提出承担三分之二损失。他们根据东川紫外线强度调整了技术参数，为种植户提供了新膜。这一笔交易，靳树伟他们损失了50多万。

然而50多万的损失，却展示了诚信，换来了信任，浙江种植户的农膜销售市场从此向他们打开。

靳树伟绝不是独自飞翔，他有一个具有凝聚力的团队

云南，山重水复，39 万平方公里的面积，相对平缓的山地只占总面积的百分之十。这比例就像市场经济大潮下企业的生存比例：2002 年，玉溪市红塔区与靳树伟他们一起改制的企业共有 83 家，而今存活较好的不到 10 家。2008 年国际金融危机，迫使行业大洗牌。从加拿大上船的树脂 16 200 元 1 吨，等到船靠码头，价格跌成了 7000 元 1 吨，公司一个月亏损了 600 万。等到树脂跌至 6 800 元，靳树伟咬牙抄底大量购进。广州一位同行因绝望而跳楼，靳树伟他们却抄底成功。

公司有几百万应收款回不来，靳树伟带着人马外出追债，跋山涉水几个月，最终还是有 200 万元追不回来。他一声叹息："就当是做了产品广告吧！"

其实，靳树伟的旭日牌农膜从来不做广告，因为云南农民有一条信念：凡是做广告的，都是卖不出去的假货。

组织员工学习，努力创建学习型高科技企业

五、他的绰号，缘于令人拍案称奇的过敏性体质

靳树伟的体质从小就过敏。早在常州求学时，就曾因为过敏无法参加期终考试提前回家。去山东没几天，因过敏而赶回玉溪；到哈尔滨会议没有开完，就急急赶回玉溪。甚至到了西双版纳、德宏，他都待不过一个星期。究竟什么原因过敏？不知道。而让人拍案惊奇的是：一回到玉溪，他就不药而愈。云南多野菜，多野生菌，但是只要是在玉溪，他吃什么都安全，甚至各种昆虫做成的菜，他不管怎样胡吃都安然无恙。

莫非靳树伟是专为玉溪生的？于是有人给他起了一个绰号：“家乡宝”。

是的，儿时的贫困体验，让他时刻心系生活在社会底层的玉溪百姓。

他向所在企业380名员工承诺：只要你们不主动离开，我保证让每个人做到退休不会下岗。

公司的文化活动场所

2002年改制时，有位工作能力较弱的员工自命不凡想离开工厂另谋出路，靳树伟考虑到他出去很难生存，加上妻子没工作，小孩也小，就动员他留下，安排去看管宿舍，最后帮他顺利退休，拿到了社保退休工资。

社会医保报销范围窄，程序复杂，靳树伟则提出职工医保范围之外的医疗费一律报销，动辄报销几万。甚至职工家属重病他也不袖手旁观，除了号召大家捐款外，自己也是几万几万地抚慰。我电话采访一位受助的职工家属，这位被靳董事长从生死线拉回来的职工家属说着说着竟哭泣起来，不断重复一句话：“他们老大是好人！他们老大是好人！”——“老大”，是公司上上下下对靳树伟的称呼。

这一份份情谊，温暖的何止是受惠的几个家庭，全公司380名员工的心都为此变得柔软。他扶危济困，捐资助学，捐款救灾，每月为当月生日的职工举行生日宴会，兴趣一来便高歌一曲，让歌声如涓涓细流滋润职工的心田。公司除了设职工宿舍让倒班员工休息外，还派专车接送职工上下班，多年来始终没有中断。

靳树伟的确是为家乡玉溪生的。他的过敏体质让他无法离开玉溪，但是，这并不妨碍他的农膜销往西南各省，甚至远销缅甸、泰国、老挝。

六、“中国农膜大王”的称号为何偏偏落在他的头上

自2002年企业改制至今，靳树伟执掌的玉溪市旭日塑料有限责任公司停止了其他所有塑料制品的生产，专做农膜，销量稳步提高。2016年销售了43 000吨，若铺展开来，可以覆盖4个香港。单是西瓜棚，最多的一年他们销了5 000吨。他的农膜规格达1000多种。在全国农用薄膜行业中，就单体企业（同一个生产经营场所）而言，玉溪市旭日塑料有限责任公司产销量最大，靳树伟成了名副其实的“中国农膜大王”。

靳树伟的工厂地处玉溪市九龙开发区，工厂门面就像他平时穿衣那样简朴。走进车间，塑料粒子加热后被吹成一个个直径两米、高几米甚至十几米的巨型气

泡，当气泡中空气消失变成各种颜色的农膜成品，又一片片地从高高的机架上瀑布似的挂下来。成品车间，一捆捆旭日牌农膜堆成各种颜色的小山。

农膜车间

塑料粒子加热后吹塑成型变成农膜

仓库中的农膜堆成了小山

“中国农膜大王”的桂冠为何偏偏落到这样一位不做广告、穿戴简朴者的头上？在几天深度采访之后，原因变得清晰起来：

他有战略眼光，有胆识有魄力。“他的有些动议刚刚提出时我们不一定认可，但是两三年以后，证明他都是对的。”总经理王明显如是说。

他积极吸引人才，云南省的塑料专业人才，有一半在他的麾下。常州轻工职业技术学院在云南共有 6 名塑料专业毕业生，有一半在他的企业。一个好汉三个帮，靳树伟绝不是独自飞翔。

他注重科研，以科研保质量保销售。他公司建有玉溪市功能性农膜工程技术研究中心，而每开辟一个新的销售区域，他们都要查找当地的气象历史资料，现场测量光照、气温等参数。他们还多次邀请母校的专业老师到厂，指导研究农用薄膜的降解处理工艺。

他善待员工，关注弱势群体。这使得他们的员工都不愿离开，忙并感动着、快乐着。

这一切，使得靳树伟的管理理念——“有制度的无制度化管理”得以成功实施。靳树伟认为：一个企业没有规矩不行，但过严过细的考核标准不仅难以制定，而且容易把人管死，使队伍僵化，失去活力和创新能力；工作中出现问题，尽量用谈话等方式沟通，以化解矛盾解决问题。他提倡“有人负责我服从，没人负责我负责”的企业主人翁精神。多年来，他的企业基本没有考核，但令人惊奇的是，玉溪市旭日塑料有限责任公司的凝聚力越来越强，农膜产销量逐年提高。

——多年的经营，靳树伟成功构建了“有制度的无制度化管理”这样一种人性化管理文化，由此形成了合作、和谐、共赢、共荣的氛围，从而造就了今天这样一位“中国农膜大王”。

原任课老师戴伟民与公司的三位 84、85 级塑料专业校友合影（左 1 为刘建福，右 1 为钟士荣）

就在本文即将收笔之时，靳树伟打来电话告诉我，他的独生女大学毕业后不准备去美国了，昨晚乘飞机回到了玉溪。听着他欣喜的声音，我又想到了那个回头山的传说。这传说虽说有点不经，却滋润了我的文章，也温润了电话那头主张“父母在不远游”的“中国农膜大王”。

所属二级学院：材料工程学院

专业：塑料成型工艺及设备

班级：工艺 851

班主任：周大农

一剑一箫，行走在数控与贸易的江湖

有一种大学毕业证书，叫“双专科”毕业证书，比如我眼前的这张：“学生邹磊，1987 年 11 月 6 日生，于 2005 年 9 月至 2009 年 6 月在本校数控技术/国际贸易实务专业四年制双专科学习……”

数控技术属于工科专业，国际贸易实务属于商科专业。2009 年 6 月，邹磊揖别校园草坪上的邓建军像，从此一武一文，一剑一箫，行走在数控与贸易的江湖。

他的办公室还没来得及装修，椅子背后悬挂着 2000 张碎片拼成的世界地图

一、他进了双专科班：数控技术/国际贸易实务

2004 年至 2005 年前后，数控专业、模具专业几乎席卷全国高职、中专院校，

成为那个年代的热门专业。按照双专科跨专业门类要求，我校将当时理工科热门专业“数控技术”和文科热门专业“国际贸易实务”结合起来，将“模具技术”和“市场营销”结合起来，开设了两个双专科专业，以培养复合型人才。“这是高职教育在摸索中前进的印记，也可以看成是高职本科的先河。”时任机械系系主任王志平解释了江苏高职院校双专科的来历。

2005 年，邹磊以高出普通大专 30 多分的高考分数，被学校择优录取到双专科班，这让他没进校就有了莫名的优越感。

然而这种优越感在进校后不久就被 56 门“文理”课程给打趴了，他们要在 4 年内完成两个跨学科门类专业课程的学习，取得规定的学分，方可毕业。他记得有位平时喜欢啃馒头的工程数学老师，严厉异常，邹磊的工程数学一路红灯，一直挂到毕业前。邹磊经历了读书生涯中最最难忘的补考、重修、毕业补考。毕业前，老师仍一丝不苟的出试卷给他做，那架势就是“没有真功夫，不能出师”，严谨程度不亚于日资企业的高管。邹磊日后在日资企业摸爬滚打、担任高管多年，日本人做事的严谨，常常让他想起当年啃馒头的严师。

双专科昙花一现，很快就被教育部叫停了。然而我校的两届双专科学生却鸟儿离窝，振翅奋飞了——这两届毕业生素质高、技术扎实、管理能力强。“他们发展得都很好，我们班上还有香港上市公司的老总呢！”谈起他的爱徒，班主任徐伟眉开眼笑，赞不绝口。

跟老师一起探讨数控机床的操作程序

二、以“偷拳”手段学技术

2008 年，邹磊在张家港一家大型吹塑机厂实习。生他养他的小城张家港美好而安逸，但实习的工厂却简陋而嘈杂，厂里仅有的一台数控机床，据说还是厂长花高价找关系买回来的。师傅们不懂数控技术，不会编写宏程序，只能依葫芦画瓢的套用现成的编程程序，自然没有啥“武艺”能传授给邹磊。上夜班时，邹磊独当一面，用在学校里学到的功夫，轻轻松松就将这台数控机床驯服了，师傅得知后，目瞪口呆了许久。一年后正式毕业，厂里给邹磊加薪，特意买了两台价值不菲的加工中心，安排邹磊去跟其他企业的师傅学“拳脚”，学成归来专门对付这两台“神器”。

同行是冤家，对方企业的师傅白天上班时还不敢明目张胆地教他们，只是晚上偷偷传艺。3 个月“偷拳”学艺期间，邹磊白天潜伏在工厂，上班就画画图纸打发时间，晚上加倍学“拳”，好似孙悟空跟菩提祖师在四更天学艺，学到的都是不可外传的真功夫。

“拳术”偷到手后，邹磊在吹塑机厂大显身手，不久就被初中同学挖了“墙脚”，硬被拉到同学创办的小私企里担任车间主任，全面管理企业的业务。两年后，邹磊又被一家台资企业和一家日资企业相中，两难抉择后他选择了严谨死板的日企，不是因为工资高，而是日企面试了他三次，第一次面试考专业，第二次考制图，第三次谈薪金，每一次面试都让他想起了工程数学老师——补考、重修、再补考。

三、离职时，八个人接了他一个人的活

来到日企后，邹磊才知道，自己是公司第一个员工，公司除了老板、秘书，就是他。不积跬步，无以至千里，不积小流，无以成江海，在日企，邹磊从技术员干起，凭着真才实学一路升迁：车间主管、生产部长助理、生产部长、生产部长兼技术部长、分厂厂长、中国区运营总监。5 年里，他的工资从月薪 3000 一路飙升到月薪 30 000。这家日资企业也从起步时的 3 名技术员，发展到拥有 300 多名员工、3 个分厂、在张家港排名前列的大型企业。

在日企工作，非日本籍一般难以进入高级管理层，但他挤占了一席高管的位子，经常在满桌都是日籍高管的会议上发言。满会议室都是硕士、博士，他一个双专科生被安排在主席台上就座——邹磊是有真本事的。

2012 年，公司卖出的大型设备是全自动生产线，客户需要调试，邹磊领着两名技术员去做外包服务，专门负责调试机器。全自动生产线在当年实属罕见，邹磊对电路图不是很精通，又没有机械专业基础，做起来难上加难。为了啃下这块硬骨头，他硬是跟自己“较劲”，不断挑战自我：每天下班后，自学机电和机械知识，从最简单的技术学起。无论是理论知识还是实践操作，他都认真学习，做好笔记。一年内，他记录的笔记有厚厚的 3 本。

功夫不负有心人，邹磊在一年内逐步掌握了全自动生产线的各项技能。他经手的每个零件、每台机器都变成了一个个活招牌，为公司招揽了忙不完的业务。2013 年，邹磊还带领团队一起研发了一条汽车用的空调压缩机自动装配线，价值 1800 万元。2015 年，他又为公司接了一单光伏方面的业务，公司当年的营业额高达 300 多亿元。盈利后，公司买地盖厂房，大规模招人，仅一年半时间，就新增了四五个现代化的新厂房，新进员工 300 多人，全自动生产线领衔苏州同类企业。

在日企，邹磊在车间干过，在管理层干过，抓过生产，研发过设备，跑过销售，管过人事，熟悉了公司上上下下、大大小小、方方面面的事务。在日企工作 7 年，邹磊熟悉了企业创业和管理的所有流程，他是企业的实际负责人。但他还是决定离职创业了。告别时，公司派了 8 个岗位上的人来接管邹磊的工作，移交工作从早上 8 点开始，凌晨 1 点结束。整整 3 顶资料柜的宝贵资料，记录了邹磊经手的所有业务，和他辗转各大项目安装调试设备的经验与心得。

日企老总早就断言，邹磊迟早有一天会自己单干的。在日企，最高管理者必须是日本人这一规定，让邹磊看到了自己未来几十年的“前景”，目前的总监职务就是他职业生涯的终点了。梦想无法伸展，辞职是唯一的选择。长期驻扎中国台湾地区、将中国文化和人情世故研究得透彻的日本老总多次电话，极力挽留，但邹磊还是义无反顾地离开了他付出了青春和心血的企业。他想，日企培养了他，他也回报了日企，撤优哪啦！从今天开始，他要一剑一箫独闯江湖了。

四、创业，从波峰跌入谷底，四十名员工仅留下四人

青春是用来奋斗的，有梦才能前行。曾经的竞争对手邀请邹磊入股，和他们一起大干一场。首单 740 万的合同，能有 500 万的利润，这是 3 位年轻的“老板”撸起袖子加油干的动力。

然而演绎创业故事远不是这么简单。首单 740 万的生意，因为员工素质远远达不到要求，5 个月就赔了 200 多万，后来索性血本无归了。40 多位员工的工资和 80 多万元的债务，让三位年轻的创业者在创业初期就尝到了失败的苦涩，从信心满怀的波峰跌入了谷底。

郁闷至极，邹磊到酒吧买醉，烂醉如泥。他记得自己是扶着墙离开酒吧的。第二天醒来，发现自己睡在车里，手臂破了，摸了摸口袋，钱包还在。2018 年他参加母校校庆，现代装备制造学院请他上台发言，虽然照样侃侃而谈，但那种郁闷，才下眉头，却上心头。如此重大的挫折，他没有向家人透露过一个字。家人偶尔会问他公司咋样？他说还好。其实这个阶段，他听到电话铃声就害怕。

他分析了首战失败的原因：离职时，他完全是“净身出户”，没带走日企的一份资源、一位员工，只带走一只纸箱。新招的员工完全没有经验，看不懂设计图纸，工艺不精，装配精度达不到要求，程序没人会写。这么不接“地气”的一帮员工，自然无法将邹磊设计好的产品图纸变为现实。

三位合伙人四处筹钱发放员工工资和遣散费。最终，40 多名员工仅留下了 4 人。邹磊是负责技术的，另两位投资人最担心的事情是：万一邹磊甩手不干了，我们怎么办?

五、身佩一剑一箫，他东山再起

邹磊从来没有想过放弃。

梦在前方，路在脚下。想翻身，光有一腔沸腾的血、一颗不甘的心是不够的。痛定思痛，几位合伙人背着债务反省。经验是需要不断积累的，手艺是需要不断磨炼的，他们必须告别蛮干。邹磊发挥自己的数控特长和管理才能，“入魔”般地培训 4 名不离不弃、主动表示“工资暂时不要”的忠诚员工。他将书本学到的知识和平日工作积累的经验倾囊相授。

“机器和人一样都是活的，你了解了机器，就没有什么是做不到的。”邹磊在工作中不断总结经验，他要求徒弟们对各种自动化生产线进行换位思考，以现场加工效率及品质保证为前提，编写、优化程序。

青山不负英雄志，4 位学徒在师傅“魔鬼”般的训练下，反复琢磨反复实践，慢慢地融会贯通了，工作越来越得心应手。大家跟着邹磊，将做好的产品先给客户试用，用得好再付款。一位老朋友碍于情面，抱着试一试的心态找邹磊拿了一台设备去试用。几个月后，他又预定了 4 台，并一次性付清了 5 台设备的钱。就这样，客户口口相传，公司峰回路转，从 1 台的销量，逐步增加到 4 台，再到 14 台。仅两年时间，他们偿还了所有债务，到 2019 年底时，公司开始创收，营业额达 1800 多万元。

如今，邹磊已然是自动化专家，重振雄风东山再起，不仅创建了张家港华泰超声科技有限公司和苏州瑞多精密技术有限公司，还到母校来招贤纳士。

驻足在邹磊刚装修好的新公司——苏州瑞多精密技术有限公司 4500 平方米的新厂房里，闻听他激扬的文字，看着他指点江山，抚摸着他的匠心“作品”，感受着他们孜孜不倦、专注细节、专注品质、把产品做到极致的“匠人”精神，感慨之余，我想应该把他的产品和产品与他双专科之间的联系告诉大家了：他专做太阳能板清洗机，数控技术是其中的关键技术；至于说国际贸易，你看他产品的所到之地：俄罗斯、挪威、泰国、印度、伊朗、迪拜等国家，及中国台湾地区……这就是邹磊所走江湖的版图范围。

16 米长的太阳能板清洗机，必须通过水路运往国外

在挪威预定的太阳能板清洗机旁合个影，班主任徐伟老师（右）满脸的成就感

所属二级学院：现代装备制造学院
专业：数控技术/国际贸易实务
班级：05 数控 341
班主任：徐伟

一门课，三句话，滋养一个关于麦肯锡的梦想

一个 2013 年年底成立的软件公司，从最初的 3 人增加到如今的 37 人，办公场所先后换过 4 次，办公面积从 70 平方米开始不断翻番，最后干脆在无锡圆融发展中心的 22 楼购买了 360 平方米的办公用房，年产值达到 2500 万元，还在杭州开设了分公司，总经理李强甚至提出公司要做中小企业的“麦肯锡”，引得很多人想入股。这跨越式发展的开端，据说缘于李强学习了一门课，铭记了老师的三句话。

他能言善辩，尤好思考，为“中国制造 2025”思考得早生华发；
胸前佩戴着“上海联劝公益基金会”的徽章

一、一门课，圈定一种事业

采访李强，最痛苦的莫过于作为一名纯文科出身的人要搞清楚“Dassault Systemes”和“SolidWorks”是怎么一回事。看着眼前师生二人面对面坐着，一口一个“达索”，一口一个“索雷德渥克丝”，如数家珍，谈得那么投机，谈得那么亲热，我只能透过22楼的落地窗，看不远处无锡火车站的动车在沪宁线上悠闲地穿梭。

查百度，“达索（Dassault Systemes）”是法国的一家软件公司，“SolidWorks”则是被达索公司收购的子公司，也是达索的品牌系统软件，专门负责研发与销售机械设计软件的视窗产品。SolidWorks当初的目标是希望在每一个工程师的桌面上提供一套具有生产力的实体模型设计系统。1995年推出第一套SolidWorks三维机械设计软件，至2010年，已经有300家经销商在全球140个国家分销该产品。

李强及其公司，就是达索公司名下SolidWorks品牌的开发商、销售商，李强他们开发的所有软件产品，都是基于SolidWorks系统。

2004年，李强从徐州睢宁考入常州轻工职业技术学院，进入04模具342这个“模具设计/市场营销”双专科班时，在他眼里，“SolidWorks”不过是一门带

当年的任课老师罗广思（中）对着爱徒一个劲拍照

着两个大写字母、而且两个词语之间没有空格的课程而已，他想象不出这门课对他的人生有多么重要。

事物的发展总是会酿造很多传奇，就像一只亚马孙河流域热带雨林中的蝴蝶，偶尔扇动了几下翅膀，可以在两周后引起美国得克萨斯州的一场龙卷风——何况李强接触到的是一门课，何况这还是一门专业核心课，何况它多达一百多个课时，更何况他还组建了一个社团，专门实践与这门课程以及所学的两个专业相关的内容！

这门课程全称叫“使用SolidWorks软件的机械产品数字化设计”，这门课的任课老师，就是坐在我面前与李强谈得投机、谈得亲热的罗广思老师。

就这样，一门课，为李强圈定了一种事业。

二、一个社团，捆绑两个专业

李强组建的社团叫“创意与实践协会”，因“爱才心切”而滋生了“私心”的罗老师，利用自己图书馆馆长的身份，将图书馆拥有300台电脑的阅览室提供给李强的协会开展活动。李强除了在图书馆老师指导下组织一些图书资料检索比赛外，更多的是在专业老师潘安霞的指导下，开展工业产品创意设计比赛，多次组织全校性的三维设计大赛。除此之外，李强热衷于搞营销，当时的所谓“营销”，不过就是卖电话卡、自行车之类的生意，班主任朱昱老师满心欢喜，称赞李强是“双专科班第一个把模具设计和市场营销结合在一起的人”。

以上三位老师，就是被李强口口声声称作“恩师”的人。毕业后李强来常州，经常会回到母校，在老师的办公桌旁坐一坐，聊聊往事，讨论一下SolidWorks方面的问题，然后去南门食堂吃一种被李强称作“常州最好美食”的饭——蛋炒饭。李强甚至带着他公司的合伙人专门来吃过这种蛋炒饭，“我们李总把你们南门食堂的蛋炒饭捧上了天。”当李强的一位合伙人笑着跟我说这句话时，我心有所动，我理解很多学子为何把母校称作“永远的母校”了。

我问李强的三位“恩师”：你们究竟给了李强哪些“特别的照顾”，让李强“恩师”“恩师”说个不停？罗老师想了想，说：“可能我给李强的协会提供了全校最好的电脑，还给李强一个独立办公室。”而潘安霞、朱昱两位女老师面对我的提问怯怯地看着我，她们说也就是像对待所有学生那样对待他啊，没什么特别的啊。

是啊，当好雨“润物细无声”的时候，随风之雨只是将自己的自然秉性奉献给这世界而已，雨会忘了自身的存在。

“噢！他是体育委员，是我们班第一个党员，当时连班长和团支书都还不是党员。”朱昱老师终于想起来，这个事情她是起作用的。

被李强称作“恩师”的罗广思老师（右）和李强踏上社会后
事业上的“恩师”郭健（左）在交谈

三、三句话，让他受用至今

李强请我们吃饭，罗广思老师被让到了上座。接着，李强为我们背诵了临毕业时罗老师送给他的三句话：

第一句：出去要好好做事，踏入社会后你什么都不是，要从基层做起；

第二句：钱是挣出来的，不是省出来的；

第三句：要做一个有计划的人，中间可以有些变化，但是大计划不要变。

这三句话，让李强受用至今。

“我在校上学时就是有独立办公室的人！”在公司，李强经常以此戏谑语，引得大家哈哈大笑。2007 年 7 月，这位“有独立办公室”的人交掉了独立办公室的钥匙，“什么也不是”地走上了社会，开始毕业实习。

他先是到了上海，在美国参数技术公司（PTC）上海分公司做软件销售，3 个月后到无锡 PTC，做了 4 年的软件销售。他的销售业绩一直是公司最好的。然而他一直有个不变的计划：要自己创业开公司。2013 年双十一那一天，他的无锡普华信息技术有限公司正式成立了。成立时，合伙人共 3 名，员工共 3 名——加在一起还是 3 名，因为 3 名合伙人就是员工。其中有一位放弃了年薪 25 万的销售工作来加盟，刚加盟时工资收入降至每月 2000 元，因为对李强和公司未来的计划绝对的信任。

公司成立后，他们先是做天融信防火墙软件，再后来，就成了达索公司 SolidWorks 产品华东区的总代理商。

“一切都是我计划内的——除了儿子生早了。”李强笑着，迫不及待地点燃一支烟。

李强告诉我，公司为了生存，跨越了三个阶段：第一阶段是卖软件，先混个肚子饱；第二阶段重点转移到围绕卖出的软件做服务，就是为购买了软件的公司里那一群使用软件的工程师服务；第三阶段的转型最为痛苦。

公司技术副总吴夏杰（左2）介绍公司艰难的转型过程

四、痛苦的转型，从背诵 PPT 开始

2013 年，在德国汉诺威工业博览会上出现了一个新概念：德国工业 4.0；2014 年 12 月，“中国制造 2025”又横空出世——这是中国政府在新的国际国内环境下，立足于国际产业变革大势，作出的全面提升中国制造业发展质量和水平的重大战略部署，其根本目标在于改变中国制造业“大而不强”的局面，通过 10 年的努力，使中国迈入制造强国行列，为到 2045 年将中国建成具有全球引领和影响力的制造强国奠定坚实基础。

李强敏锐地感觉到，公司的服务必须转型了。下一步，公司必须帮助自己的服务对象——那些工业企业进行数字化转型，为他们设计基于 SolidWorks 系统的企业管理平台，直到教会客户使用为止。这个管理平台，涵盖了一个企业的方方面面，而原来的产品设计，仅仅是其中的一小部分内容。

“我们要做‘中国制造2025’的垫脚石。”李强2016年开始部署转型，他的转型，带着浓重的民族情怀。

但对于这样的转型，公司上上下下都有些怀疑，因为原有产品的销售业绩因此下降了。当年中国女排“六连冠”后，总教练袁伟民却提出要把女排全部人马换掉，新闻见报后，有多少人也是这样面面相觑的。

李强邀请专业人员来公司讲课、辅导，大家跟着总经理一起折腾。而要给客户讲清楚公司的服务，必须有规范的表述，李强就逼着大家背PPT。

这第三阶段的转型成功，以校友吴夏杰2019年的加盟为标志。吴夏杰，我校03CAD331班毕业生，从2005年毕业实习开始，就一直在做工业企业智能制造的各种设计，是该行业国内数一数二的专家。

第三阶段的转型尘埃落定了，公司终于登上了一个新的平台、新的高度，这让公司员工体验到了“不畏浮云遮望眼”，只因身在浮云上的境界。而此时，国内同行业还有60%的公司停留在卖软件阶段。

“我们是为工业企业服务的中医，通过望闻问切，为企业号脉查找问题并解决问题。我们的终极目标是：做中小企业的‘麦肯锡’。”麦肯锡公司是世界领先的全球管理咨询公司，虽然李强在“麦肯锡”前加了限定语“中小企业”，但这个梦想，不可谓不大。

说完这话，他抓紧时间又抽了一支烟。他好烟，就像他好思考一样；而过度的思考，让37岁的他早生华发。

李强和吴夏杰（右）在产品发布会现场合影。
公司完成转型，以校友吴夏杰的加盟为标志

五、当银杏树叶铺黄了滨湖的路面

2020 年 11 月 20 日下午，李强公司一年一度的产品发布会在太湖之滨的无锡皇冠假日酒店召开。他们在华东区共有 200 多家客户，现场来了近百位老客户和潜在客户，百人会议厅显得有点拥挤。

仿真胜于猜测，预防胜于补救，他们发布会的主题是：“智 · 远——设计，让未来发生。”他们的设计平台，设计与仿真一体化，可以通过电脑数据模拟，帮助企业把未来将发生的事情展示在眼前，让客户直接观摩未来各个环节可能出现的状况，从而减少设计错误，节省试验成本。据主持会议的合伙人介绍，他们最近为一家企业设计的数据平台，通过监控、测算，单单是标准件就为企业省下了 150 万，客户高兴得合不拢嘴。

“我们项目做好了，客户喜出望外，他们会反过来请我们吃饭。”这就难怪很多工业企业慕名而来了。

会场上突然有人激动地冲过来跟罗广思老师握手，原来是一名在溧阳某企业工作的罗老师的学生来参会了，他压根儿就不知道今天开产品发布会的，是他大哥级的校友。

“这也是一名厉害学生！”罗老师自豪地向我介绍。

我从皇冠假日酒店窗口往下看，银杏树的叶子已经铺黄了太湖之滨的路面，

产品发布会现场一角

满眼金黄，让人欣喜，让人联想到“秋收”这个词语。

达索系统 SolidWorks 华东北区技术经理郭健也来到了现场，他被李强称作是自己踏上社会后遇见的“恩师”。他称赞李强他们“从产品思维转型到了平台思维”。是的，所谓转型，首先就是转变思维方式。

现在李强公司提供的数据平台，其实是一套管理系统，企业可以把所有要做的事情放入平台，不需要通过电话、微信沟通日常工作，所有的表态，系统中都有记录，责任到人。现在他们正在服务的一家昆山公司，那里几千名员工，研发人员好几百，但企业负责人打开电脑，公司每个系统、每个环节都一目了然，大大降低了管理成本。所以，在李强他们的服务中，培训客户成了很重要的内容。

六、有一种人文环境，叫温情似水

2017 年，公司一位外地小伙的妻子早产，需要输血，但当时无锡血库紧张，说是要优先提供给自己或家属中有献血证的人。该小伙身体胖，不符合献血条件，他急得身体发颤，带着哭腔给李强打电话。李强马上召集员工去献血车上验血献血。很快，献血证送到了急得跳脚的小伙手里。

这是一本带着公司全体员工体温的献血证。

初见李强，他胸前佩戴着“上海联劝公益基金会”徽章，书架上摆着捐赠证书。他说他命好，总是遇见贵人，在学校时遇到好老师，出校门了遇见好师傅。他感恩母校，与母校进行合作，共同培养人才，他把这个当作是自己的责任。他想在公司内倡导一种感恩与回报社会的理念。

李强记着罗老师的话：“钱是挣出来的，不是省出来的。”他感恩员工，努力提高公司员工的幸福指数。提高幸福指数，首先当然是增加待遇。公司员工享受着外资企业的工资福利，上班下班感受到的则是内资企业的宽松管理，朝九晚五，节假日、双休日一点不少。李强还为每人额外购买了商业保险，乃至于“要生孩子到普华”成了公司内部的谚语。有一位连云港的女孩结婚了，李强带人开车 4 个多小时赶过去参加婚礼，让小女孩感觉自己是有娘家的人。公司有事大家会自愿加班。有个员工生病了，干脆来公司躺着，有事发发微信，没事闭目养神，为的是享受公司的这份温情。公司合伙人由最初的 3 人增加到了 5 人，李强让出的股份也越来越多。

有一种人文环境，叫温情似水。这种如水温情，也许来源于李强自身的修养，也许来源于李强对公司未来发展、对人生社会的思考，也许来源于母校的那一门课、三句话，以及一群或严厉或温情的老师。

采访告一段落了，我们在办公楼下与李强告别。这时令，冬已肃杀，但我的心，因采访而温暖。

有一种人文环境，叫温情似水

李强派人回母校给学生上课，共同培育人才

所属二级学院：现代装备制造学院
专业：模具设计/市场营销
班级：04 模具 342
班主任：朱昱

PLC 兴趣小组演绎大智慧：最大项目价值三个亿

唐宏生到处出差，忙得就像钱塘潮的潮头，很少有停息的时候。实在被我约得不好意思了，他说先发个 PPT 给你看看吧，关于苏州冠悦电气科技有限公司。

PPT 中有一页专门介绍公司的 11 名电气专业人员，每个人后面都有一句话："熟悉……PLC"，PLC 前面的修饰语，要么是"西门子"，要么是"三菱"，要么是"AB"。

于是我们见面时，就从 PLC 谈起。

唐宏生演示用 PLC 系统控制的自动化设备

一、PLC 小组，一个类似于"黄埔军校"的兴趣小组

PLC，全称 Programmable Logic Controller，翻译成中文为"可编程逻辑控制

器”，其硬件结构基本上与微型计算机相同，实质就是一种专用于工业控制的计算机，是工业自动化技术三大支柱（PLC，机器人，CAD/CAM）之一。

1969年，美国研制出世界第一台PLC；1971年，日本的第一台PLC诞生；1973年，德国西门子公司研制出欧洲第一台PLC；1974年，中国的第一台PLC呱呱坠地。再后来，PLC成了我校电子系的一门课程。

2002年，我校购买的一台德国西门子PLC，时任电子系主任的杨劲松摸着这台比常用台式电脑还小、却花费了10万的实验设备，心疼不已。他先花大量时间自己弄懂弄通，同时延续电子系多年的传统，让老师们利用这套设备设计并制作电子产品，他们的理念是：为把学生的一瓶水灌满，先得装满教师的那桶水。

2003年6月，一位盐城考生发着高烧参加高考，最终，一心想上本科的唐宏生成了大专生，被我校电子系计算机控制专业录取。但一阵失落之后，很快被电气世界的奥妙所吸引，全身心投入了专业学习，那架势，就像一个饥饿的人扑在了面包上。

唐宏生听蒋正炎老师上“PLC系统编程与维护”课程，感觉PLC系统内的学问简直可以经天纬地而且妙趣横生。他们这个班属于“邓建军班”，“大国工匠”邓建军曾跟他们聊过西门子PLC300设备。于是他找到了电子系领导，提出要组建一个“PLC兴趣小组”。系主任杨劲松一听，自然乐不可支，就关照给他们一把“西门子PLC实验室”的钥匙。唐宏生他们如鱼得水，把PLC教材上的所有练习题都实际操作一遍，还从网上下载有关项目进行实操，看看能不能达到预期效果。每个实验题快则一个小时，慢则需要一周。这下可好，课余时间包括节假日都成了兴趣小组的实验时间。兴趣小组开始时全班都参加了，坚持到最后的大约十几个人。杨劲松老师是他的毕业设计指导老师，给他定的毕业设计题目是“基于485总线的计算机控制系统”，要求他把学校整体的PLC系统中的6个站点联系起来做485通信，而且不仅要设计出程序，画出电路图，还要做出实体的产品。经历了千难万苦之后，他成功了，设计作品在“2006年度江苏省普通高等学校本专科优秀毕业设计（论文）评选”中荣获三等奖。他们兴趣小组还参加过学校的电子比赛，荣获一等奖，奖品让小组成员兴奋不已：每人一只64M的U盘——“17年前，一只U盘，很不错啦！”唐宏生沉浸在回忆的快乐中。

“PLC兴趣小组和那次毕业设计，奠定了我一生事业的基础。”他说那个兴趣小组出来的很多人后来都做得不错，单单苏州就有4位做得比较成功的兴趣小组成员。

听他这口气，这“PLC兴趣小组”，简直就是一所小型的“黄埔军校”啊！

于是我专门去了一趟作为当年兴趣小组活动场所的实验室。

智能控制学院（原电子系）建有国家级机电一体化实训基地、教育部工业机器人应用人才培养中心、江苏省产教融合实训平台、江苏省高校电工电子实验中心、省级家电测试与维修中心、江苏省LED应用工程研发中心以及江苏省协作机器人应用工程研发中心，如今设备总价已达3500万元。

这里是“大国工匠”“新中国成立60周年感动中国人物”邓建军成才和成功的起跑点。感受着皮鞋亲和环氧地坪的特殊摩擦力，我走过“三菱自动化特约培训中心”牌匾和“西门子PLC专业教室”，来到了“西门子自动化特约培训中心”。唐宏生当年“专接本”阶段的班主任陆淑伟老师告诉我，这里的多台西门子PLC设备，已经是唐宏生那个年代PLC设备的“孙子的孙子”了，这些设备比当年的先进了很多倍，价格只有当年的五分之一。

“而且实验室搬过家了，这里并不是当年‘黄埔军校’的旧址。”

陆淑伟老师笑着向我解释。她头发白得明显，年底就要退休了。听说唐宏生已经成了我优秀毕业生采访对象，满脸欣慰，激动得翻箱倒柜，把已经发黄的班级名单和唐宏生当年的照片都找了出来。

实验室的西门子PLC设备

西门子PLC专业教室

二、最有成就感的一次作业，类似杨子荣只身“打虎上山”

唐宏生大专时候的班主任麻丽娟老师对唐宏生毕业后的成长轨迹一直很关注。她告诉我，唐宏生最有成就感的一次作业，是他毕业一年半后公司老板“布置”的。

他大专3年学计算机控制，就是现在的电气自动化专业。有一次麻丽娟老师在班级宣布：“你们很多人不是想上本科吗？机会来了！”唐宏生就在本校“专接本”，学了电气工程及自动化专业。毕业后，他来到了国际化大都市，在上海新时达传动技术有限公司做轮胎行业的电气控制。一年半后，公司老总魏君谋把他喊到面前，上下打量着这位二十六七岁的年轻人，说公司给东北牡丹江一家轮胎制造企业做了个轮胎压出线电气控制系统，价值2000多万元，调试难度比较大，“你能不能去试一试解决疑难问题？”

说这话时，老总并不对他寄予多大希望，只是想让他独立试水，考考他。唐宏生有点紧张，十个手指习惯性地交叉了起来——他毕业设计上台答辩前，也曾因紧张而十指交叉。

这电器中，渗透着唐宏生他们的智慧

牡丹江，是著名侦察英雄杨子荣只身“打虎上山”活捉土匪“座山雕”的地方。唐宏生只身北上，凭借他在PLC兴趣小组和毕业设计中所学的功夫，竟然解决了这2000多万元的难题，这成为他作为电气控制专业人员最有成就感的一次作业。当晚，上海公司的老板就打来电话祝贺，加薪是很自然的事情。之后他又被派到福建莆田完成了一个2000万元电气控制项目的调试工作。唐宏生的成就感，简直要爆棚了。

“其实这些‘作业’我们在学校时候都做过，做起来并不难。”

后来他被上海的房价吓坏了，选择到苏州成家。在苏州，连续去了两家公司，时间不长都辞职了，原因是“这两家公司的电气控制工作太简单，没意思”。

之后他在社会上晃荡了半年，他对同为校友的妻子说：“我这么好的技术，还怕找不到工作？”之后他拉了几名校友，自己做起了电气控制项目。

三、工匠的含金量：一天人民币一万元

专做电气控制项目的公司，如果老总不懂PLC不懂技术，这样的公司往往

是做不下去的。唐宏生懂技术，项目越做越多，名声也越来越好，人忙得不亦乐乎。有一次他在华晨汽车那里安装和调试设备，每晚3点睡觉，第二天7点起床，连续工作了3个月——“好在我身体棒，在校时曾经得过400米短跑冠军。”他很庆幸，很多同行到这个年龄就有些秃顶而且出现白头发，自己头发至今乌黑发亮。

太忙了，他需要招人，招人就要以公司的名义招，2015年他成立了苏州冠悦电气科技有限公司。母校不断给他推荐优秀毕业生，公司15名员工，有13位来自于母校。

“这些学生很厉害，去年来公司毕业实习，今年7月才毕业的一名校友，在上海临港自贸区一个自动化现场工作，工作结束，对方专门给我们写来了表扬信。”说起这件事，唐宏生可开心了，他为公司开心，为这名毕业生开心，为自己的母校自豪。

庞大的现代化自动生产线，需要指挥其“四肢运作”和“血液有序流动”的大脑和心脏，唐宏生他们利用西门子PLC、三菱PLC以及AB PLC计算机设备进行逻辑推演，为这些自动生产线设计“大脑”和“心脏”、安装“大脑”和“心脏”、调试“大脑”和“心脏”。这是一群构建智慧、出售智慧的人，一颗匠心，就在这智慧的构建中得以育养，从而开启他们充实而幸福的人生。

“除了西藏和新疆，全国32个省、自治区、直辖市都有我们的项目，最大的项目在去年，价值3亿元。”唐宏生自信地向我介绍。他们带着智慧行走世界，足迹已经踏上俄罗斯、罗马尼亚、摩洛哥、德国、法国以及伊朗的土地。

“美国没有我们的项目，但曾经发生过一件有趣的事情。”唐宏生说，去年在南通安装、调试项目时，遇到两个美国公司的人，他们为食品加工的一个流体控制抓耳挠腮了两个多月，最后结论是：必须回美国公司进行说明让公司重新调整设计。然而来回一趟美国需要时间成本和经济成本不说，回美国后面对一群到不了现场的工程师，能否把现场情况描述清楚，都是个问题。之前唐宏生曾经瞄了一眼他们的项目，感觉难度并不大，他不明白为何这两个美国人就是做不出来。在他们纠结之时，唐宏生提出“要不让我来试试?”对方答应了，但掩饰不住怀疑的眼光，在他们眼里，美国人调试不了的项目，你们中国人也不会有办法。

然而一天半后，中国的唐宏生把问题解决了，美国的项目主管高兴得请他到家里做客。

“我自己很少问别人问题。现场存在什么问题，你在现场最清楚，必须自己解决；如果要向别人求教，你先得把问题搞清楚；而常常是你把问题搞清楚了，问题答案也就有了。”唐宏生的思绪徜徉在自己的专业工作中，弯弯绕地为我说了一圈。

后来美国有一条生产线，美国人提出想让唐宏生飞越太平洋去帮助调试，因为特殊时期未能成行，他们就请了美国当地的一位工程师，一天的工资竟然相当于 1 万元人民币。

这，就是工匠的含金量。

唐宏生他们服务的行业各种各样，有包括米其林在内的多家大型轮胎制造企业，有包括雷诺等品牌在内的近 10 家汽车制造流水线，有粮食加工流水线，生物制药流水线，蒙牛牛奶的清洗系统等，其中机器人就设计调试了两百多台。涉及的服务内容包括：电气成本统计，电气方案规划，电气原理图设计，电气采购，程序模板绘制，离线程序编制，项目调试，电气技术及安装管理。

公司口碑好了，业绩往上走，就会有人跟你合作。目前，有两家大型企业跟唐宏生合作生产流水线，对方负责机械制造部分，唐宏生他们则负责流水线的“大脑”和“心脏”部分；一家在苏州东方之门，一家在浙江海宁。

浙江的合作生产基地浙江瑞弗航空航天技术装备有限公司，坐落在海宁尖山开发区。海宁尖山，钱塘潮起潮之处：茫茫东海，有两股潮流在此会面形成交叉潮，然后越演越烈，向钱塘江上游奔突而去。无论是起潮、交叉潮、一线潮，还是汹涌澎湃成龙头潮、回头潮，人们不仅可以预知预报，还能开辆汽车从头至尾追赶潮头，尽情嬉戏于大自然的奇观之中——犹如唐宏生他们，因为谙熟了 PLC 这样的“可编程逻辑控制器”，再大再复杂的工业自动化流水线，他们都操控自如，游刃有余，让人生一路风景。

秋风冽冽，唐宏生陪我站在钱塘江边，一起回忆母校的过往和母校的老师。“那些年，老师在我们身上花的功夫太多了；毕业后，还一直跟我们保持联系，跟我们一起研究解决疑难问题，给我们推荐优秀毕业生。”

用西门子 PLC 设计出的机器人模拟演示系统

这钱塘江，流遍了吴越广袤的土地，其源头是新安江。钱塘江的浩瀚之水从新安江上游滚滚而来流入东海，而东海的白天和晚上各有一次起潮，又让顺江而下的钱塘江水逆向倒流掀起巨浪。这么多年来，唐宏生与母校之间就像这东海海水与钱塘江水，一直在进行着智慧的碰撞与交流。

起潮了，茫茫江面，两条交叉的线已经形成。

所属二级学院：智能控制学院

专业：计算机控制（大专阶段）　电气工程及自动化（本科阶段）

班级：03 计控 331（邓建军班）

班主任：麻丽娟（大专阶段）　陆淑伟（“专接本”阶段）

他们的吹水机吹干了全球二十万只猫和狗

“超伦——宠物清洁护理专家”项目获得了2020年江苏省职业院校创新创业大赛金奖。刚听到这个消息时，我揣摩着如果采访于志峰、杨哲彦他们，可能会有一群身价不菲、被唤作“查理”“哈瑞”的金猫银狗围着我转圈。

他们租赁的2600平方米厂房，位于常州龙江高架南端那条龙尾巴缓缓垂地的地方。室内的确圈养着一只狗，但属于普通狗，连尾巴都被人砸断了。于志峰说，去年这只狗流浪到厂门口，总不能把它赶走啊，就收留了下来。除此之外，偌大的装配车间和办公场地，既不见“查理”的影子，也不闻“哈瑞”的叫声。

指导老师孙洁、孙斐斐和参赛团队合影（中间为于志峰，右2为杨哲彦）

他们并不直接从事护理宠物的营生，只是生产和销售宠物清洁护理用品。2016 年 9 月至今，他们生产的宠物吹水机创造了全球销售 20 万台的奇迹，占有了全世界 10% 的吹水机销售份额。于志峰开玩笑地说，他们的吹水机吹干了全球 20 万只猫和狗。

一、大一时萌动的冷门念头

2013 年 9 月，从常州市区的两所高中毕业的于志峰、杨哲彦同时进入我校一个叫 13 国贸 351 的班级。班主任王直理是个运动癖，他把全班 13 名男生加上自己分成两个“7+7”的足球对抗队，动辄拉到绿茵场跌打滚爬得不是你死就是我活，让人联想到淘宝天猫网店之间“放马来战”的一场场厮杀。

学校有各种各样的创业培训，每次走过学校的创业基地，他们都有些心动，看到校园里其他同学的创业创新点子，就会兴奋不已。他俩家里都养狗，大一时，有个朋友在网上做宠物用品生意，他们脑洞顿开：这不是个“冷门”生意吗？

两人同频共振，一拍即合。当然，此时所谓的“合”也就是纸上谈兵，在脑中臆想网商们的攻防杀伐，毕竟，他们仅仅是大一的学生。

二、长期的专业性思考得出了战略性结论

两人毕竟是学国际贸易的，无论听课、做作业还是课外活动，他们都在学习琢磨生意经。他们在观察那个“双 11”光棍节是如何莫名其妙地变成势如潮涌的购物节的。他们收集资料后发现：喜欢给宠物洗澡的宠物主数量巨大，仅有 33% 的宠物主不给宠物洗澡；市场上还没有单独针对宠物的清洁护理品牌，缺乏行业领导者。

切磋，再切磋，他们对未来的事业得出了如下战略性结论：第一，投身宠物清洁护理用品行业；第二，必须是“互联网+制造”，也就是必须有自己的产品，不做纯粹的网商；第三，产品必须高大上，就像苹果产品那样，即使不使用，放在家里也能成为艺术品，看着摸着都让人惬意；第四，必须进入像天猫这样的品牌化销售平台，不去低端平台凑热闹。

当然，再下来，就靠父母的支持了，如果没有启动资金，手无寸铁，梦想将蜕化为幻想。

三、一个举报，灭顶之灾降临

2016 年 6 月，他们又动员来了一位朋友，三人在父母支持下，用 30 万元收

购了一家名叫“超伦”、已在天猫店注册了的公司，租用了300平方米的房子。当时他们临近毕业，毕业论文上加盖了“常州超伦宠物用品有限公司”的章。专业老师孙斐斐问这是什么公司，杨哲彦说“这是我们自己的公司”。这一问一答，也就成了几年后师生合力参加江苏省职业院校创新创业大赛的因缘。

他们请人设计产品、开模具，先后投入了60多万元。当年9月，第一款产品——宠物吹水机就上了天猫。

他们每天盯着电脑看动静，甚至多次插上电用吹水机吹自己的头发，把自己当宠物进行试验，听听那吹水的电机声会不会吓坏了宠物。他们自己组装，自己拉货，自己搬运。看着装着吹水机的纸板箱一个个搬到快递员手中，看着天猫平台不断增加的销量，他们有说不出的成就感。面对不见面的客户，他们像伺候皇上的吃、喝、拉、撒、睡一样小心翼翼，有问必答，细心呵护着买家的评价。

慢慢地，销售突破了1300台，客户评价也随之越来越多。这样的销售数据和客户评价，对他们太重要了，就像幽深风景入口处的一尊镌刻着精美书法的太湖石，唯有这样的书法刻石作为“引景”，方能吸引大量的游客向前迈步，不至于无视而过。

这时，宠物吹水机国家强制性认证标准（CCC）出台了，天猫顺势而动，要求在他们平台销售的所有产品，必须经过CCC认证，确保产品的安全性，否则下架。没办法，虽然是刚刚起步的企业，也只能硬着头皮上，请人研究认证。

不承想，2017年3月15日，晴天霹雳，他们在天猫的吹水机销售链接突然不见了踪影！他们被同行投诉，因为“超伦”的吹水机还没有通过CCC认证，天猫直接抹去了他们所有的销售痕迹。遇到不规范立即无情处理，这是天猫的风格，也是天猫赖以生存的法则，于志峰、杨哲彦毫无办法。

三位年轻的合伙人看着电脑屏幕上没了公司产品踪影的天猫平台，面面相觑，就像一群喜欢足球的孩子，兴冲冲地抱着足球一路小跑前往熟悉的绿茵场，到那一看，却发现足球场已经成了建筑工地，两边的门网连影子都没了，唯有泪千行。

3月底，终于拿到了认证证书，但在天猫积攒的流量没了，客户评价没了，半年的“小心翼翼”付诸东流，手里的钱也没了，只剩下几百台库存的吹水机——这等于宣告他们的创业失败了。

“生存还是毁灭？”他们面临跟哈姆雷特一样的选择。

于志峰的女友也是校友，她跟我说，吹水机被天猫下架后，她很担心，但她认为没有事情能难倒他们。她自己开设了一家网店，销售困难，于志峰问了她几个问题，搞清楚竞争对手有哪些，研究了一个晚上，第二天拿出了解决方案：让她挑出一款价格低、质量好、利润高的产品进行重点销售，吸引消费者注意，随后设法让消费者与其他产品打包购买。经过大半年的努力，她的网店时来运转，有了十几万元的收入。有了这个小网店被激活的经历，她对于志峰他们的智慧树立起了信心。

知识助你选择道路。选对了道路，接着你最该选择的就是“坚持”二字。于志峰他们从原地爬了起来，踟蹰前行。

四、请世界首富帮忙销售

他们选择了坚持，从零开始。在这过程中，招了几个工人，看着销售难以恢复的样子，有的工人开始打听下家，寻找新的活路。

这个过程持续了整整一年，慢慢地，公司销售开始恢复元气。

2018 年 1 月，《2018 胡润全球富豪榜》出炉，美国的杰夫·贝索斯以 1051 亿美元的财富成为世界首富。他是美国最大的一家网络电子商务公司亚马逊的 CEO。于志峰、杨哲彦决定请这位世界首富帮忙销售产品。在亚马逊注册了网店，聘用从西班牙留学归来的一名研究生，专门负责美国和墨西哥的市场销售。为让美国、墨西哥客户下单后能够在两三天内收到产品，他们提前将货物装上船，经过一两个月的长途航行，越过茫茫太平洋，运抵在美国各地租赁的一百多个亚马逊仓库。

于志峰（右）和杨哲彦（左）在装配车间

电商之间的竞争，最可怕的是价格战。你价格低，别人比你还低，低到你无法想象：他们究竟是怎么凭这样的价格长期销售的？就像走在马路上突然看到同行的人穿着皮鞋飞上了天，你除了惊讶还是惊讶。但他们说，但凡遇到价格战，你根本不能退缩，一旦退缩，后期你将付出更大的代价、用更多的钱去保住你的“坑位”。每年“双 11”期间，他们的吹水机每天能卖三四千台，但是只赚流量不赚钱。如果在价格战中挺住了，接着你要做的事情就是开发新款、拉高利润率——一碗肉一分钱不赚卖给了别人，碗里毕竟还留下点“油”，这“油”积攒起来，便是让人欣羡的“流量”。

五、“猫狗拼”舞台上的青年舞手

除了通过天猫、亚马逊直接销售外，他们还在京东、拼多多平台聘请了代理商销售。他们用大数据分析，实现精准营销，国内外市场营销出现了跨越式发展。2019 年“超伦”品牌销售额突破 3000 万元，在天猫店宠物清洁护理产品综合销售排名第一，在亚马逊平台排名第二。

他们先后花费 40 万元参加上海 2019、2020 亚洲宠物展，亲身感受世界各地吹来的风。很多公司看中他们的产品，跟他们商谈贴牌对外销售事宜。

京东的企业标志是一只狗，人们习惯将天猫、京东、拼多多三个销售平台简称为“猫狗拼”，于志峰、杨哲彦就是“猫狗拼”舞台上劲舞的舞手。

他们知道，“猫狗拼”以及亚马逊仅仅是个让他们劲舞的平台，台上一分钟，台下十年功，他们必须精心设计产品，精心制造产品，让产品成为客户家中一种装饰品，公司才能走向远方。他们邀请世界著名的洛可可（LKK）设计公司设计产品，“让客户拿到产品爱不释手”成了他们追求的目标。设计、开模具、代加工生产，步步有风险，有的产品同时需要开 30 多个模具；上了电商平台，一年一百多万的广告费，分摊下来每天需要 3000 多元，以便获得优先展示位；最后到了消费者手里，消费者是否喜欢他们的款式，成了他们最大的担忧。所以，从外表看他们是舞台上忘情的劲舞者，其实他们每一步都小心翼翼。两年浴火重生，2018 年他们终于开始盈利。

4 年间，他们取得 1 项发明专利、3 项实用新型专利和 4 项外观设计专利。

一家专业从事宠物清洁护理相关产品研发、设计、制造和营销的企业，2016 年才创建，一跃成为国内宠物清洁护理行业内设计能力、技术研发实力、客户渠道资源、先进制造能力的领先企业。他们的主要产品与服务涵盖吹水机、宠物净味器、电动磨甲器和智能宠物烘干箱等，公司在生产制造、质量保证、快速供货等方面均形成了完整而规范的运作体系。主打产品全触控负离子吹水机采取三段式风道设计，大风量低噪声叠加精准温控，全犬猫类无死角吹干不烫手，已更迭

4代，4次定型，几百次修改，一直是养宠用户的购买爆品。全塑可拆解智能宠物烘干箱已实现技术输出，箱体内风道与方太公司工程师合作研发，自动感应宠物清洁度，变化相应灯光颜色，配备自主研发的负离子功能，减少异味的同时，呵护宠物毛发。目前国内仅有3家全塑烘干箱生产商，拥有独特风道技术和负离子技术的仅他们公司一家。自主研发的线下免费宠物收银系统，已覆盖全国近25万家宠物门店，带来1千多个就业岗位。未来，公司将核心技术应用于宠物清洁护理全系产品，提供更环保、更智能的方案。

结束采访，我开车从龙江路的龙尾上了龙江高架，突然想到了《史记》中孔子评价老子的一段话。孔子说："鸟，我知道它能飞；鱼，我知道它能游；兽，我知道它能跑。会跑的可以织网捕获它，会游的可用丝线去钓它，会飞的可以用箭去射它。至于龙，我就不知道该怎么办了，它是驾着风而飞腾升天的。我今天见到的老子，大概就是龙吧！"我无意于把于志峰、杨哲彦比作龙，只是想，当一个人既有专业知识，又有持之以恒的坚强意志，而且跳出传统思维模式，与神话般的互联网挂上钩，哪一天"一啸动千山"，也未可知。

他们的吹水机吹干了全球20万只猫和狗

所属二级学院：经贸管理学院
专业：国际贸易实务
班级：13国贸351
班主任：王直理

蛰居河边小屋的金冠网商顾逸峰

“金冠网商”顾逸峰和他的品牌童装“嘀嘀嘟”

据说他凭在校时所学的计算机网络技术专业，把淘宝网店开得风生水起，获得了“金冠网商”头衔，年销售童装2000万元；据说他的创业起步于水边的一间10平方米小屋，如今工作场所加上仓库已经扩大至4000平方米；据说他还十分低调，少言寡语，一脸宁静，在左邻右舍还弄不清他究竟在做什么的时候，悄无声息地把自己的销售触角布撒到了全国各地。

源于这么多的“据说”，我突然想到了“蛰居”一词。蛰居者，像动物冬眠一样长期躲在一个地方，不出头露面。已经“据说”了很长时间了，今天我们驱车前往，采访曾经蛰居河边小屋的“金冠网商”顾逸峰。

一、一个找不到牌匾的公司

百度地图真是个好东西，兢兢业业把我们带到了无锡市东港镇顾逸峰所在的锡东二线某三岔路口。但见路口有个门面装潢十分气派的店铺，巨大的店铺名称用粉红色亚克力制作，耀眼气派，整个牌匾长约 25 米，其白底红字的搭配让人老远就生艳羡之情。

“应该就是这儿了。”信息工程系主任努力在脑中搜寻多年前的印象。

不是说顾逸峰站在门口等我们吗？人呢？再电话，说是这气派的牌匾跟他没有任何关系，我们还要向前几十米左拐。

于是我们看到了“无锡市××服饰有限公司”的牌子。怎么？还不是？还要开进去？终于看到“锡山区东港好宝宝服装厂”——还不是？再进去几十米，在河边一栋四层厂房门口，顾逸峰夫妇羞赧相迎。

“我们公司没有牌匾，平时连公司名称都用不上，最早就是以我个人名义在淘宝注册了一个小网店，到现在一直使用着，叫‘大海·童年’。”

从路口看到那炫目的招牌，到现在站在了没有任何标识的白墙旁、水泥地，我感觉是从花花世界峰回路转到了一个居士的静所。

走进三楼办公区域，28 名后生用一双双好奇的眼睛打量我们，却并不因此改变自己工作状态的造型。听说这里每天的童装订货量少则两三百件，多则三千多件，这该需要多大的储物仓库呢？

上下 4 层楼共 4000 平方米，大部分都做了储物的仓库。整齐的货架，用

顾逸峰在仓库检查

ABCD、1234……各类方式标排着序号，几万件童装待价而沽，不管客户藏在山重水复的哪个角落，只要员工们鼠标轻轻一点，这五颜六色的童装就会精准地到达目标，在服务各自小主人的同时，也为顾逸峰堆积起无数的网上好评。

走在高大的货架之间，我仿佛走进了宜家、麦德龙等大型购物商场；所不同的是，商场有很多顾客，而这里只有几个工作人员用扫描仪滴滴嘟嘟地扫描货物。

在仓库出口处，有长约几十米的货物传送带在转动，各种包装好了的童装挤挤挨挨，不急不躁地被移送跌入一个个大型运输筐，静静等待快递公司运输车的到来。

三楼办公区域

制衣车间

看到眼前的一切我明白了，网商顾逸峰的公司的确不需要牌匾，甚至作为总经理的顾逸峰连名片都没有印，他的说法是："印了名片我发给谁呢？"

我仔细端详着我记录本上的这三个字：顾逸峰，顾客的顾，安逸的逸，山峰的峰——面对全国各地几万乃至几十万的顾客，一个外表如此安逸的人，是如何一步步攀登网络销售高峰的？

二、河里有水，岸边有土——他在河边水土小屋悄悄创业

1988 年 2 月，顾逸峰带着属兔者特有的安静，出生在无锡东港镇一个农户家庭。他的求学之路也如兔行般平静，成绩平平，先是进了惠山职教中心，后两年则选择了常州轻工职业技术学院的计算机网络技术专业。

回忆起顾逸峰小时候的日子，顾逸峰的妈妈有些儿心酸。夫妻两个在镇上做服装生意，起早贪黑，根本顾不上孩子的学习。小学时，一大早就把睡眼惺忪的顾逸峰叫醒，早晨 6 点送进校门。学校里空荡荡，顾逸峰只能跟门卫老爷爷做伴。包括后来上职业学校，父母也过问不了他的学习。也许跟这些经历有关吧，顾逸峰养成了独立思考的习惯。2008 年 6 月，他从常州轻工职业技术学院毕业了，他没有像其他同学那样在城市找工作，他的拉杆箱滑轮从邓建军像前面咕噜噜滑过，从此踏上了回乡创业的路。

在他父母的厂房旁，有一条小河，河里的清水平静得像一位深思的智者。河岸上有一间 10 平方米的小平房，十年前，顾逸峰就是在这水边小屋悄悄开始了自己的创业之路。

顾逸峰创业时的 10 平方米河边小屋

一方水土养一方人。小屋近河，河里有水，岸边有土；这水土是无锡东港镇的水土，而东港镇是著名服装企业红豆集团的发迹地和根据地。有诗曰“红豆生南国”，来到东港，你会感到这句唐诗应该改为“红豆生东港”——红豆工业城占据了东港半壁江山，整齐的厂房一栋栋，那厂房屋顶一条鲜艳的红色，以其高大上的品格吸引着路人的目光。汽车一路开过，途经红豆树公园、红豆科技园、红豆山庄，以及红豆集团开发的以红色为主题色调的红豆公寓、红豆别墅区，整个东港就是一片红色的江山。东港以纺织、服装产业为主，大部分的纺织服装老板出身于红豆集团或者与红豆集团有着千丝万缕的联系。顾逸峰就生长在红豆的水土中，他最早在自己的淘宝网店出售的就是红豆集团生产的服装尾货，以很低的价格购进，加上些薄利后，又以很低的价格卖出。就这样，他第一年就网销以内衣内裤为主的服装50万元，淘得了第一桶金，还清了从父母和朋友处借来的启动资金。之后，他货物吞吐量越来越大，身边的工作人员也越来越多，有了专门的设计部、生产部、销售部、仓库，最后连本科毕业在银行工作的妻子也辞职回家帮忙。工作场所从最早的10平方米变成了现在的4000平方米。父母关掉了24小时轰鸣的大圆机针织厂，将4000平方米的厂房让给了儿子，老夫妻俩专事含饴弄孙。岳父母则带来了几十名裁缝，在二楼为顾逸峰做一种牌子叫“嘀嘀嘟”的童装。就这样，六七十号人为一个叫“大海·童年”的虚拟商店忙碌。当然，单单靠岳父母那几十个工人是不够的，顾逸峰还要到外面寻找服装厂，定点加工服装。

无锡市东港镇的红豆工业城

东港镇的红豆树公园

淘宝店竞争早已到了白热化的地步，用“九死一生”或“百死一生”纯属用词不当，应该是“千死一生”甚至“万死一生”。十年创业路，我想顾逸峰一定有一本辛酸的历史，遭遇过不少难以言说的挫折吧？

“这倒也没有。”顾逸峰沉吟了半天，脑际迅速划过十年网上创业历程，最后给了我这样一个出乎我意料的回答。

“当时也就是进点服装厂商的尾货卖卖，后来进别人的货已经很难赚钱了，就根据市场需求自己生产服装。我现在专做童装，靠‘质优价廉’生存。因为有淘宝网和支付宝做后台，不存在坏账、呆账，我连专门的会计都没有，就是自己记一些资金货物流水账。”顾逸峰平静地说。

天哪，原来淘宝创业竟是这么容易!

“错!”年仅29岁，曾经离开顾逸峰的公司自主创业、后来又被顾逸峰劝回来吃了“回头草”的公司副总经理徐友树，否定了我书生式的想法。

顾逸峰成功的秘诀究竟何在？我干脆在河边宾馆住了下来往深处采访，期待柳暗花明。

三、积沙成塔，成就金冠网商

“淘宝网开店，看起来对大众敞开，但真正生存下来太难了，需要胆识和见地。顾总了解行业，有眼光、有见地、有魄力——有些款式的服装一订货就是上万件，如果卖不掉就会压库，最后只能论斤出售，损失会非常大。”副总经理徐友树用这样的话语表达对顾逸峰的钦佩。

“顾总的头脑好，思路对，看得远，有魄力。”负责客服的主管杨佳对顾逸峰的评价，跟徐副总的用词有着惊人的相似之处。

“他这个人永远是一个正能量的人——从不抱怨，对家人和员工展示的都是积极的一面，相处很开心，他可以让你看到未来的路。”妻子高新芳掩饰不住对丈夫的欣赏之情。

企业文化墙

顾逸峰与母校领导老师在一起

“倪老师，你回去一定要跟学生说，想成为一名成功的网商，首先要确定好自己的目标，并且一定要有自己的品牌，用‘质优价廉’的品牌商品为自己争取一席之地。淘宝网现在也在花大力气为开店者打造品牌。”想到母校的计算机网络技术专业和电子商务专业的学生今后有可能从事网络销售，顾逸峰让我把这些话带回母校。

了解行业，看得远，有魄力，正能量，有目标，质优价廉——采访中，这些关键词不断回响在我耳际。除此之外，还有一个关键词就是：团队。

采访中，我遇到了一个奇怪现象：我问淘宝商品的拍摄、拍卖、售后服务以及广告推送、专题营销等诸多细节，顾逸峰似乎这也不太懂那也不太懂——后来我才发现原因，除了因为顾逸峰说话总是留三分、一贯保持谦逊作风之外，很多事情的具体运作，他都是依靠自己精心打造的专业团队。

公司小型会议室墙上写着八个字：态度、团队、责任、效率。顾逸峰根据这八个字，全力打造组织架构。在另一间办公室的墙上，张贴着这么几个美术字：“任何个人的力量都是渺小的，只有融入团队，才能实现个人价值的最大化。”

没有顾逸峰，就没有今天这一支几十人的快乐团队；而没有今天这一支几十人的快乐团队，也就没有淘宝网今天的“大海·童年”金冠店铺。

“金冠”，是淘宝网给网商授予的最高信用等级。顾客每在淘宝网购物一次，可以获得一次评分的机会，分别为“好评”“中评”“差评”。卖家每得到一个“好评”，就能够积累 1 分，中评不得分，差评扣一分。250 分以内的积分用红心来表示，251 分到 1 万分用蓝色钻石来表示，1 万零 1 分至 50 万分评价积分用蓝色皇冠表示，50 万零 1 分以上的信用等级用金色皇冠表示。

顾逸峰带领团队在淘宝网深耕十年，积沙成塔，通过对质优价廉的自创品牌“滴滴嘟”童装的销售，终于成了“金冠网商”。

富有传奇色彩的是，这一顶“金色皇冠”，在我采访期间顾逸峰居然只字未提，直至回到学校，有人点开淘宝的“大海·童年”时惊讶地告诉我，我们这位毕业生已经是“金冠网商”！

于是我又想起了他公司旁那一条平静如镜的小河，想起了前文的那个比喻：河里的清水平静得像一位深思的智者……

后来，我又去了一趟东港。正值江南水乡的梅雨季节，夜半时分，搁笔走到宾馆窗前，楼下就是顾逸峰蛰居多年的小河。夜深梅雨稀，蛙鼓汇成河，听着这时远时近的蛙鼓，我感受到的却是顾逸峰那一份特有的宁静。如果我们要拍一部以《网上儒商》为题的影片，顾逸峰恐怕是当之无愧的主演吧。

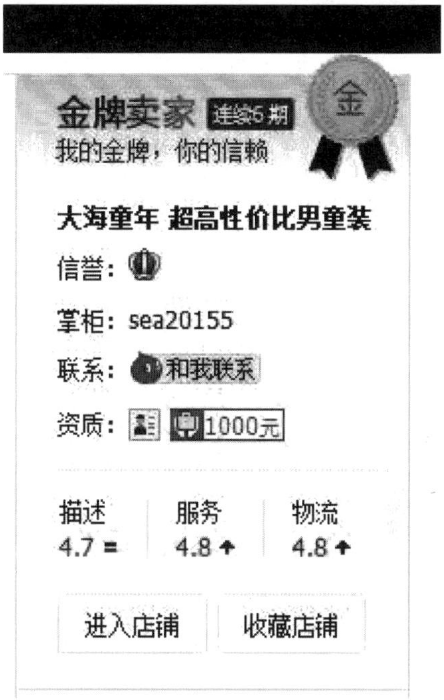

“金冠网商”标识

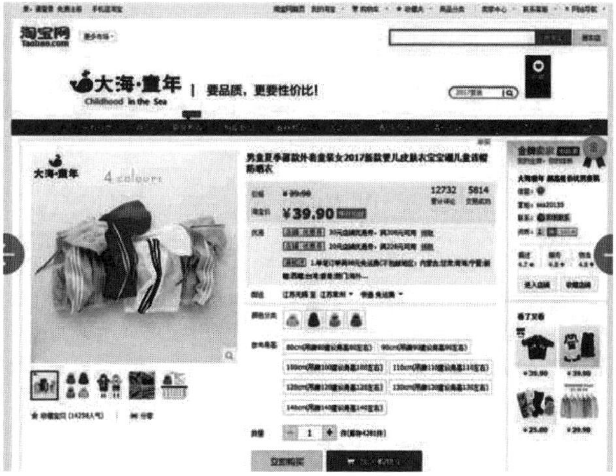

顾逸峰的“大海·童年”网店

所属二级学院：人工智能学院
专业：计算机网络技术
班级：03 网络 551
班主任：柏铁山

自强之星

心花开

东京工业大学博士生景建平的“双份人生”

景建平回母校讲解自己对新工科人才培养的见解

采访他是一件体力活。

我们到达他南通分公司时，他也刚好从总公司苏州凯蒂亚半导体制造设备有限公司开车赶过来。他这一开口，就从 9：30 一直谈到 12：30，直到分公司主管走进会议室，他才猛然醒悟误了吃饭时间；跳过他下午给成都赶来的几位硕士生、博士生的授课时间，下午 6：00 他选择了一家日本料理馆继续接受我们采访，这一开口又讲到午夜——来到月明星稀的夜空之下，我舒展了一下做记录做得僵直的手指，看一下表：半夜 11：00。他第二天早晨还要乘飞机去成都给政府官员讲课，要不是我们提醒，他口中的故事还将继续。

其实与我们握手告别后，他回去依然会像往常一样继续工作或学习到凌晨一两点。一般情况下，他每天准时在 6：30 起床，然后一边煮咖啡一边对自己的身体进行“热启动”——冲热水澡，早餐后送孩子上学然后上班。几十年来，他一边痴迷于学术，一边醉心于高科技企业；他喜欢当教授，做了国内 3 所大学的客座教授，而其主业却是经营苏州、南通、天津、珠海和日本名古屋的 5 家高科技公司。

“你赢得了别人‘双份的人生’。”当年的任课老师张涛发出如此的感慨。

这就是国际一流大学——东京工业大学的工学博士、1982 年进入常州轻工业学校工业企业电气化专业（现电气自动化技术）学习的杰出校友景建平。

一、天府之国的大学这样介绍景建平

位于“天府之国”的教育部直属、国家“985 工程”“211 工程”重点建设大学电子科技大学，在其研究生招生网站如此介绍他们的博导、硕导景建平：

“景建平，1966 年 12 月出生于苏州，国际一流大学——东京工业大学工学博士，主要从事半导体制造设备、智能机器人、视觉机器以及模糊数理科技领域的研究。曾在国际学术刊物上发表多篇学术论文，并担任多个国际学术会议主席，获得会议最优秀论文奖。具备卓越的团队领导与企业管理能力。回国前曾在日本著名的半导体制造设备公司担任系统工程师、首席工程师等重要技术职务，后任日本株式会社 KTI 代表取缔役社长。拥有十多年平板显示器及半导体制造产业用尖端制造装备的研发、设计、制造经验，先后为日本等国际一流平板显示器、半导体制造厂家设计了多条世界最先进的大屏幕等离子、液晶显示器制造、IC 卡制造用 OLB 装备，曾参与了高世代液晶面板制造线的规划，并担当过高世代面板制造用部分关键设备的研发、设计。2007 年回国创办了苏州凯蒂亚半导体制造设备有限公司。2008 年获得了苏州市工业园区科技领军人才称号。公司开发制造的多种平板显示器制造装备填补了国内空白，技术水平达到国际领先。公司取得了良好的经营效益，对推动中国半导体制造装备产业的形成与产业创新做出了积极的贡献。”

景建平回母校到胡格班训练现场参观

——这行文、口气、情感，倒像是央视“感动中国”人物颁奖词，一派豪迈气概。

若与景建平本人交谈，则可感受更多精彩。不管是东渡扶桑孤军奋斗，还是回归本土，故事一茬又一茬。

我们还是从他的求学之路说起吧。

二、在日本，有人向他脸上扔图纸，有人朝他鞠躬

一千多年前，范仲淹在今天苏州中学的位置上，创办了“苏州府学”。这位伟大文学家的那句“劝天下之学，育天下之才”，究竟对这片土地产生了多大影响，我们很难量化；其“天下”二字仅仅是指华夏大地还是指向整个世界？人们也不得而知。1982年夏秋之际，一位初中毕业的白面书生带着这传承千年的文脉离开了苏州中学，以高分扣开了常州轻工业学校竹篱笆校门。此时的常州轻工业学校，地处常州东郊，周围被一片农田包围着。农家肥的味道伴随农村村委大喇叭里“二十年后来相会”的歌声一起飘过围墙，滋养着校园内淳朴而优秀的学子。大家在学校唯一的一幢楼房内上课、做实验，以教室做寝室呼呼大睡，用洋井“嘎子嘎子”打出地下水，让水沿着槽流淌，大家顺着水槽一字排开洗脸刷牙。

“学校的艰苦环境给了我们很好的锻炼，影响了我的一生。”景建平沉浸在回忆中。

进校时他个子并不高，至于最后长到了一米八，完全是计划外的事情，但白面书生的模样并未改变。1986年7月景建平毕业，他坐上常州至苏州的列车，到苏州香雪海冰箱厂报到。一路上，他翻看着自己的中专毕业证书，一种对知识的饥渴感竟越来越强烈。

1992年，他用一句“不成功便成仁”向父亲表达了东渡日本求学的坚强决心。父亲在失眠几天之后，拿出了家中所有的存折。加上同学送来的两万元人民币，就这样，景建平在东京的芝浦工业大学争取到了一个学号。

说起芝浦工业大学本科生的面试，景博士特别感谢常州轻工业学校的那批要求严苛的教师。有一门叫单片机的课程，在老师的严苛要求下他学得特别扎实，等到了日本参加芝浦工业大学的本科面试，一番侃侃而谈，面试老师中途打断当场宣布：“这门课你免修！”好几门课程的免修，让他直接插入了芝浦工业大学本科二年级，这也使他积攒下了大量的时间，用于勤工俭学维持自己的学习生活。再后来，东京工业大学硕士生名单中有了景建平的名字。他不需要专门考博士，因为硕博连读。

东京工业大学是国际一流大学，那里的教授们得过三个诺贝尔奖，很受日本人敬畏。当在一起座谈的日本人听说景建平的博士学位来自东京工业大学时，常常会惊讶地打量他半天，然后突然站起身，来一个九十度的鞠躬，口中大叫一声“斯郭意”（日语“厉害”“佩服”）！有一次因加班汽车超速被交警拦下，询问时交警听说他是东京工业大学毕业的博士，原本就和蔼的态度越加和蔼，提醒他读了这么好的大学，更应珍惜生命注意安全。

耄耋之年的任课老师在网上查看景建平的资料

然而，“斯郭意”归“斯郭意”，他在日本某工厂勤工俭学时，脸上照样被日本工程师扔图纸。日本工厂对新来员工的严厉是出了名的，那些有资历的工程师一看你图纸出错或者哪道工序出错，会毫不留情地将图纸扔到你的脸上。被扔上两年，你就过关了。

“当时我是这家工厂唯一的一个外国人。我被扔图纸的次数是最少的。”日本工程师严厉的要求，推着景建平一个台阶一个台阶地上升。

脑中的构思物化为一根根交错的管线，这该有怎样的一个传奇的过程？

三、几十年来，他始终“脚踩两条船”

痴迷于学术，又醉心于高科技企业；喜欢当教授在讲台侃侃而谈，同时又在五个公司转悠当老总、当工程师、当培训师——虽然“脚踩两条船”，但这两条船始终并驾齐驱。

这就是景建平的工作状态。

“我的研究方向不是‘机电一体化’，而是‘智能机电’。”访谈中，景博士多次强调自己的研究方向。他的博士生、硕士生招生专业为控制科学与工程，研究方向有三个：复杂系统与智能信息处理、模式识别与智能系统、检测技术与自动化装置。他对大学本科智能机电专业课程的设置有一套自己的思路。他早于教育部两年就提出了“新工科”这一概念，认为应当将机电一体化与智能系统科学融合，培养智能制造装备方面的人才。

他在读硕士研究生的第二年，就在国际智能与应用学会（ISIA）获得“最优秀论文与发表奖”，从而奠定了他一生的学术之路。他曾经担任 IWACIII2011 第二届国际先端计算智能与智能情报科学国际学术会议主席。他一直与日本学术振兴协会和日本技术振兴协会保持密切联系，与世界一流学术专家保持经常性沟通——奥，这话不准确：景建平本人不就是世界一流学术专家吗！

景博士好读书。清华大学液晶工艺研究所的一位学者到日本名古屋景建平的住所去过，他上下打量着景建平家徒四壁的房子和层层叠叠满屋子的书籍，十分感慨："你读书读出代价来啦!"在日本，图书价格非常昂贵。

其实他所读的书何止是专业书籍。在常州轻工业学校读书时，在其班长眼里就是个"乱七八糟的书都要读"的人。日本留学时，有段时间竟然读连很多日本学生都没读过的日本古诗词。他南通分公司的主管表示："跟景总交谈，感觉他不是个商人，而是个文人。"

"多读书，才能让你强大。"景建平一边说着一边顺手将屏幕闪动的手机翻了个身倒扣在桌面上。

1998 年，他所从业的公司要用一台计算机控制所有的控制系统，整个系统投入 1000 万元人民币。这个大工程压在他一个人头上，他为此读书思考了两个月才动手写方案。

与当年的任课老师张涛一起探讨智能机电技术

"你公司为何要出资 500 万元与电子科技大学共建凯蒂亚-电子科大智能制造装备共同研究室？你为何要亲自培养博士、硕士呢?"

"因为与大学合作培养出来的博士生、硕士生才能直接为我所用。"景建平回答。

"国内的劳动力很贵，但是工程师很便宜啊！在日本，一个工程师年薪人民币五六十万元，甚至上百万元，国内才多少？我要根据我的企业和社会对知识结构的要求培养博士、硕士，"景建平为自己的"私心"微微一笑，"学生在企业通过实践将理论知识'断片成章'，这样才能成为成熟的工程师。"

与景教授交谈，感觉"教授味"很浓。"侃侃而谈""娓娓道来""滔滔不绝"，这三个成语恰好形容他交谈时的状态。他对培养学生的热衷程度、他对专业课程设置的见解，深深感染着我们。

在南通的公司为硕士、博士研究生授课

对于做企业，他似乎并不在意市场竞争的压力，因为他的客户主要是世界500强，海外客户群其他公司挖不走。“第一，我有世界顶尖的技术，一般人并不具备；第二，我对国外市场尤其是对他们的文化很了解，一般人不具备这个条件；第三，我有一套带团队的方法，一般人做不到：骨干工程师都是我一手带出来的，刚开始连报表、规章制度都是我亲自整。”只要到景建平公司工作三年，猎头公司都会高薪来挖人，但他们挖不走。老的一批人比如财务总监、技术总监已经跟了景建平十年了，没有一个跟他拜拜的。

“我去北京中关村看那些互联网企业，实在看不上眼，太低端。”景建平呷了一口咖啡，然后把杯子轻轻放下。

我有梧桐树，只待凤凰栖——景建平站在新建的空旷厂房内谈他亲自带博士硕士培养人才的目的

最高明的竞争就是避免竞争，“不畏浮云遮望眼，只缘身在最高层”。景建平2007年回国创业，当年就实现销售，第二年开始盈利，第三年好几家风投就找上门来进一步投入资金。公司属于轻资产，注重人的培养、发挥人的价值，企业以世界高端技术勇立潮头。他的公司已经获得七十多项专利。

这两条船不知他还要脚踩多少年。

四、“我其实是一个无所求的人”

景建平很忙，忙到自己的安排有时要精确到分钟。因为太忙，他辞去了苏州政协委员等多个社会职务。

我们不妨原版照录他口述的一周安排：今天在南通，明天7：30飞机飞成都，后天给四川官员讲一天课，29号一大早经上海飞名古屋，30号上午到日本某公司确认一台设备，下午与墨西哥大使面谈，晚上10：00经大阪飞上海再到南通，因为31号南通有客人，31号下午去浙江参加生产技术会议，1号在平湖，2号到苏州，3号一大早去北京参加日本学术振兴协会驻北京所成立10周年活动。

如此忙碌的一个人，却自称“我其实是个无所求的人”。于是我们抓住这个问题死磕下去。

他解释说，2002年他在日本的年薪就达到了60万元人民币，在日本工作多年，“现在比较看淡财富，因为一个人一生不需要多少钱。我今后想把公司交给社会，自己空出来。现在安排太满，歇不下来，感到每天都有做不完的事情——做自己想做的事情真是一种奢侈。”

有个朋友开着豪车来找他，他前后打量了一下，说：“每天耗这么多油招摇过市，有这个必要吗？”

妻子说他是个只赚钱不花钱的机器，每年也就是添置两套西装。

“我在学术上其实也无所求，我的目标是培养学生，让学生超过我。我在日本很多项目水平都达到了世界最尖端，我相信我在中国也可以这样。精密机械设备只要打败了德国、打败了日本，你就是世界第一——我要带着我的学生走向世界。最近我带出来的工程师研制了一台之前世界上还没有的设备卖给了日本，这比我亲自做更加高兴更加自豪。”

苏州凯蒂亚半导体制造设备有限公司位于苏州工业园区沙湖科技园内。绕过智慧谷大楼，穿过创业长廊，边走边体验科技园内迎面扑来的知识、技术和创新的冲击波。陪我们散步的苏州凯蒂亚财务总监告诉我们：有些项目，明明利润不高，景总也要接下来，原因仅仅是“国内外都没人做过，如果做出来，我就是世界第一”。有一次交付给杭州的一台设备调试遇到难题，这位身兼五个公司老总、三所大学教授、年过半百的博士硬要亲自上阵，用一个通宵解决了所有的问题，就像玩过家家的小孩，一不小心就玩疯了，忘了回家吃饭睡觉。

写到这里我们似乎有些明白了：景建平的确无所“求”，而是一生都在“玩”：玩知识，玩技术，玩创新，也就是玩他智能机电领域的“凯 knowledge—蒂 technological—亚 innovation”。

凯蒂亚：知识、技术、创新。透明的牌匾，树立在虚拟世界与现实之间

凯蒂亚南通分公司生产基地

所属二级学院：智能控制学院

专业：工业企业电气化（现专业名称：电气自动化技术）

班级：工电 821

班主任：吴鹤鸣　钱尧芳

九年前的救人英雄，北大研究生毕业了

一个没有徒步过青岛海滨栈道的人，无法体验那里是如何一湾一风景。王奎本月初才到青岛市委组织部报到，没时间“观海亭中凭阑坐”，更不可能去见识36.9千米栈道上曲里拐弯中的乐趣；然而，在他求学和工作交替进行、多少有些绕弯的人生之路上，却体验到了“山重水复总有路”的惊喜，一脚深一脚浅地走到了今天。

在我的反复要求下，他见我时带来了北大研究生学历证书和学位证书。

打开学历证书，首行正中是鲁迅设计的北大校标。我一字一句地朗读：“北京大学硕士研究生毕业证书：王奎，男，1990年6月20日生，于2017年9月至2019年7月在政府管理学院公共管理硕士专业学习，学习形式为全日制，修完研究生培养计划规定的全部课程，成绩合格，通过研究生论文答辩，准予毕业。”

在北大西门留影

证书左下侧为北京大学红色印章，右下角为校长郝平的签名章。另一张是硕士学位证书，封二印有北大“一塔湖图”照片。

我抬起头，用欣赏的目光打量着眼前这位常州轻工职业技术学院2010届毕业生，口中念叨着：“当年深秋之夜下水救人的英雄，北大研究生毕业了——第一次听到这个消息，我以为是个传说……”

王奎不好意思起来："我很惭愧，9 年前跟我一起毕业的同学，很多都成家立业事业有成了，而我刚刚谋得一份满意的工作……"

我告诉王奎，我原本就不是把他作为一个事业成功者的案例来剖析，而是想了解一下他不同于一般高职毕业生的成长之路，给他的学弟学妹们以启迪。当然采访王奎，我还想看看那两张证书是真还是假。

一、三年前为省钱放弃三本，三年后又转入了三本

采访中，王奎经常自嘲。他的自嘲，从他高考后的选择开始。他毕业于一个名字听起来很霸气的中学——淮安市"楚州中学"，不过高考成绩并不霸气，他失利了。他说他的高考成绩原本可以报三本，但是心疼在淮安农村种田的父母之不易，想省点学费，也没跟父母商量，就填报了高职学院。没想到，三年之后毕业，他还是专转本进了三本——南师大中北学院。

在班主任黄衡老师眼里，王奎始终波澜不惊。在校三年，循规蹈矩，未见他犯过什么错，也记不得他曾在哪件事情哪个方面崭露头角，就是个平平常常的人。王奎说，他的求学不辍，其实是被各种信息刺激出来的。

为何他的名字最终会出现在专转本的花名册中？因为高考后上了大专，他多少有点不甘心，这时候校园中各种"专转本""专接本"和"专升本"的信息提醒了他，他想继续深造，再延续一段求学之路。那时，他并无鸿鹄之志，目标也仅仅是再争取个本科文凭而已。

刚开始，他搞不清"转""接""升"三者的区别，向学校的继续教育学院老师打听后才知道：所谓"专转本"，是指三年高职毕业时，考入或推荐进入本科院校，再深造两年取得本科文凭。学校"专转本"对接的本科高校包括：南京工程学院、南京艺术学院、南京工业大学、南京师范大学、扬州大学、南京财经大学、苏州大学、南京信息工程大学等，主要是应用型专业，本二、本三为主，也有少量本一专业。学校会提前半年组织毕业生报名参加江苏省的统一招生考试。2019 年有 800 多人报名，过分数线后录取 294 人。此外，学校 40 多个专业，每个专业还能推荐一名优秀学生免于统考参加本科院校的自主招生，只要专业基本对口，一般都会录取。"专转本"的学生，毕业时直接发本科院校文凭。

"专接本"相对就比较简单，不需要参加统考，也不需要转到本科院校去学习，学生二年级下学期可以申报参加学校与本科院校合办的本科专业学习，两年后取得本科文凭。文凭上同时加盖本科院校和"江苏省高等教育自学考试委员会"的红印。

还有就是"专升本"，属于业余函授性质，报名者很少。

王奎选择的是"专转本"，当时二年级就能报考，但因为报考人多了点，他

虽然分数比后一年考得还高，但落榜了。当他三年级毕业时终于通过统考考上南师大的三本（独立学院）中北学院时，他妈妈告诉他："其实你高考时直接上三本，我们也是供得起的。"

一句话，让王奎哭笑不得，折腾了一圈，他又回到了原点——当然，说"原点"似乎并不确切，因为一个螺旋之后，这个"点"肯定已经不是同一个高度；何况求学的路弯弯曲曲，就像在青岛沿海栈道远足，多一道湾，就多一道风景。

交谈到此，我建议一起去海滨看一会风景。

看他那神情，似乎准备把一生的事业都锚在青岛了，然而因为十几天前刚刚到青岛报到，他对海滨的熟悉程度远不如我——这不，去海滨，还是我带着他。

二、深秋之夜下湖救人，同学一个电话让他成了"救人英雄"

海滨看海，那涌起的浪头，让我联想起他的水性，以及多年前他深秋之夜下水救人的事。

2010 年 7 月，从常州轻工职业技术学院毕业后，他转入南师大中北学院"信息管理与信息系统（物流管理）"本科专业学习。11 月 11 日晚上 9 点，他跟几名同学走到南京金鹰仙林店旁边时，一名年轻女子喝得烂醉，摇摇晃晃走入了冰冷的湖水。很快，女青年整个沉了下去，几秒钟后又挣扎着露出头来，口齿不清地喊"救命"。与她一起的醉酒男子一急之下跃入湖中，尽管奋力游泳却与女子南辕北辙，而且一沉一浮出现溺水迹象。现场有人呼救却无一人下水。王奎把外套一甩，手机眼镜扔在岸边，鞋没脱就跳入湖中。水很深，深秋的湖水冰冷刺骨。王奎潜水抓到了女子的头发，把女子拽回了岸边。然而醉酒男子还在水中挣扎，估计该男子会游泳，但因醉得厉害，快要沉入水中。此刻王奎累得直喘，全身哆嗦，但他还是一咬牙再次跳入了湖水之中。

救男子显然困难得多，对方身材高大，个头有一米八几，比王奎高出半个头。对方离岸约有七八米，手不停地挥舞。王奎一手拽着男子衣服一手划水，往回游的速度很慢，几乎用尽了全身气力，才把对方拉扯到岸边，自己筋疲力尽，还呛了好几口水。

我用手机百度让王奎看一看下水救人的危险所在：溺水者在求生时，力量非常惊人，一般人根本抵挡不住那股子劲，救人者很容易被对方拉到水底淹死……

王奎说，这个早就知道，所幸那位女子醉得厉害，所幸自己拽住的是那男子的衣服，自己的双手没有被他们抱死。

救人当晚，王奎的同学给媒体打了电话，《现代快报》用大篇幅进行了报道，盐城新闻网、龙虎网、凤凰网都刊登了他的救人事迹。南师大中北学院召开专场表彰会，奖励他 2000 元，常州轻工职业技术学院邀请他回校跟师生见面。

王奎大大出了一回名，成了救人英雄。

从网上搜索出《现代快报》当年的报道，记者把这篇长篇报道放到了一个叫“南京好人”的专栏中，文章结尾的括号中写了这样几个字：“滕先生线索费 100 元。”对于这样的正能量事件，报社舍得给版面，也愿意出钱征集线索。

之后，一切归于平静，王奎本来就低调，平时不声不响的。不过一年后，他加入了中国共产党，还是着实让他兴奋了很长时间。

王奎并不认为那次下水救人与“壮举”一词有何关联，而我看着不远处海滨栈道下拍崖的海浪，隐隐地为我身边的学生后怕。

成为“救人英雄”后回母校汇报与老师合影

三、到北大闲逛两次，下决心考研进北大

2012 年 7 月，王奎将南师大中北学院的本科毕业证书放入了行李箱，去了交行南京支行信用卡部，对外推销信用卡。四个月后去了 GAP，又过了一年半，他进了微软（中国）在南京的分公司。

这是比尔·盖茨创立的公司，这个领域的一切对他都充满了吸引力，待遇也不错，新入职员工还有一周到北京脱产培训的机会。而培训地偏偏是在中关村，中关村偏偏又在北大的旁边——这培训地点的特殊性，使他人生的走向出现了重大改变。

培训空闲之时，他两次进燕园闲逛。作为北大的标志性建筑之一，北大西门那古典三开朱漆宫门建筑，风格古朴，庄严典雅，深深地吸引着他。毛主席题写的“北京大学”四个字悬挂在门楣上，苍劲有力，让王奎的心激烈地跳动着。博雅塔的倒影，禅定在静静的未名湖中，静谧而厚重。蔡元培、李大钊、塞万提斯等名人雕塑，在苍松翠柏之中默默诉说着北大的沧桑历史。百年陈酿一旦入口，王奎便回味无穷无法舍离。

“我要考研进北大！”凡人王奎，动了成仙的心思。

于是他开始做考研前的准备。2015 年第一次参加北大研究生考试，没达线，但成绩不算差，这让他一下子有一种吃了豹子胆的感觉。他原本可以通过调剂进入华东师大旅游管理专业的，但未名湖中博雅塔的倒影，却怎么也无法从他的梦中抹去。正在这时，微软公司给了他临门一脚：他所在的部门解散了，公司给了他们一笔补助，让他们各奔东西。2016 年 6 月，王奎干脆脱产备考，当年年底再次参加了北大研究生考试。

王奎有三年社会工作经历，有条件报考公共管理硕士研究生。“北大公布成绩太晚了，打电话咨询又没人接，我专程赶了一趟北京，犹豫着要不要接受调剂进入北大国际关系学院的同一专业在职就读，但心有不甘。谁知当天晚上，就从北大网站查到了成绩排名，我入围了。”他是该专业仅有的几位全日制研究生，其余大部分都是在职就读，边工作边读书。

2017 年 9 月，王奎在北大校园与其他新生一起唱了一首《燕园情》，便开始了为期两年的研究生学习生涯。然后，便有了文章开头我翻阅他北大研究生学历证书和学位证书这一幕镜头。

王奎的北大硕士学位证书

他有一个俄语音译微信名叫“瓦洛佳”，意思是“掌握世界的人”。他说这个微信名，是跟他一样专转本、然后考研、然后考取中科院博士研究生的同学给他起的。掌握世界，这可能是戏谑之语，然而王奎知道自己要什么，从而掌握了自己，倒是个不争的事实。

我要离开青岛了。伫立在火车站临海的岸边，远远地眺望笔直的栈桥上如织的游人，心里念想的，还是我们这位求学路上绕道而行的校友。秋风中，我默默为他的未来祝福。

北京大学

硕士研究生
毕业证书

王奎，男，一九九〇年六月二十日生，于二〇一七年九月至二〇一九年七月在政府管理学院公共管理硕士专业学习，学习形式为全日制，修完硕士研究生培养计划规定的全部课程，成绩合格，通过毕业论文答辩，准予毕业。

北京大学　　校长 郝平

二〇一九年七月

编号：[illegible]

王奎的北大硕士毕业证书

王奎成为北大校友

所属二级学院：经贸管理学院

专业：物流管理

班级：07 物流 332

班主任：黄衡

留学生王真：要么在问问题，要么走在去问问题的路上

打开微信搜索，穆索尔斯基的管弦乐名曲《莫斯科河的黎明》24 小时都能够沁人心脾，而夏季莫斯科河的黎明，却是从北京时间早 7 点才露出鱼肚白，9 点后方日出东方。2020 年 6 月 20 日日出东方之时，我校的一位优秀留学生用手机在莫斯科河畔录下了 3 分钟视频。特殊时期把行将毕业的留学生阻隔在 7000 公里之外，他只能用这种方式参加毕业典礼，以感恩母校，与母校告别。

他连用了很多汉语成语："白驹过隙""感慨万千""旁征博引""严父慈母"，还使用了排比句，引用了李商隐的诗句"春蚕到死丝方尽，蜡炬成灰泪始干"，尤其是还出现了"唠叨"这样的民间口语。3 分钟的演讲，除了 z、c、s 与 zh、ch、sh 不分外，普通话发音准确，语言娴熟流畅。录像在学校图文楼千人报告厅的毕业典礼现场播放，引起了师生的极大反响，而反响最大的是海外教育学院、基础部以及经贸管理学院的老师。他们太熟悉这张面孔了：这位为人谦卑、见到老师特别有礼貌、双脚无数次地踏进老师办公室、问过无数个问题的留学生，来自塔吉克斯坦，他的中国名字叫"王真"。

塔吉克斯坦，这个 1991 年 9 月 9 日才从苏联独立出去的中亚小国，国土面积只有 14.31 万平方千米，她是王真的故乡；但因为父母在莫斯科生活、做生意，所以莫斯科河就成了王真视频的背景。60 多年前，毛主席曾在莫斯科河畔的一次演讲中把青年比作"早晨八九点钟的太阳"，而王真就是这样的阳光青年，他的塔吉克斯坦名字叫 Алишер（音译"阿廖谢"）。

在莫斯科河畔拍摄毕业献词

王真给老师们印象最深的是爱问问题。有位老师这样概括王真的留学生活："要么在问问题，要么走在去问问题的路上。"

一、吟唱着两国国歌，他飞越天山山脉

2017 年 9 月 8 日，17 岁的王真高中毕业了，他告别了塔吉克斯坦首都杜尚别满城的玫瑰花香，乘上了到乌鲁木齐的国际航班。

两个国家，一个让他留恋，一个让他向往。“我们为您傲立在世感到光荣/我们期盼您永远幸福繁荣/我的祖国万岁/自由的塔吉克斯坦万万岁!”他在万米高空吟唱完了塔吉克斯坦国歌，又竭力回忆中国国歌的旋律。他只会塔吉克斯坦语和俄语，面对《义勇军进行曲》的汉语歌词，完全目不识丁，这预示着他进入中国后，将处于半哑巴状态。他默默地下定决心：一定要尽早渡过汉语这一关。

飞机沿着塔克拉玛干盆地的北侧向东飞行。天山白雪皑皑，慢慢地向后移动，他尽情地体验着第一次飞出国门的豪迈。

两个半小时后在乌鲁木齐降落，6 名来常州科教城报到的留学生，在朋友的引领下住进了新疆师范大学学生宿舍。第二天，飞行 4 小时到了浦东国际机场，当晚 10 点，他们走出了常州火车站，早就有学校安排的塔吉克斯坦往届生在此迎候。从杜尚别到常州，一路上，王真察言观色，猜测着周围中国人的对话内容，偶尔也用肢体语言与他们交流。他知道汉语有古文和现代文之别，周围人发出的声音，应该是现代文吧？强烈的求知欲，让他对一切都充满好奇。后来的事实证明，恰恰是这份强烈的求知欲和好奇心，催促着他每天盯着老师问问题，敦促着他好好学习，天天向上。

二、舍近求远，ATM 机“在一个遥远的地方”

到校后没几天，王真需要通过工商银行 ATM 机取钱。他晃动着银行卡，打着手语向校园内的两位女生问询。巧了，两位女生也是新生，大家都不知道校园内到处都有工行的 ATM 机，只能舍近求远。其中一位女生打电话找来了她哥哥，哥哥开车带着他们沿路寻找，终于“在一个遥远的地方”找到了。这件事，让我们的“阿廖谢”真真切切感受到了中国人的友好和热情，让他从心底发出了一声“常州工院，您好!”

“学校老师太好了，诲人不倦!”他说他去老师办公室，只要有老师在，无论遇见的老师是不是自己的任课老师，自己的问题都能得到圆满的答案。他对老师的满意程度，跟在南门第二食堂吃土豆和红烧鱼的美妙感觉相仿——“我们国家不太容易吃到这些。”

王真说话喜欢用中国的俗语。时处特殊时期，他最后一个学期来不了学校，很多跟毕业有关的事情，以及申请上本科院校的后续事情，都是班主任在帮他

做。他感恩班主任时说的话很“中国化”：“我欠你太多人情了！”他喜欢用“靠谱”“不靠谱”这样的词语，说自己在国内因为没经验，也不会汉语，申请到中国留学时找了个“不靠谱”的留学中介，那个中介收了他 2500 美金，后来才知道，申请大专院校，200 美金就够了——“还是中国的一些著名中介‘靠谱’，常州工业职业技术学院也很‘靠谱’，让我学到了很多知识，尤其是学会了做人。”他如此连用俗语，我禁不住笑了起来。

“第一任班主任陈凯老师很幽默，我们很喜欢听他的课；第二任班主任高阳老师对我们太关心了，给我解决了很多困难。”莫斯科河畔的王真跟我视频通话时，完全沉浸在对母校的温情回忆之中。

母校的美好，就是这样点点滴滴积累起来的。他说母校为自己做了那么多，原计划本学期献一次血表达一下心意的，可惜特殊时期让自己的愿望落空了。

参加志愿者服务工作

三、强烈的求知欲：要么在问问题，要么走在去问问题的路上

对于王真来说，学校是美好的；对于很多老师来说，对王真的回忆也是美好的。

但凡做老师的，没有谁不喜欢那些求知欲强、喜欢问问题的学生。你看，下课铃响了，那个剪着“二八分”发型的留学生向老师办公室走来了。在老师眼里，“问问题”三个字，几乎可以概括王真全部的留学生活。留学生第一学年开设的都是汉语课，每周 20 课时，他们要接触大量的汉语词汇汉语现象，于是，咨询汉语问题，成了王真第一学年最为重要的汉语学习方式：从词语的写法、发音、组词、句式、近义词、反义词，只要有疑惑，都会成为他咨询的问题。他咨询的对象有汉语任课老师、班主任、辅导员，以及与任课老师、班主任、辅导员同一个办公室的其他任何老师。有一次班主任不在，同一个办公室的其他老师也不在，刚好有位老师的妻子来办公室有事，于是老师的妻子就成了他请教的对象——此事很快被传为美谈，大家都知道有位留学生求知若渴，逮住谁就向谁请教。

一个对中文毫无所知的塔吉克斯坦青年，入学半年后通过了国家汉办的汉语水平考试（HSK）4 级，一年后过了 5 级。至此，一般留学生都满足了，也能够进行下一步的专业学习了。然而王真不会满足，进入中国一年半后，他又以高分通过了 6 级考试。汉语 6 级必须掌握 5000 及以上的词汇量，能够“轻松地理解听到或读到的汉语信息，以口头或书面的形式用汉语流利地表达自己的见解”，具有相当大的难度。在他的带动下，他所在的塔吉克斯坦班汉语考试都取得了很好的成绩。他学习方法很好，请教汉语考试方面的问题，从来都是把模拟试卷做好后，发现疑惑再来请教。一年汉语学习期间，他掌握了很多成语和俗语，而且能够运用到平时的交谈中。当然，王真学汉语，也有遗憾的地方：他从来只发平舌音，不发翘舌音。汉语老师问他为什么，他说这里的中国学生说话都只有 z、c、s，没有 zh、ch、sh，我不能离开他们太远，结果时间一长，他说话也就只剩下 z、c、s 了。

王真所问的问题，当然不仅是汉语知识、技能，他还跑到数学教研室，跟从未谋面的老师探讨高等数学中的概率问题；而所有涉及中国文化的内容，都在他的请教范围。他背诵了《义勇军进行曲》中文歌词；他与中国学生一起参观中华孝道园，穿上汉服，与中国文化肌肤相亲；他到法院旁听开庭审案，一场下来，又问了带队老师一连串问题；他参加学校志愿者队伍为民服务，到民间体验华人生活；他的微信名为“亾眞”，他说用繁体字，会让人感觉比较难，中国文化味特别浓，反正“亾”与“王”都是第二声，一般人看不懂——他这一说，让我这个老中文系的毕业生汗颜，一开始我还以为“亾”是塔吉克斯坦文呢！

我问其中一位老师：“王真问你的问题有没有超过 100 个？”他说早就超过了。在这位老师眼里，王真是个“要么在问问题，要么走在去问问题的路上”的留学生，他的步履轨迹始终在教室和老师办公室往返。其实王真是这样形容自己的：“要么在自习，要么走在去自习的路上。”他到图书馆看了大量的书，由于感觉时间不够用，他参加的活动也越来越少，几乎不跟其他同学一起玩。他自我要求很高，想要学的东西太多。他的专业选择了国际贸易，并提出要求，直接插入中国学生的班级，以免在塔吉克斯坦班失去很多学习汉语的机会。他甚至跟着中国学生一起去听“毛泽东思想概论”课，当老师发现毛概课堂上坐着个外国人时，惊讶得给海外教育学院打电话，询问这是怎么回事——这类课，教育部对外国留学生是不作要求的。每天 7：30 之前他就到了教室，为大家打好开水，便坐到位子上看书了。老师们发现，但凡要考试了，因为过于用功，他脸就会突然瘦下去。他平时很少玩手机，每次玩手机，时间不会超过半小时。我写报道需要照片，我向他要个人学习、生活照片，他说他没有拍过。他的青春时光，都消费在追求知识的道路上了。

刚来中国时，他就向老师打听，中国最好的大学在哪里？老师回答：清华，北大。

他开始做准备。

穿上汉服，与中华文化肌肤相亲

四、清华面试落选，他选择了上海交大

王真（左 2）参加中英‘一带一路’国际青年创新创业技能大赛总决赛

2019年12月27~29日，在武汉举行的第三届中英“一带一路”国际青年创新创业技能大赛中国区总决赛中，我校学生代表队荣获二等奖，这是本届比赛唯一一个全部由外国留学生组成的代表队，队长、担任现场演示主讲的，就是王真。王真以其6级汉语水平，在现场娓娓道来，如果不是他白种人的特征，现场观众和评委绝对想不到他是个外国人。比赛结束，中国职业技术教育学会会长、教育部原副部长鲁昕颁奖。赛后，队长王真说：“我想用我最喜欢的诗人毛泽东的一句诗词送给我的团队和指导老师：‘雄关漫道真如铁，而今迈步从头越!’我们一定继续努力，创造下一个成功!”

辉煌之后，王真很快沉静下来，因为他的下一步目标是申请进北大或者清华。

2017年5月27日，一张中国年轻人泪洒比赛现场的图片，引起了全世界的广泛关注，在这场被称为“人类顶尖棋手与人工智能的终极对决”的比赛中，代表人类出战的中国围棋棋手柯洁，迎战的是谷歌的围棋电脑程序“阿尔法狗”，最终柯洁0∶3输给“阿尔法狗”。以此作为话题切入点，在同年召开的世界智能大会上，马云发表了“智能改变世界”的主题演讲。

王真最崇拜中国的马云。他说马云发明了淘宝网和支付宝，给人们带来了便利；马云对人工智能的关注，也影响着王真，所以尽管在我校读大专的后两年，王真学的是国际贸易，而本科他要选择人工智能方向的专业，今后在中国就业也将从事人工智能。

他一直在准备。

申请本科的时间到了，他的目标专业是“计算机科学与技术”，这个专业的实力清华第一，上海交大第二。2019年11月16日，他参加了清华的面试，当时身体欠佳，在挂盐水，自我感觉很不好，结果真的落选了。后来，他被上海交大电子信息类专业录取，获得了上海交大的全额奖学金。

“听说你还准备读研究生，研究生想在哪里读?”

“要么上海交大，要么清华。”

听着电话那头传来的干净利落的回答，我知道，他不仅仅是3年大专期间一直保持着冲刺状态，本科4年，他还将保持这种状态。之后的研究生生涯，乃至整个的人生，都将一直是冲刺状态。

对于一个为人谦逊，每天都在问问题、求知欲特别强，一直在做准备的学生，他的前程，你没法阻挡。

所属二级学院：海外教育学院

班级：国际17秋班

班主任：陈凯、高阳

在七万个被拒电话中破茧成蝶

几十年的教学生涯，说不清有多少学生挥手从兹去。每个人都有各自的奋斗史，那前行的节奏，或高亢，或沉郁，或让人欢欣鼓舞，或让人心酸落泪。今天我采访的学生，是在7万个被拒电话中破茧成蝶的。

裴道远，2003年入校，我做过他的写作课老师。2006年毕业离校，曾几何时，他成了我微信朋友圈的点赞者，他说关注老师朋友圈，那是因为想念母校了。

他桌上很整洁，一如他纹丝不乱的思维

一、闭关一个月，初尝坚韧后的喜悦

1983年龙抬头的季节，他出生在盐城，慢慢知道爷爷原来是参加过渡江战役的英雄，爷爷还有一枚渡江战役纪念章一直被三叔保存着。三叔住在城里，带着自己的儿子搞起了书法。小堂弟的书法成就，把个裴道远羡慕得要死，于是父亲给三叔打招呼，暑假让裴道远住到城里三叔家学书法。

三叔让他写了个“书”字，测试他在书法方面有无前途，然后就收下为徒了。其实裴道远对书法和绘画都很喜欢，画画买纸买颜料费用高，他就选择了书法。有一次跟着弟弟去一个 40 多人的书法培训班看看，老师瞄一眼他写的字，说“你才学了几天，相当于培训班的孩子们学一年的水平”。一句话，说得裴道远心里好不得意。

但是在三叔家仅仅学了 5 天，他就回家去了，手里带着三叔家的颜真卿《勤礼碑》字帖。

他兴趣盎然，把自己关在房间里整整一个月学习研究书法，完全沉浸在一点一划的世界，饭都是妈妈端进屋子。悬腕手抖，写了好几天还是抖，他愤恨得用尺击打握笔的手。原本是为泄愤，不承想手一麻，反而不太抖了。看着落笔不满意，恼火得把装粮食的袋子当沙袋打，把写字用的宣纸扔在地上用脚踩，直踩得心平气和。宣纸抹平了还能用，那被摔裂的毛笔用透明胶一粘，好赖还是一支笔。他认真琢磨每个字的结构写法，甚至上公共厕所时，看到粪坑里香烟盒上两个书法体很是诱人，也要揣摩半天。

进大学后，他在老师的鼓励下创建了学生书法协会，最多时带着 100 多人写写画画，沿着校门外的商店一家家拉赞助开展书法活动。

闭关学书法，有一种脱胎换骨的感觉，让他初尝了坚韧后的喜悦；组织书法协会，让他锻炼了口才和组织能力。他没想到，一个纯粹出于兴趣的事情，竟然助推了他未来的事业。

二、到单位报到第一夜，他暗自落泪

进入常州轻工职业技术学院后，他当了 23 名同学的班长。他感觉尽心尽力为班级做了很多事，但是改选班长时，竟然落选了，心中有一抹伤心的滋味。当时他一脸失落来到我办公室跟我聊天，反省自己平时组织活动时和同学说话是不是太直率，让同学觉得没面子。我说这就叫“成长的烦恼”，我用鲁迅《呐喊·自序》中的一段话安慰他：“因为这经验使我反省，看见自己了：就是我绝不是一个振臂一呼应者云集的英雄。”

高考填志愿时，他爸爸说做秘书的跟领导走得近，有前程，就给他选择了“涉外秘书”专业。几年学下来，他感觉自己“涉外”是不太可能了，因为外语不溜，做个“涉内”秘书还是挺够格的。这不，半年毕业实习，自己找工作单位，他就应聘到常州西郊卜弋桥镇的一个公路建设公司做秘书。老房子二楼是公司员工的宿舍，部门主任让他把堆满杂物的床铺整理出来住宿。他忙了两个小时打扫卫生，上下楼搬行李五六次，公司的几个人只是看他一眼，继续打自己的游戏。终于安顿下来了，来了个招标办的老头，责问他谁让他到二楼住的，他说是某某主任。

“下去！”老头威严地命令。

他不知所措，乖乖地往楼下搬，住进了一间阴冷的小房间。夜深人静时，他头靠着床柱，一个人流泪，开始怀念起上学时的千般好。后来知道那老头是公司投标争项目的顶梁柱，为公司成功竞标了很多工程。

泪流完了开始工作。公司的各种文件太不规范，感觉自己只要用公文写作课上学到的百分之四十，就能把公司的各种文字材料整理得很好了。有一次为公司老总写了个五星级酒店开张祝酒词，老总发言发得神采飞扬，裴道远心里乐滋滋，他感觉到了自己的价值。

年底了，公司一时发不出工资，裴道远计划着要用自己挣的钱给母亲买一件衣服，怎么也不肯空手回家。一直等到大年三十，终于拿到了报酬。他感觉这么低的工资还拖拖拉拉，加上办公室文员的工作像退休生活一样平淡无奇，他就跟公司拜拜了。

半年实习，初涉社会掉了一次泪，初步发现了自己的价值，拿到了人生的第一笔工资，他满足了。他隐隐记得电视剧《渴望》中的那首歌：“希望还在，明天会到……每一个足迹都令人骄傲。”

三、在七万个被拒电话中破茧成蝶

正式就业时他选择了常州某互联网公司。这个公司主要从事网站建设维护及其推广业务，为 Google、搜狐、网易等门户网站向客户出售关键词，使上网者一旦搜索某些关键词，优先跳出购买了关键词的客户信息。

他们需要寻找客户。你看那满大街的芸芸众生，你看那满世界的商家企业，究竟谁是你的客户？全靠电话寻找。挖掘、挖掘，再挖掘，让原本毫无需求的人成为需求者，让需求者在业务员汹涌澎湃的激情中，出钱购买未来的希望。这种希望不能说它肯定有，也不能说它肯定无。网络虚拟产品的出售，每次面对的都是新客户，其难度可想而知。

拨电话，被拒；再拨电话，再被拒；继续拨电话，继续被拒……前三个月，裴道远一单未成。每月底薪 550 元，其他收入完全依靠销售提成，他生活费都成了问题，最穷的时候口袋里只剩 20 元钱。因不愿意向父母开口，只能找同学混饭吃。有两单眼看要成功了，还被同事截单。

这是个炼狱般的经历。他消沉过，彷徨过，暴怒过，怀疑过，但每天上班后的集体激励又不断地让他亢奋着。杨培安的歌曲他唱了无数遍：“想飞上天/和太阳肩并肩/世界等着我去改变/想做的梦/从不怕别人看见/在这里我都能实现……”这让他对每一天都充满期待。

但如果期待一直只是期待，很多人便不再期待。周围的人陆陆续续走光了，全部换成了新人，而后新人也不断地离开。大浪淘沙，不过他认为自己不是沙，而是沙滩上根系发达冲不走的红树林。他坚持着，坚持着，不断摸索打电话的方式，研究总结如何让对方不忍心挂电话、舍不得挂电话。除去单休日、节假日和拜访客户，他每天要打 150 个到 200 个电话，最晚打到夜里 10 点，两年时间，不少于 7 万个电话被拒。慢慢地，他心理承受能力越来越强，开始自信，开始形成自己的思路，学会了用激情感染客户，让客户欲罢不能。

“后来，随便拨一个电话，我可以让对方 5 分钟内不挂电话！客人有一万个问题，我可以给他十万个回答！而这样的回答，是建立在长期学习思考的基础上。见面之后的交谈，我可以阐述得让对方找不到不签单的理由！”回想起当年的岁月，裴道远激情未了。

最具传奇色彩的是 2007 年某个傍晚，裴道远拜访客户回来已经是傍晚六七点钟，抬头一看，办公楼灯光灿烂，没有一个下班——一个个铆足了劲在打电话，说是公司出了一款新的网络产品：“08 奥运中国供应商”概念，只要客户购买了相关关键词，网络搜索时就能跳出客户的有关资料。其他人鼓动他立即加入打电话的行列。裴道远一激动，立马拨通了一位当初曾经有过意向的“僵尸户”的号码，一阵激情轰炸，对方居然答应了！第二天早晨六点半，他赶到客户家里签订合同，此刻对方还没有起床……

他从普通商务代表，变成了高级商务代表，又升为销售工程师，最后成了高级销售工程师。有段时间推销一个新产品，因为目标准确加上他三寸不烂之舌，几乎做一个成一个。

他破茧成蝶了。这首先不是指他的收入已经很高，而是经过两年的磨砺，他的人生，长出了飞翔的翅膀。

2008 年北京奥运之年，他飞走了。其实用“飞”字不太合适，离开时，他已经不是一只蝴蝶，而是一头营销界的“狼”。

四、收编竞争对手，演了好几部“谍战片”

建华建材管桩集团是我国建筑基础工程材料——预应力混凝土管桩生产的专业厂家，1993 年创建于广东省中山市，年生产能力达 18 亿米，市场占有率达 35% 以上，是全球最大的管桩制造商。上海世博会中国馆的桩基、港珠澳大桥的桩基，都是建华所供。建华建材（江苏）管桩有限公司地处句容某镇，在常州招聘营销人员时，裴道远不经意投了一份简历，招聘人员当场希望他到公司面试。对方的联络小纸条把乘车转车方式，甚至到达镇上后打啪啪车需要多少钱都说明得清清楚楚，如此负责任，让裴道远一下产生了兴趣。面试时对方否定他："你虽思维敏捷，头脑灵活，但沉淀不下来，待不住。"不承想这一"激将"让裴道远铁了心，从此一待就是10年，而且准备待到退休。"干一行爱一行，不能随便换单位"，这是裴道远重申了多次的观点。

借助于大公司的平台，他如鱼得水，营销业绩卓越，职务也节节升高。建华先后在全国建设、收编了55家企业，裴道远作为优秀营销人，参与了扬州基地、广东阳江、肇庆、中山基地、河北基地（覆盖河南、山西、山东部分区域）的营销管理工作，好几次只身前往收编原先的竞争对手。

"好家伙，那简直是在演谍战片啊！"裴道远苦笑着说。有一次去某公司收编，财务部的门都进不去，问开门密码，电话那头回答说忘了；十几个人围在他办公室宣称要辞职，还到劳动局上告；有人故意丢失资料，挑动客户投诉、催货；有人恶意窜改合同、评审书，增加供货方的违约责任；账上资金掏空，该付的不付，未到付账时间的却都付完了……

怎么办？骨头一根一根啃。推心置腹，用建华的文化理念跟所有人交谈，用大公司实力雄厚的背景安抚营销人员，将事情一件件摆平；建章立制，用建华成功的管理体系改造优化企业治理结构；逐个跟客户确认债权；重新组建团队，该提拔的提拔，该辞退的辞退。裴道远工作起来是拼命三郎，有一次收编一个企业，半个月掉了十几斤肉，照一下镜子，37岁的人，白发都生得有些蓬勃了。

2018年建华集团收购了上市公司龙泉股份，他被委派到龙泉股份的全资子公司无锡市新峰管业有限公司。他从事混凝土制品营销已经多年，驾轻就熟，做得风生水起，突然让他来无锡负责金属管件的营销管理工作，心里不免忐忑。但听说是总部领导点将，便于2019年4月来到太湖之滨。

新峰公司为全球最大炼化一体化项目配套的特材三通管件，价值近300万元

新峰管业为高端金属管件制造商，是中国首批取得“民用核安全设备制造资格许可证”的单位，主要给全国各核电站及石油化工企业供货，提供全系列高中低管道配件，年产值 2 亿~7 亿元。他们进驻的日子，自然又是水深火热，但一切又慢慢地平息下来，就像太湖水，一派好风光。建华的管理从来都是部门负责制，部门的大小事情，部门负责人说了算。营销部是企业的龙头部门，他担任营销部总经理，2020 年初，全国还笼罩在特殊时期阴影中的时候，他们拿下了一个 3.3 亿元的高端产品订单，消息公布，龙泉股份摸到了涨停价。

在管理过程中，裴道远自然“有所施其术”。术者，技艺、方法也；然而真正让他能够持续稳步前行的，却是“道”。“道”在何处？“道”在建华的企业文化中。

五、一个被“建华文化”成功浸润的职业营销人

建华的核心理念渗透进了他的血液

走进 60 平方米的营销总经理办公室时，裴道远正跟营销部的团建主管吩咐着什么。一个 30 多名员工的部门，设立专职的团建主管，这是建华的特色。进入建华 10 多年时间，裴道远究竟参加、组织过多少次培训，他是怎么也记不清了，就像他记不清自己天南地北走过了多少路。培训，是企业最大的福利，他就是在建华的各种培训中成为“建华人”的。不过侧面的两大块白板上写满了各种数据，这不是培训用的，他是写给自己看的。他把公司遍及全国的业务大单写在白板上，持续跟踪其进程。业内人士会惊叹于他营销额落实的精细程度，我则被他字迹的书法功底吸引。

他把公司遍及全国的业务大单写在白板上，持续跟踪其进程

他的办公桌大得有点奢侈，不过桌上很整洁，一如他纹丝不乱的思维。书架上摆放着南怀瑾的系列著作，以及建华创始人许景新的 45 万字著作《为己杂谈·做人与企业管理》。他说他最近在看《曾国藩》，看得很慢，常常停下来思考。

坐到办公室待客的沙发上，他从抽兜里拿出一盒价值 700 元的香，取出一支点燃，其烟袅袅，在空中缓缓地游动，如水墨画。他又取出云南和浙江朋友送的两种上品好茶，把玩着圆滚滚的特制壶，烫壶，置茶，温杯，高冲，低泡，分茶，敬茶，闻香，品茶，与我坐而论“道”。他从建华的核心理念“走正道，负责任，心中有别人”讲起，阐述建华的“三不伤害”原则——“不伤害供应商的利益，不伤害客户的利益，不伤害员工的利益”，以及“四个准时”——“准时发工资，准时缴税，准时交银行利息，准时付材料款”。“董事会对中高层的十六点要求”内容很多，他也侃侃而谈如数家珍。

香烟袅袅，在空中缓缓地游动，如水墨画

最后谈到了老子《道德经》中的名言："我有三宝，持而保之：一曰慈，二曰俭，三曰不敢为天下先。"建华的文化是道家的文化，也是水的文化，讲究水的柔润，"天下莫柔弱于水，而攻坚强者莫之能胜"。他说"建华人"从来都低调，去年是他的本命年，他穿了一年的红内裤，低调得一塌糊涂，说着自嘲地笑了起来。我说你用宝马车接送我，座位虽"低"，"调"一点也不低啊。他呵呵笑着解释："原本妻子是想做婚庆的，车买了，婚庆没做成，大量时间都用在了两个孩子身上了。"

他打开一本厚厚的相册，那是他们公司组织的中高层部分人员戈壁远征的影像记录。他们进行了 88 千米连续徒步，重走了一段玄奘西行路，磨炼意志，培养团队意识。

看着他翻看相册的动作，以及他介绍建华创始人及建华文化理念时，那种出神入化的状态，我有点不解：一头营销界的"狼"，是怎样被建华"慈、俭、让"的道家文化浸润，成为一名地地道道的"建华人"的？

道可道，非常道。

他是"建华人"

所属二级学院：经贸管理学院
专业：涉外秘书
班级：03 外秘 331
班主任：周黎

从学生社团联主席到装饰行业元帅型职业经理人

俄罗斯圣彼得堡的叶卡捷琳娜宫辉煌如天堂。跟着华洲走进设计装潢费达5000万元的私人别墅，看着那欧式风格和用黄金装饰的楼梯，我仿佛再次步入了女沙皇叶卡捷琳娜二世的宫殿。然而此刻，真正令我赞叹和疑问不断的是：如此豪华别致的装潢设计，究竟需要集中多少艺术灵感？其设计方案是从怎样的设计师脑袋中一次次地蹦出？一位工科出身的双专科毕业生，何以领导得了15位各具个性、其中很多年薪过百万的一流设计师的？那么多别墅的主人，凭什么连一张图纸都没看见，就敢把200万~5000万元不等的装饰项目包给他们？

于是我在张家港这座获得过“联合国人居奖”的小城住了下来，在华洲执掌的“1896设计事务所”上上下下转悠，专听“小城故事”。

他说话不紧不慢有条不紊，对公司的事情，深谋之，远虑之

一、联络十二所在常高校，他做了一回“将军”

在他办公室用半根古木做成的茶几前坐下来，他的第一句话竟然是“昨晚我们学校的官方抖音上线了”。离开母校十多年，他几乎每天都在看学校网站和学校官微。

“看来你还没有‘断奶’。”我开了句玩笑。

“此生可能是断不了这个‘奶’了。”33 岁的华洲也笑了起来。

他出生在地多人少条件差的革命老区句容县。他有过多次这样的经历：老师在讲台上把尚未交学杂费的同学名字报出来，他则怯怯地站起来转告母亲的话：“我妈说，还要过几天……”这种复杂的心理过程，让他长大后感觉花父母的钱心里很难受，同时一次次地提醒自己，必须好好奋斗。他住在镇上，小时候，父母给他置一个茶水摊，卖 5 分钱一碗的茶水，赚点零花钱。生意场上的经验，应该就是从这时开始积攒的。

“我有一个想法：我跟母校进行校企合作，在在校生中选拔 20 个人专门培养职业经理人——当然，这些学生的家庭条件不能太好……”

华洲说话温文大方，这更激起了我探求的兴趣：在他平稳的话语后面，究竟藏着多少不平静的故事?

2005 年，他高考后进入我校“数控技术+国际贸易实务”四年制双专科班，一颗不甘平庸的心，促使他主动积极地去争取机械系（现为现代装备制造学院）以及学校学生会、团委、社团联的各种职位。在经历了多个“芝麻绿豆官”岗位之后，2006 年，他终于成为机械系学生会主席和学校社团联合会主席。社团联合会，管理着全校几十个（现在已经一百多个）学生社团，尤其是他在任期间，学校经历了教育部的“全国高职高专办学水平评估”，他究竟组织过多少次活动，创建过多少台账，那数字成了永远无法计数的谜。然而就在这样的忙碌当中，他成长起来了。

最让他难以忘怀的，是 2006 年他组织 12 所在常高校举办“常州市大学生环保时装秀”，那一次，他尝到了做“将军”的感觉。

2005 年在常高校第一届环保时装秀是在常州科教城景观大道上的露天音乐广场举行的，社团联合会首任主席张鹏负责总策划并指挥具体实施。第二届的总策划总指挥变成了社团联合会第二任主席华洲，地点换到了我校图文楼北侧的广场。搭台、灯光、奖品、快餐都要钱，他们拉来了 5 万元赞助，没花学校一分钱。他们调动了在常高校尤其是科教城内 6 所高校的资源，以一种办“春晚”的格局安排方方面面的事情。他们甚至把武进区环保局局长邀请到了现场，由学校领导陪着在露天“挨了两个小时冻”。

整个表演过程，华洲都用一个对讲机指挥协调全场的工作。当模特们穿着环保时装踩出一个个音乐节奏时，华洲的成就感爆棚了：筹备、掌控过如此一场晚会，以后还有什么场面自己不能驾驭呢！

华洲办公室书柜上至今还放着两只对讲机，那是受到了那场晚会的启发，有几年，他就是通过这两只对讲机对全公司进行指挥调度的。无论在学校还是公司，他对上勇于沟通，对下善于疏导交流，拢得住人，这是他的本事。他把电视剧《亮剑》看了十七八遍，现在还在看，他说他一直在学李云龙如何带团队。

这里有15间设计师办公室，他经常在此伫立，享受那份宁静的艺术氛围

二、带着一百多张荣誉证书复印件去应聘

大四时寻找毕业实习单位，其实也就是寻找自己有意向的工作单位。华洲捧着一百多张荣誉证书复印件到了招聘现场，从机械系到江苏省教育厅方方面面各种荣誉都有，一下就把用人单位给震慑了。应聘岗位叫“企划文案”，二三十人应聘，他凭借这一摞证书胜出成为“唯一”。这些证书原件至今还在他老家阁楼上，他爸爸用绳子捆成一捆替儿子珍藏着。

然而他说，他是被公司的名称“骗”到张家港来的。当时他应聘的公司叫“北京居泰隆张家港分公司”，这“北京”二字来头太大，一下子把华洲给吸引住了。谁知道到公司一看，什么都没有，他硬是跟着分公司负责人从无到有打天下。三个月后又去苏州分公司，一年后苏州分公司换了头头，他是唯一一个被公司新头头挽留的人员。不过他还是离开苏州回到了张家港，因为张家港有一家著名的家族企业想开拓装修市场，找到了他。他不太适应家族企业的管理模式，一年后又离开了，当然，其中一个重要原因是另一家装修公司虚席以待。很快，他展现出虎虎生威的一面，把好几家同行给干倒了。2010 年，他的老对手“1896 设计事务所”老板来找他，希望他入驻公司成为公司的职业经理人，全权负责公司的经营。1896 的老板找他找了两年，原本就比较熟悉。老板有一句名言：“找一帮优秀人物，整合出一支优秀的团队……一帮好玩的人在一起玩才能变得更好玩。”华洲执掌 1896 后，根据张家港老板集中、有钱人多这一市场情况，专“玩”高档别墅的装潢，这一“玩”就是 10 年。看他跟老板一起喝茶品茗的神态，这公司似乎是越来越好“玩”了。

采访到此，我去了一趟洗手间，回来后听一位女职员跟他说有一个项目做亏了。一打听，才知道是另一家公司依葫芦画瓢，根据他们的报价和方案装修了一家别墅，没想到钱没挣到，还亏了。

“我们公司的东西别人是没法学的，学一家亏一家。在前三个公司，我都经历了从起步到正式运营的过程，几年时间就经历了别人很多年才能经历的事情。我把装修行业的每个环节都摸透了，甚至水管的安装标准都是我亲自制定的。我公司的《施工服务手册》都是打印从来不胶印，因为一发现好的点子，我会立即修改。”华洲的自信，来自于长期的实践和长期的思考。有三家装修公司在他离开后一年都倒了，他说在装修行业能做三年就不容易了。

然而他入驻现在的公司，已经经营了整整 10 年，员工从原来的二三十人增加到了 70 人，还不包括施工现场的大批工人；年产值从去年的 6000 万元一跃到今年的 8000 万元……

作为公司职业经理人，他的魅力何在？

跟助理设计师们在一起

三、元帅型职业经理人的魅力

所谓职业经理人，是指在一个所有权、法人财产权和经营权分离的企业中承担法人财产的保值增值责任，全面负责企业经营管理，对法人财产拥有绝对经营权和管理权的职业化企业经营管理专家，其报酬来自于其自身经营的利润。职业经理人是分层次的：第一个层次为“能工巧匠型”，第二个层次为“元帅型”——他在一个领域中可以带领一帮人来完成一个特定项目，最后一个层次则是“老师型”。

华洲是“元帅型”的，他是企业“不出资的老板”，主宰着企业的沉浮。

他公司墙上有一句话：“超越伯乐——带不出将军的将军不是好将军。”

他说他从来不怕竞争。他在多个从无到有的装修公司历练过，他了解所有装修公司的所有环节，但是其他装修公司没法了解他和他的公司，因而也就无法模仿他和他的公司。在张家港有两千多家装修公司，1896 装饰公司属于行业龙头老大，排名第二的装修公司年营业额仅仅是他们的一半。

从项目谈判、项目设计、材料品牌质量、材料购置、施工过程、收工收尾，每个环节他都是行家，知道其中每一个容易出错的地方，了解其中每个赢利点，知晓其中每一个有可能出现灰色地带、滋生灰色收入的地方。

他从学生时代就养成了事必躬亲的习惯，有事带头干。他带着设计师跟客户谈项目，挽回了很多已经出现丢单征兆的单子——他领衔谈判的单子已经达到 3000~5000 家。他带着市场部人员跑市场，跟着工程部人员跑施工现场，领着检查部人员勘察工程质量。他经常是第一个到公司，每晚陪最后一位员工下班。出差回来，哪怕已经晚上 9 点，他也要到公司转一圈。装潢过程，每个环节都会有利益，就像在硕果累累的果园行走，一伸手就能摘到果子，他教育全体员工要耐

抚摸着两千多元一平方米的地板，他说不把客户的别墅装修成五星级酒店，他会感到对不起客户

得住寂寞、经得住诱惑，不可见利忘义——当然，首先是他自己完全摒弃了见利忘义。有4S店想跟他分享客户资料，他坚决拒绝，他的职业操守让他绝对不会透露客户的隐私。他甚至主动给客户提出省钱的建议，这使他赢得了更多的客户。

在保证员工收入稳定的前提下，他让大家以发展的眼光看未来。于是他执掌的公司越走越远，何况，他还拥有15位一流的设计师呢！

他以一名工科生的思维，结合多年来从事别墅家装的经验，亲自制定了水管安装技术标准

这张照片稍显严肃，他说面对200万~5000万元的别墅装修项目，必须严肃对待每一个环节的质量

四、领着一群百万年薪的设计师在小城艺术地栖息

坐在设计师巨幅照片前，他说他既是设计师们的领导，又是设计师们的服务员

走进上下两层总面积达5000多平方米的办公楼，你会感觉走进了艺术的殿堂，那种空间布局，那种艺术构想，那些装饰材料，给人空旷，给人宁静，给人舒心，让人看到诗和远方。尤其是墙上的15幅设计师的个人艺术照，把人才和艺术的含义表达得淋漓尽致。坐在设计师巨幅照片前，华洲说他既是设计师们的领导，又是设计师们的服务员。

“很多设计师刚开始都是被我从深圳、北京、上海等一线城市‘骗来’的，”华洲长长地吸了一口烟，开始吐露他的秘诀，“我找他们过来，先让他赚到一笔不菲的设计费，然后，他们就把老婆孩子带过来了，在张家港这个宜居小城购房落户。”他的设计师，很多人年薪过百万，比他这个总经理年薪还高。有一单别墅装潢项目，他们的设计费高达150万元，而这150万元，有百分之七八十归设计师所有。有的设计师称“华总是我的贵人，对我有知遇之恩，我就喜欢公司的氛围”。

这个公司究竟有怎样的氛围，短短几天采访时间，我难以体会，也难以精准表达。不过我想起他们公司电梯口的一句话：“提升自己，成就他人。”也许，这就是他们的精神氛围？

华洲要求设计师建立自己的品牌，既要讲究设计的创意和实用，更要努力留下好口碑。设计师品牌树立起来了，加上工程部等部门以一丝不苟、精益求精的工匠精神进行施工，检查部以挑刺的眼光跟踪检查，公司品牌也就跟着树立起来了。在张家港，“要找一流设计师，就去1896”已经成为业内的共识。

设计师们告别了繁华的大都市，在小城安神养性，艺术地栖息，用他们的才华，给张家港这座人口不多、却美丽无比的小城画出各种故事。我想，那一座座

隐现在绿树丛中的别墅，会因他们的设计，幻化成一曲曲悠扬的华尔兹，从而成为传世的人类文化遗产。

别墅的装修费，对于我们工薪阶层那是个天文数字。华洲公司的报价比同行要高，但是当客户来过他们公司一次、被公司卢浮宫一样的格局气派所震撼，同时跟这位总经理交谈过一次之后，便挪不动步了。有的客户暂时离开了，转了一圈，又回来了。

这就是品牌的力量。华洲打造公司品牌已经整整 10 年时间，谁也说不清从何时开始，张家港人装修别墅，已经不再找外地的装潢公司。

1896，那是华洲的老板起的名字，据说是因为叫起来比较顺口。于是华洲从历史和艺术的思考中，将这样的思想赋予了这个名字：

“十九世纪下半叶，工业革命的批量生产导致了设计水平下降，触发了一场设计改良运动。当时正值社会转型期，新旧更替并不仅仅体现在时间上，还体现在生产方式、生活方式、审美观念，以及每天所使用的日用品中，这触发了人们对于美学与技术的思索。”

“新艺术运动是 20 世纪初在世界范围内具有极大影响力的运动。新艺术起源于法国，以英国、法国和比利时为中心，波及德国、奥地利、意大利、西班牙和美国。新艺术运动在 1896 年达到高峰。”

“新艺术运动所形成的风格为现代设计的发展提供了很好的思路，在之后的装饰艺术运动、现代设计运动中，新艺术风格被广泛使用。1896 年的新艺术运动是当时流行艺术形式的革新。”

“1896 品牌来源于一个设计革新的年代，1896 年是欧洲设计革新的开始，中西文化兼容并蓄。1896 传达创新、激情和活力。”

“以‘1896’这个年代作为品牌就是希望我们的设计团队及作品能给这个城市带来新的设计理念及新的设计风向标，让我们服务的业主能够享受 1896 设计事务所独有的贵族气质。”

“在大量中高端群体的簇拥之下，1896 高端品牌，采用更为严苛的细节设计和定制化服务，迅速在高端用户群体中受到青睐。”

我再度玩味“1896 设计事务所”这个公司名称，思忖着：名字可以设计，名字的来由也能设计，而成功的人生原本就源于设计——华洲人生设计的发轫点，会不会是在 2005 年他进入各种学生组织任职之时？而“社团联合会主席”这个岗位，简直就是给了他一个“CAD 设计软件”，从此，他的人生和事业变得进退自如，游刃有余。

所属二级学院：现代装备制造学院

专业：数控技术/国际贸易实务

班级：05 数控 341

班主任：徐伟

爱心之旅

心花开

老人离世风雨夜，他是爱的摆渡人

2020 年 9 月 10 日，周四，风雨之夜。陆虎和另一名志愿者送一位残疾人去常州德安医院，在医院吃快餐时接到电话，他们长期看望、定期照顾的庞国松爷爷不行了，弥留之际，提出要见见常州“一加”爱心社创始人王德林。

于是陆虎开上自己的车，跟另一位志愿者一起赶到王德林家，把高位截瘫、体重只有 50 斤、腰部依靠钢板支撑的王德林抬上车，去跟庞爷爷见最后一面。庞爷爷的儿子看到风雨中赶来的王德林和几名志愿者，异常激动，帮着把王德林抬下车。在现场，陆虎为他们拍了几张照片，然而庞爷爷握着陆虎的手，一定要跟陆虎合最后一次影。半小时后，庞爷爷安然离世。

几名志愿者再次把王德林抬上车。陆虎一边开车，一边回忆 2008 年以来，常州工业职业技术学院“一加”爱心社分队定期看望、照顾庞爷爷的故事，追忆自己 2014 年开始认识庞爷爷之后，祖孙之间的温情岁月，以及住在兰陵养老院的庞爷爷，每次都坐着轮椅车在路口等待的情景。王德林注意到，讲着讲着，

陆虎在一加爱心社党支部会议室

陆虎流泪了。

车窗外，风雨交加，这一夜，陆虎成了爱的摆渡人。

一、入学时，“一加”撑来了爱心之舟

2014年9月，陆虎从盐城来常州工业职业技术学院报到，因为好奇，报名参加了学校的两个社团：“风行棍道”社团和艺术创意学院的“一加”志愿者服务分队。前者专耍“双节棍”，动辄“哼哼哈哈”呐喊，如“铁马秋风塞北”；后者柔软似棉，专讲奉献，让人想起“杏花春雨江南”。在柔绵的江南雨中，陆虎踏上了爱心之舟，不是乘船，而是当上了艄公。

其实，我校的“一加”志愿者活动，早在2003年就开始了，当时轻化工工程系有个叫董婷玉的学生被王德林的事迹所感动，自发召集在校生参加志愿者活动，爱的种子不断被唤醒、发芽，多少个朝晖夕阴之后，藤蔓越牵越多，队伍越来越大。随着系部的调整，一花开三叶——我校的“一加”志愿者服务队分成了材料工程学院、艺术创意学院和人工智能学院三支小分队。2018年年底，材料工程学院成立了“王德林德育工作室”，在原来“一加”公益社团活动的基础上，又上了一个台阶。

陆虎与“一加”爱心社创始人、“全国自强模范”王德林在一起

在千树万树梨花开的馨香中，陆虎内心爱的种子被“一加”唤醒了。他跟着上两届学生参加各种爱心活动，认识了庞爷爷等一批期待志愿者帮助的残疾人和孤寡老人。加入爱心社后的第二年，他成为艺术创意学院爱心分队的领队，接着又成为常州“一加”爱心社高校联盟的主席，组织常州市高校学生策划开展各类大型爱心活动。

在此过程中，最让他震撼的，莫过于第一次见到王德林的情景。

二、“斯是陋室”，除了爱，什么都没有

加入爱心社不久，时任艺术创意学院团委书记的潘逸让爱心社领队带陆虎他们去拜访王德林。跟很多志愿者一样，陆虎想象这样一位遭受了生命历程中巨大

厄运的人，应该是一位颓废、消极、始终以埋怨命运不公为主题的人。

1967年出生的王德林，7岁因车祸高位截瘫，同时切除了左肾和半个肝脏、脾脏，终身卧床，后随父母离开西藏落户常州。卧床期间，凭一部电话联系志愿者，帮助需要受助的孤寡老人和残疾人士。1999年9月，他联系了10名爱心人士组建了“一加”爱心社志愿者服务队，专门为弱势群体服务。“一加”爱心社是常州第一家民间志愿者组织，也是全省首个建立党组织的志愿者队伍。爱心社先后吸纳了17000多人参加志愿者服务。目前，长期结对的服务点达到300个，建设了1个中心基地、10个专业服务队以及24个青年志愿服务分队。20年来，“一加”坚持结对帮扶困难家庭、弱势群体，累计输出志愿服务超过60万小时，打造了“玫瑰义卖”“残疾人手工坊”“阳光伙伴”等一系列品牌志愿服务项目。王德林本人被评为“全国自强模范”，受到了习近平总书记接见。

王德林所居住的常州北环新村，1983年建成，如今已经老旧得像在风雨中穿了多年的破棉袄，墙面贴满了广告，斑驳陆离。推开一道老旧的木门，在10平方米的一楼房间里，陆虎见到了在床上撑起半个身子向他们打招呼的王德林。一张老旧的单人床，床头老旧的木架子上摆放着各种荣誉证书和各种活动合影，一张老旧的小方桌，几张老旧得似乎永远不可能擦干净的凳子。白天，王德林的家门不上锁，任何人都可以顺手推开，因为“斯是陋室”，除了爱，什么都没有。

此情此景，陆虎被震撼了：面前瘦小得一旦躺下几乎就可以忽略不计的人，居然满脸的阳光、满脸的微笑！陆虎终于明白，这位腰部需要用钢板支撑的残疾人，之所以能够激活一万多爱心人士的爱心，在常州掀起一股爱心潮，为常州打造一张春暖花开的“爱心名片”，是因为他虽命运多舛却安之若素，是因为他身居陋室却有阳光似的笑脸，是因为他身体残疾心里却始终想着其他弱势群体。在王德林的身上，爱具有某种野蛮生长的力量。

在“一加”爱心社中心基地接受采访，手下是一堆荣誉证书

一种撼动灵魂的力量，让陆虎与“一加”再也无法分离。

三、人间有难，天不渡，我渡

采访陆虎，地点选在位于常州北环新村内距离王德林陋室200米的“一加”爱心社志愿者服务中心。随着常州“一加”爱心社影响力越来越大，来访的人越来越多，爱心社的物品也越来越多，于是天宁区专门将新村里的这栋房子调给他们作为“一加”爱心社活动中心。陆虎 2016 年在校时入党，如今是“一加”爱心社党支部宣传委员，他把服务中心当成了自己的家。

受家庭影响，陆虎从小就是个孝老爱亲、乐于助人的孩子。加入“一加”爱心社艺术创意学院爱心分队后，内心爱的种子被进一步激活，并生长、开花。一位徐州籍的同学因脊柱损伤，治疗需要大笔费用，他组织志愿者在校内开展爱心捐款，募集了 5000 元，征得王德林同意后，又在篦箕巷开展义卖活动，并通过志愿者们的微信朋友圈发布捐款信息。凭着对“一加”志愿者的信任，很多人通过微信捐款或对“一加”账户直接打款，又凑齐了 4 万元。此外，他们还为贵州黔西南布依族苗族自治州的一座乡村小学捐书 300 本，一封面积 1 平方米左右的书法体感谢信至今悬挂在艺术创意学院教师办公室，向师生传达着黔西南人民的感恩情怀。

最初不过因为好奇进了爱心社团，参与的活动多了，他心里也就装满了一大群需要救助的人，以至于乘坐公交经过服务点时，只要有时间，他都要顺路去看看，跟受助对象说几句话，为他们做一点事。2 路车途径长虹路高架，他会去长安花园看望 90 多岁的抗战老兵谢玉松爷爷，不厌其烦地听他讲同样的抗战故事。而每次去，他都要进谢爷爷所在小区门口的点心店，买两只包子送给谢爷爷。久而久之，陆虎的包子，成了谢爷爷的一种期盼。陆虎的包子，一直送到谢爷爷被时间纳入永恒、送回河南老家为止。

陆虎参加志愿服务

公交车途经中吴大道，陆虎还会去兰陵养老院看看。养老院路口再也不见庞爷爷等待的身影，唯有那一排高大的香樟树，还坚毅地挺立人间。受助的残疾人会一个个远去，但树木长青，志愿者的爱不会消失。

陆虎说，自从他 2014 年加入“一加”以来，已有 20 多位爱心社的服务对象离开人世，而志愿者队伍，也在流水似的变化，一批批志愿者加入，又一个个地因各种原因消失在茫茫人海中。陆虎至今已经坚持了 6 年——说“坚持”很不确切，服务对象反馈的感恩信息，是他最大的慰藉。他们的笑脸，他们受助时歉疚的表情，他们的一句“谢谢”，他们常挂在嘴边的“你们都有自己的事业，快点去忙你们的吧”……这一切，让陆虎感觉自己能做得太少太少。有些孤寡老人每次在他们离开时，拉着他们的手不肯松，热泪盈眶，让陆虎感受到了自己的社会价值。

人间有难，天不渡，我渡——陆虎等志愿者的内心，常常冒出这样的豪言壮语。

然而，并非所有的残疾人都会像王德林那样性情如太阳，给人春暖让人花开。陆虎面对的是一群特殊群体，他们是生活遭际不幸的人，盲人、聋人、四肢不全、小儿麻痹症，或者无家庭、无子女，有的性格怪僻不愿轻易见人。陆虎感受过冷漠，也见识过势利——渡人，有时也并非易事。不过，“一加”爱心社社长王德林始终深情地活着，志愿者们，则深情地忙碌着，君不见每当志愿者的红马甲出现在街头，便会醉了一路人。

四、为了让爱绵延不断

播种一个行动，收获一种习惯；播种一种习惯，收获一种个性；播种一种个性，收获一种命运。陆虎的行动已成习惯，然而做志愿服务都是义务的，而且常常要贴钱、捐款，我在担心：2017 年跨出校门踏上社会的陆虎，怎样养活自己？如果养不活自己，陆虎的爱心活动终将成为水中月，镜中花。

陆虎他们跟很多单位合作策划了大量活动，而有些活动是需要拍摄专题片的，这下陆虎开窍了。

为了让爱绵延不断，2018 年 12 月，陆虎提出以“一加”爱心社为依托，成立一家传媒公司的想法，得到了王德林的支持。做志愿者这么多年来，陆虎认识了不少人，他利用这一便利，开始为一些单位组织制作专题片。陆虎是学影视动画的，做专题片得心应手。而今，他先后为 8 家企业及组织拍摄了专题片，这些专题片中，身影最多的自然是红马甲。我看过他为“一加”爱心社成立二十周年拍摄的专题片，那配乐，一声声，都是对爱的祈祷。

常州“一加”爱心社举办成立二十周年庆典，陆虎带领十几人负责摄影摄像

所属二级学院：艺术创意学院
专业：影视动画
班级：14 动画 331
班主任：韩明

被家乡新沂“抢注”的“中国好人”

位于钟楼区的常州科技街占地3.7平方千米，王辉的江苏感动未来文化科技有限公司是该区域最大的广告文创公司。公司租用了1000多平方米的办公用房。王辉带我走进他的406室展示厅，展示厅内满桌摆放的都是公司为客户设计制作的陶瓷礼品，此外最霸占眼球的，就是展架上那上百帧照片和证书：中国展览工程企业一级资质、中国广告企业一级资质、中国展览馆展陈工程设计施工一体化一级资质、建筑装修装饰工程专业承包二级资质、建筑幕墙工程专业承包二级资质，江苏省创业典型、江苏省广告协会理事单位、江苏省优秀诚信服务企业、常州市守合同重信用企业、常州市民营科技企业、常州市广告商会副会长单位，常州市广告商会秘书长……让我意外的是展架的中央竟然出现了“中国好人”铜牌！

当年王辉开始在校创业、公司呱呱坠地时，是母校给他递上了襁褓，给了他遮风避雨的小屋，并且一路搀扶。我在学校宣传部工作多年，王辉的“十大最美常州人”“2012感动中国·江苏十大感动人物”，都与宣传部扬善于公堂不断向媒体推送有关，我熟悉他每一个荣誉足迹，而他2013年就成了“中国好人”，我竟然不知道！

“不忘初心”——王辉经常拷问自己：我的初心是什么？

王辉被我疑问的目光逼得不好意思起来，赶紧解释：“我是徐州新沂人，新沂市委宣传部看到我的报道后，认为桑梓生辉，把新沂电视台喊了过来，还把我上报成了‘中国好人’……一直没好意思跟母校说……”

原来在王辉眼里，老家新沂有“抢注”的味道。此事后来被学校党委书记缪昌武知道了，他开怀大笑：“‘好人’谁不想要啊——我们的毕业生被‘抢注’得越多越好！”

1000 多平方米的办公区域，都是他的展示平台

一、欲扬先抑，他尝到了挫败感

2007 年，高中毕业的王辉考入常州轻工职业技术学院。他成竹在胸地竞选学生会干事，失败；他信心满满地申请加入理颜形象设计社、跆拳道等社团——不就是想进个社团吗？居然名额限制把他给限掉了！

“当时我还是有点挫败感的。”再后来他当上了宿舍楼的“层长”，也就是帮着宿舍阿姨打扫打扫卫生，去宿舍检查检查卫生。当时有好几个宿舍卫生永远搞不好，他干脆亲自去为他们打扫，结果连续评比连续获胜。因为学习努力，他还拿到了奖学金。终于，他那瘦瘦的身材进了系领导的视野，于是他做了一个月学生会纪检部干事，接着又做了一个月学生会干部，然后就成了系团委副书记，再后来，他入党了。他还创建了学生社团动漫社并任社长，组织开展动漫题材的画展、设计展，参加全国动漫设计大赛。

“这些挫折和激励，对我后来的工作帮助相当大。”的确，抑与扬，挫折与成功，原本就是孪生兄弟。

回母校与杰出校友邓建军同台讲述青春故事

二、他的创业预备期叫“勤工俭学”

1988 年 6 月王辉出生时，已有两个姐姐赶在他前面落地于新沂市棋盘镇祁元村。小时候，全家住在石头垒的房子里，晚上一有大风大雨，妈妈就把姐弟仨叫起来，生怕石头掉下来砸着人。姐弟都上学，家里供不起，大姐只好辍学，王辉放学后做完作业，就帮家里放牛放羊。在 07 动漫 331 班，王辉属于贫困生。

生活的磨砺，让他比同龄人更能体会自强的重要性。为给家里减少一些经济负担，他开始了各类兼职。搬水是王辉的第一份工作，虽然累，但平均下来，每天能有几十块的收入。他还发广告单、给酒店端盘子。最令他难忘的要数恐龙园的一份清洁工的工作，按小时计费的付费方式在当时很受欢迎，常常需要预约才能如愿。

大二时，王辉拓展了自己的兼职范围，开始做起了小生意。当时正值冬天，王辉去常州义乌小商品市场批发了一些很受女生欢迎的暖宝宝，在学校周边摆起了小摊。一个冬天下来，有了一笔不菲的收入。渐渐地，王辉的小生意之路走上了正轨。善于思考的他利用大一新生开学的契机，为学校各个社团定制 T 恤。和其他竞争者不同的是，王辉在定制 T 恤时，为每个社团设计了 logo，并将 logo 印在 T 恤上，这么别出心裁的创意把不少竞争者远远甩在了身后。

2008 年以后，他的学费就自理了。2009 年，他创建了“三人行”学生创业社团。刚开始的所谓“创业”，就是带着系部的篮球队去参加企业的开业活动，帮着热闹热闹气氛，虽然没钱，礼品拿了不少。

三、真正的创业，起步于“我爱你”之夜

“梦想还是要有的，万一实现了呢!”马云说这句话时用了“万一”，而王辉感觉自己如果创业，成功的概率不至于只有“万一”，好几年勤工俭学的收获给了他底气，此时选择创业，有点水到渠成的感觉。在此期间，学校组织 GYB 培训和 SYB 培训，王辉听得热血沸腾。

2010 年，网民发起了一个网络节日：“5・20”，含义是“我爱你”，倡导男孩在这一天向心仪的女孩表白。王辉没有表白对象，当晚召集刘斌等几名同学开了个会，正式宣布创业。会议上，一个个摩拳擦掌，一群草根创业者，就差歃血为盟了。

广告行业门槛较低，对资金要求不高，容易起步，再加上跟王辉所学专业比较接近，更容易成功。对于今后的路，他们并不期望“一步一莲花”那样浪漫，但是他们梦想着“一步一成果”，希望每个人都能牢记并珍惜创业过程中收获的点点滴滴，于是给公司取名“成果创意设计工作室”。“成果”？这也太直白了，加上点颜色吧，最后定名“橙果创意设计工作室”。

第二天艺术设计系（现艺术创意学院）领导就知晓了，不承想老师们的激动情绪竟不亚于前一天晚上参加筹备会的几位“老板”：系领导将 8 台旧电脑搬过来给他们做家当；终于有订单了，客户要来看看他们公司，听说公司地址在轻工学院 6 号楼 223 宿舍，客户就给吓跑了——于是系领导找到学校，把图文信息楼的 404 办公室免费提供给他们办公；还联系学校市场部（市场部包含创业指导功能）给他们开了一个公司成立大会，同时为他们呼号，希望学校各部门涉及广告业务的，能够给他们点机会。

艺术创意学院为王辉的公司召开成立大会

四、第一笔业务来自团委：产值一百七十元

他们的第一笔业务是学校团委给的：170 元，做两张海报。

为了推广他们公司，王辉带领 4 名团队成员“扫楼”，挨家挨户送名片。别人名片是一盒一盒印，他们则是成箱成箱印。有一次来到常州青山湾一家公司，王辉手里的一张名片端了足足 20 秒，对方才勉强接过手去。看着他不容易，对方给了他两盒名片的生意。

自尊扫地了，生意做成了，内心开始强大，他在成长。

创业艰难百战多，那岁月，说起来既是汗又是泪。外出跑业务，王辉曾经累得中暑在大树边昏睡了 6 个小时，最后被路过的市民喊醒。王辉身上的肉，在公交车上颠簸给颠少了，支撑 1.75 米身材的骨架，被风吹被雨打，最惨时候体重只有 106 斤。5 个创业小伙伴，曾经落魄到 50 块钱过一周，顿顿都是煎饼榨菜。有一年冬天给电脑城装广告牌，天下着雪，手冻裂了，兄弟几个人啃几个热红薯充饥。他们“自虐”着，快乐着。他记得两个月后他们开始发工资了，每人每月 200 元，另外还扣下 20 元买保险——那时候的公司，有点像小孩子“办家家”。

2011 年 6 月 17 日，发生了 3 件事：上午 9 点，两个合伙人通知他要离开公司；下午，常州电脑城一笔 9 万元的合同黄了，这是当时最大的一笔业务，之前花了很多的心思；由于脑子分神，自己开的小面包追尾出租车，全责。他憋得难受，买几瓶啤酒，沿着学校南门外的鸣新路往西太湖的方向徒步，走到一片空地，一个人呐喊，一个人哭泣。

然而王辉跟很多创业失败者的区别在于：创业初期遇到任何困难他都没有退缩。在学校和政府部门的援助之下，压力终于得以缓解。每逢团队内“不和谐”局面出现，王辉总是发挥“领头雁”作用沟通疏导，并果断做出决策。在不断磨合中，团队少了几分尖锐，变得成熟和包容。

各种荣誉摆满了展示架，最初的荣誉都是母校扬善于媒体后获得的

公司有多个运营平台，他在努力培育“拳头”业务

五、自行车兜里装着几万元去发工资

2012年，公司步入正轨，各方面都顺当起来。王辉说：“只有根据市场需求，把握市场命脉，才能越走越远。”公司通过团队的核心竞争力，优质的服务，取得了国内外数家知名品牌的认可，常州的数码产品广告业务，几乎被他包揽了。这些为公司的壮大发展，打下坚实的基础。有一个阶段，他骑着自行车，车兜里装着几万现金去发工资，那兜风的感觉像在飞——对了，他原本名字就叫“王飞”，因为老家新沂发音时“f”跟“h”分不清，派出所民警没听清，把名字登记成了“王辉”。此刻的王辉开始膨胀，有点飘了，摩拳擦掌准备大干一场。只要见到不错的项目，他就接手，也不管资金是否到位、人员是否配备齐全。盲目的决定，必定会付出惨痛的代价。那一年，王辉又成立了两家分公司，由于扩张太快，遇到了严重的资金问题，公司年底发完员工工资，还欠40多万外债。

王辉和他的团队用了半年时间进行调整。他们重新梳理思路，果断撤掉不盈利的项目，做好回款方面的工作，租借的300平方米办公房退掉了三分之二，所有人员的工作重新分配。同时制订公司人才储备战略，与艺术设计系共同成立“橙果班”，为人才培养打下基础。“橙果”从一家单纯的广告公司，发展成为一家集营销、策划、创意、设计、执行于一体的综合性新兴文化传播机构，经营范围涉及文化科技领域及数字多媒体的技术研发、技术转让、技术咨询、技术服务、计算机软硬件及网络技术研发，计算机系统集成，各类展厅及展览馆的设计及施工，标识标牌导向系统工程、室内外装饰工程的设计及施工，建筑装修工程总承包等，员工从最初的 5 人增加到了 40 名，年产值最高时达到了 3500 万元，拥有商标、专利、著作权等知识产权 200 余项。

“梦想还是要有的，万一实现了呢!”马云的话依然响在耳旁，只是王辉把“万一”变成了“一万”，梦想落地了。

从勤工俭学到结合自己的专业在校创业，再到脱离母校走向社会，一路蹒跚而行，最后成了常州市 5500 家广告企业排名前 10 的综合性新兴文化传播机构。王辉走出了一条“草根创业者”之路，这条道路可供有创业愿望的在校大学生复制。

另外值得一提的是：他自己是党员，公司有 4 名校友也是党员，他便通过上级组织创建了常州科技街第一个企业党支部，从此公司的 5 名党员有了归宿。

他创建了常州科技街第一个企业党支部，从此公司的 5 名党员有了归宿

六、“美”了一座城，“感动”了一个省

“感恩知责”是母校的重要文化理念，公司开办不久，王辉便开始践行这一理念。渐渐地，他的行动惊动了母校、惊动了常州、惊动了江苏——爱心如水，汩汩而出，这一切，源于创业初期母校的“滴水之恩”。

一次，王辉去学校超市买东西，无意中听服务员说起有一个叫陈诚的同学，由于家庭贫困，每天只能吃一个 5 毛钱的面饼。王辉当即联系到陈诚，邀请他到公司做兼职，并时常给他送衣物。王辉在校园一路行走，眼睛总是盯着困难学生。助人为乐的事迹越传越远，学生有困难，动辄给他打电话。

当时他的公司主要从事广告设计与制作，而很多客户还需要分发广告，他干脆把这一块也承包了下来，自己去组织分发人员。按照行规，每人每天 100 元的费用，他作为组织者可以提存30~40元。刚开始，他专找学校的贫困生来兼职，将100元劳务费全额付给他们；后来，他干脆与母校勤工俭学中心签订协议，将布置会场、分发传单等岗位全部提供给贫困生，自己依然不拿一分钱提存。在公司开办3年不到的时间中，王辉创业助困，为母校贫困大学生提供了超过6000人次的勤工俭学机会，他在兼职业务上少挣了近30万元——要知道，此时他还处在创业之初。这些钱，成了贫困生碗里的一道菜、桌上的一个文具、每学年开学缴纳的学费。

贫贱之家出身的王辉，用自己的爱心，把一个个贫困生扶上了自强不息的路。

经贸管理系的施立维当年是学生社团“英语角”的“角长”，当王辉带着文具等爱心礼品到常州向阳农民工子弟小学献爱心时，他作为在场的爱心志愿者跟王辉照了一张相，这张跟学长的“爱心合影”让他感慨良多。毕业后，他就去了王辉的企业，除了主管市场运营外，还兼管公司的社会公益工作。此外，他自己还利用业余时间主动参加北港街道的公益活动。

“毕竟我是个党员么。”采访施立维时，这句话从他口中说出，竟是那么自然，让我感受到了学生党员的魅力。

故事再回到当年。学校宣传部将王辉创业助困学弟学妹的故事推送给了《现代快报》，见报后，《中国青年报》等媒体蜂拥而至，于是他的事迹“美”了一座城——他被评为年度“最美常州人”，并带着学校宣传部为他准备的稿件代表常州的“美人们”上台发言；他的故事“感动”了一个省——他被评为“2012CCTV感动中国·江苏十大感动人物”。

在常州颁奖会上，我跟市委宣传部部长徐缨说“我们毕业生王辉创业帮扶真的不容易，他希望能够跟你合个影……”；在南京“江苏十大感动人物”颁奖会上，我跟省委宣传部副部长司锦泉说：“我们毕业生王辉创业帮扶真的不容易，他希望能够跟你合个影……”——于是就有了下面的两张照片。

事后我问王辉：“这么好的宣传机会，你心里想不想跟领导合影？”

“当然想啦，我哪好意思跟他们说啊……”

再后来，就有了“感动新沂十大人物”，老家新沂把他“抢注”为“中国好人”的情节。

爱心助推事业，在常州颁奖会结束后，常州中天钢铁党委书记当场问他：“中天钢铁每年有500万元的广告业务，你能做多少？”后来，王辉的公司也就有了另外一个名称：江苏感动未来文化科技有限公司。

王辉长期与荷花池街道等多个组织合作开展爱心公益活动。2020年抗疫期间，他为常州科技街提供防疫宣传物资，自己掏钱为抗疫志愿者送去2000只口罩，他说他被抗疫志愿者感动了，必须这么做。

“你们是做企业的，做企业的目标应该是尽可能多赚钱，你们公司为何如此热衷于社会公益活动?”面对2010“我爱你”之夜就跟着王辉创业、至今不离不弃的公司股东之一刘斌，我直截了当问了这个问题。

“爱心有多大，事业就有多大。”这位广告设计与制作专业出身的校友回答。

是的，王辉及其公司，事业与爱心从来就粘连在一起。感恩同学、感恩母校、感恩社会，成了王辉公司的一种文化氛围，一种运营模式和生存之道。

王辉下午要去竞标一个1000多万元的项目，陪我吃完简餐后就跟我告别了。我从楼上看着他开车从马路对面新砌的高楼下通过，那里，他将租用3000平方米的办公用房拓展文旅业务。我心中默默祝福：愿“中国好人”一生平安，愿“好人公司”兴旺发达。

与时任常州市委宣传部部长徐缨合影

与时任江苏省委宣传部副部长司锦泉合影

善行，就在这证书背后

王辉的公司内景

所属二级学院：艺术创意学院
专业：动漫设计与制作
班级：07 动漫 331
班主任：王栋臣

项王故里，有一位知善知恶的派出所所长

你可以不知道宿迁，但你不会不知道楚霸王项羽。《史记·项羽本纪》开头第一句话就让宿迁人乐开了花："项籍者，下相人也。"下相，古县名，今宿迁。

项王的霸气，跟项羽的身高自然有着某种关系。司马迁说"籍长八尺余，力能扛鼎，才气过人"；班固《汉书》中说"籍长八尺二寸，力扛鼎，才气过人"。八尺二寸，有人折算说合今 1.8942 米。

项王故里的吴勇身高 1.83 米，体重 100 公斤，外形与项王一样霸气，难怪班主任吴亚萍老师站在这位派出所所长身旁合影时，心中顿生一种安全感。派出所所长的故事，吴老师整整听了两天，最后，她用一句"知善知恶"为我们的采访对象加了定语。

当年的班主任吴亚萍老师说："有吴勇站在身边，好有安全感！"

一、"哗"的一声，初中班主任撕毁了他的中考志愿书

吴勇，1975 年年底出生，属兔，出生时间和属相他无法选择；父亲是国家

户口，但母亲是农村户口，所以他也只能是农村户口，这也无法选择。但放弃上高中选择上中专，先弄个国家户口，却是他和他父亲的主动选择。小学和初中，他的成绩都跟一个叫“名列前茅”的成语息息相关。初中毕业班班主任看着他超过重点高中分数线整整43分的成绩单，面对吴勇递过来的中专填报志愿书，气得把志愿书一撕两半扔到了地上，大吼一声：“回去叫你爸爸来!”

爸爸来了还是谈户口问题。的确，种田人太苦，转个国家户口，就是鲤鱼跳进了龙门，农村人，没有太高的期盼。就这样，1991年9月，吴勇只身来到常州轻工业学校，在一个叫“档案管理911”的班级排上了一个学号。

在班主任吴亚萍老师眼里，吴勇一直是一位老实懂事的孩子。因为老实懂事，班主任让他做了4年的劳动委员。

其实吴勇的老实懂事何止是在中专。小学、初中他跟着父亲在城里读书，父亲驾驶员，常常一出车就是十天半个月，出车回来，一有时间就赶回老家“汗滴禾下土”，哪有时间管儿子！吴勇常常一个人在父亲的宿舍，用煤油炉自己烧饭吃。“这么长时间没人管，我也没学坏，真是幸运。”吴勇的庆幸，让我们知道他的老实懂事其实是经历过小学、初中时期的考验的。

也许是因为属兔，吴勇为人谦和，说话声音平和，他的“不学坏”，有着与生俱来的性情的基础。当年秦始皇出游时项羽对叔父说“彼可取而代也”，类似项羽这样的壮志或野心，绝对不会出现在吴勇的脑海里。

江南常州，孔子之师延陵季子受封之地。吴勇在常州4年，常州轻工业学校开设了一系列人文课程，传统文化中的精髓对吴勇产生了浸润式的影响。在公安系统工作的几十年，对工作中遇到的那么多人、那么多事，他的处理总是那么知善知恶善解人意，源于他求学过程中渐渐涵育出来的人文情怀。

忠诚卫士

二、四十人报考公安，唯一落选的就是他

1995 年，那是一个秋天，吴勇拿着中专毕业文凭到宿迁人事局报到。人事局安排了 40 人参加公安系统的招聘考试，不承想，他成了唯一的落选者，给他的理由是“视力达不到要求”。于是他被退回人事局重新安排工作进了宿迁化肥厂。接着他做了眼睛激光手术，三年后又考进了公安系统。这时候他才知道，三年前视力不好的，何止是他一个人？不过他没有多想，一切随顺自然。两次报考，他都没有找人帮忙，因为他根本想不到要找人帮忙。

穿上警服后他才知道，警察的压力不是一般的大，怎一个累字了得！一个乡镇派出所，值班民警每天 8 点上班，到第二天晚上 8 点下班，36 个小时，两位值班民警要包揽处理所有的报警，这是工作的常态；遇到有案件，十天半个月不回家，也成了常态。

大兴镇，位于宿迁宿豫区，离宿迁城区 20 千米。全镇 14 个村，3 个居委会，4 万亩耕地，镇域面积 59 万平方千米。大兴镇派出所就在镇中心地段，民警 7 人，保安 21 人，兼职的驻村保安 31 人，全镇 200 个探头，呵护着 5.5 万人的平安。他们要经常出现在街头村口，亮晶晶的警徽一路闪耀，让老百姓心里踏实。

平均每天 7~8 个报警电话，一年 2000 多个，110 一响就要赶到现场。公安、消防、安全生产，巡逻、维稳、安保、化解访民问题……方方面面，一不小心就要暴雷。网络诈骗那么多，有的老板一次性被骗 800 多万元，他们要去全国各地侦查、抓捕犯罪嫌疑人。2002 年某个夜晚，他们去贵州农村打拐，那里有狩猎传统，寨子里每家每户都有猎枪，执法环境异常严峻，赶巧当地警方提供的车辆灯又坏了，前面山坡塌方，他们硬是用肉眼辨认着路牙才得以脱身，至今想来仍禁不住以手抚膺坐长叹。

问题是法定职责之外的事情他们还“承揽”了不少：多年前遗留下来企业改制问题，派出所无可奈何地介入了；镇里小产权房开发商一套房子多次抵押，他们也不得不赶到现场；有些工程队兜里没钱，却还在大量招工，他们只能去工地插告示牌：“工钱要日结日清。”有些事情老百姓不知道找谁，动辄找到派出所。

“这么多法定职责以外的事情，你们为何不往外推呢？”

“社会转型时期，我们公安民警应该成为群众的贴心人，群众相信民警，党委政府对公安也寄予厚望，所以一些急难险重的工作就自然而然落到公安的身上。某种程度上说，我们派出所又是有些矛盾的缓冲器、润滑剂。这些都是我们应有的付出——改革开放这么多年，农民、下岗职工不是也做出了很多牺牲吗？”吴勇说这话时，平静而自然，透露出一种“大兴平安，舍我其谁”的担当精神。

我们说“你当所长压力太大了”，他说“其实我们局长压力更大”；我们说

“你太辛苦”，他说“我们镇党委书记更加辛苦——每天12点半睡觉，早晨4点就坐在床上想心思”。吴勇的眼里，总是盯着一群更加辛苦的人。有一个阶段，他以“谁迟到谁就请全所民警吃早饭”的方式提醒民警不要迟到，惩罚如此温柔，因为他说：“民警太辛苦，有的民警出警，衣服都被撕破了。”

他每天上班分两段走：先请“专职司机”把他从市区送到城外，再自己开车到派出所。当然，被他戏称为“专职司机”的是81路公交司机。妻子笑话他小气，舍不得汽油费；他说他是利用公交一路看风景，便于脑袋休养生息。他还喜欢站在办公楼的北走廊向下看，看围墙内的那一片菜园子宁静而亲和，他祈祷整个大兴镇都能如此宁静安乐。

每个灵魂都为使命而生，他心系大兴的百姓。

人民警察誓言

荣誉是一种鞭策

每日从文化长廊走过，吴勇的步子有时轻松，有时沉重

三、躲到外地去的“张善人”，扬眉吐气地回家了

“有个66岁的小学退休校长，他是我的忘年交。”吴勇说。

“我今年66岁，大兴派出所吴所长是我的忘年交。”张士敏说。

张士敏，一位农村小学的退休校长，在任时，拿出自己的自留地砌校舍，早春二月赤脚下河捞砂礓做校舍地基，落下了一身病，连续多年拿出自己的微薄工资，阻止多名学生因交不起学杂费而辍学，多次因过度疲劳而昏迷。退休后，多次捐款，带领乡亲铺桥修路，人称“张善人”。有一年麦苗干旱枯黄，他为民请命，要求政府出面，迫使一家兄弟几个将霸占的公共水塘让出来，供老百姓浇地，为此触动了对方利益，张士敏多次被谩骂追打，只得躲到外地的儿子家避难，心中憋屈没处诉说。

但就是这位“张善人”，最初传到吴勇耳朵里的信息却是一位“寻衅闹事者”。为弄清事实真相，化解农村那剪不断理还乱的矛盾，吴勇数次便衣私访，终于弄清事实真相，多次打电话鼓励张校长回家，并拘留了这几个砸老百姓水桶、横行村民小组的霸道者，他还用自己的车接张士敏到派出所为民警作先进事迹报告。

“除了门卫，他们派出所所有人员都参加了报告会！”电话中，张校长激动得让我们担心他心脏的负荷——我们设想，电话那一头，一定是一个“扬眉吐气”的造型！

张校长似乎有说不完的话，他把吴勇描绘成了一位“现代包青天”。我们弄不清对方说的是宿迁话，还是他自以为是的“普通话”，这似懂非懂的通话持续了一个多小时，让我开始心疼起我的电话费。

“精神上、人格上，张校长对我影响特别大。”说完这句话，吴勇手机又响了，说是某个地方杨树花起球燃烧了起来，要他们赶紧赶过去。

看着吴勇出门时那副虎背熊腰的身影，我突然心生一种感慨：善人善举，多么需要这样霸气的派出所所长的呵护啊！

“张善人”送来的几句话

使命写在墙上

公正刻在心里

四、一封“实在实在不好意思”的“说情”短信

吴勇外形长得霸气，内心却很柔软——我们看到了他发给法官的一封“实在实在不好意思”的“说情”短信。

有一对老夫妇，今年已经五十多岁了，笃信藏传佛教，儿子 6 岁时，就被他们送到藏地的一座喇嘛教寺院。一种深深的被抛弃的感觉伴随着这名儿童成长，后来在广东上大学时，因为侵犯个人信息，这名大学生被吴勇他们跨省追捕带到了宿迁大兴派出所。当这位青年奇特的身世展现在民警面前时，吴勇惊呆了：孤独的童年、亲情的缺失、教育的畸形，让吴勇倍感痛心，内心激荡起无论如何也要救救孩子的情愫。犯罪情节审查清楚后移交法院，吴勇给负责审判该案的法官编写了一段 928 字的“说情”短信，恳请法官“考虑孩子缺失了多年的爱，给孩子一次改正的机会”。短信开头第一句话就是“实在不好意思”，结尾时则变成了“实在实在不好意思——我以一名共产党员的名义、一名人民警察的名义……”

审理期间，吴勇与妻子一起到宾馆与孩子的父母长时间地交流，让对方从“放弃孩子”的念头中转过来，将缺失的爱还给孩子。离开宾馆，已是月明星稀。

“后来呢？”

“阳光总在风雨后！”吴勇用一句歌词欣慰地回答了我们的提问。

结束今天的采访，我们驾车回城，准备晚上见一见吴勇的妻子。一路畅通，天蓝得让人感动。

骆马湖的涛声在这块刻石旁回荡，我们想到了知善知恶的吴勇

五、耕读之家的幸福生活

还在吴勇女儿小学三年级时，一天晚上，抄水表的工人敲开了他家的门，眼前的一幕，让抄表工人十分诧异：一家三口，每人手里一本书——这里的夜晚静悄悄。

吴勇家在农村，小时候，眼见母亲有时凌晨一两点还在满是坟头的承包地干活。吴勇几岁时就帮着家里捡棉花，常常捡到晚上九十点才回家。

但农耕家庭出身的他却酷爱读书；然而吴勇嘴里反复称赞读书读得好的，不是他自己，而是自己的妻子、自己的姐姐和自己的女儿。他跟我们描述妻子如何参加自学考试一步步提升自己，职位如何步步高升，工资如何远远地把他抛在后头；他指着他的姐姐告诉我们，这个女性如何从一个下岗职工通过严苛的律师资格考试，成了法庭上侃侃而谈的律师；他目光穿过远方的天空，告诉我们此刻她女儿远在地球的那一头，他像说评书一样给我们讲述自己的女儿如何过五关斩六将，获得了新加坡的奖学金远涉重洋读书，后来又参加了英国牛津大学的考试被录取，圆了牛津梦。

每当说起家人，吴勇脸上满满的笑容。耕读之家，自有耕读之家特有的幸福，经营好了家庭，人生就成功了一半。而赞美同事和家人，成了吴勇的习惯。

看到他妻子“宿迁市十佳警嫂提名奖”证书，摩挲着他家“宿迁市十佳文明家庭”的牌匾，我脑中突然跳出一个跨越时空的念头：二十多年前就毕业离开母校的吴勇，他今天的生活状态，跟他母校 2018 年年底才提出的“育养匠心、幸福人生”的师生共同愿景，是否冥冥之中存在某种关联？

吴勇是一位有着传统家庭观念的人，他的几位朋友说他做人好、家风好。“我们民警每天接触负能量，而我们要保持正能量，并把正能量带回家庭。”吴勇谈吐中，总是盛赞中华民族的传统价值观。

加了吴勇的微信，打开微信，原以为这位立过三等功、曾经是宿迁市宿豫区十佳政法干警和宿豫区十佳警察的派出所所长，一定是穿着警服的威武相，谁知他的微信头像竟然是妻子和女儿的合影，而且起了个很幸福的微信名：轻轻梦回。

吴勇动员民警在文化长廊秀一秀各自的恩爱家庭

六、有个专业叫“档案管理”

到吴勇的派出所参观，来人无不为吴勇对史料档案的搜集整理成果啧啧称赞。吴勇有一句话：“我要对历史负责。”

大兴镇派出所一间屋子里捆扎着3000多卷档案，吴勇请大学生利用寒暑假时间，拨开故纸堆一张张扫描成电子档案，他们甚至寻找出了20世纪60年代的资料。翻看陈列柜中泛黄破旧的户口档案，就像回溯一个时代的历史。很多农村人不把户口当回事，但要领低保，就找上门来了。看到那些衣衫不整的老人，到派出所找到了户口依据喜出望外的样子，吴勇就美美地体验心中升腾起来的那种慰藉感。慰藉，是一种幸福的享受。

他还建了一个大兴镇派出所所史馆，让我们看1945年10月，派出所是在怎样一种炮火连天的背景下建制的。他为我们讲解那一排过往所长的故事，话语中充满感恩、饱含深情。

他所热衷的档案整理工作，其实并非上级规定的考核内容，然而，价值所在，功在久远，谁让他所学的专业叫“档案管理”呢！

小小的乡镇派出所竟然有自己的“所史馆”

吴勇在所史馆做介绍

所史馆的英模墙，是吴勇的骄傲

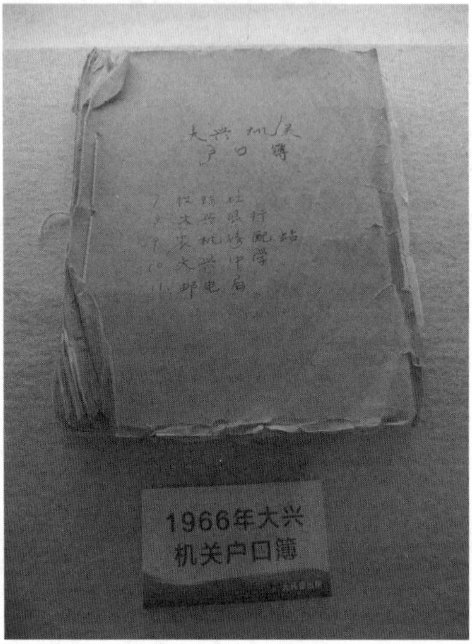

他们找到了 1966 年的户口簿

离开宿迁时，汽车再一次经过项王故里景区。看着景区门口在战马上冲锋陷阵的项王雕塑，我跟随访的老师说："我们就用这个标题吧——项王故里，有一位知善知恶的派出所所长。"大家沉思着，点点头。

项王故里的项羽跃马雕塑

所属二级学院：经贸管理学院

专业：档案管理

班级：档案管理 911

班主任：吴亚萍

他在凝结贺兰山下水土的精魂

“驾长车，踏破贺兰山缺。”岳飞的一阕《满江红》让我们知晓了这世上有座贺兰山。

贺兰山，宁夏回族自治区首府银川市西北部的岩石山脉，植被稀疏，颜色灰暗，南北走向，如马似奔，800 年前党项族西夏王朝居住地。岳飞空怀一腔热血，其战车终究未能跨越千里踏破贺兰山任何一座关隘。全长 5464 千米的黄河水则并无岳飞那样的禁忌，它从青藏高原巴颜克拉山一路狂奔而来，在甘肃兰州拐了个弯，向北流向贺兰山，硬是从贺兰山下滋润出了“塞上江南”——银川平原。

大约六七年前，一个叫袁东彪的人突然开始崇拜起贺兰山下这片神奇的土地，先后流转了 3800 亩农田，以一种宗教式的虔诚，培育出了国内真正意义上的有机水稻。在袁东彪的成品库，看着那一粒粒圆润如珠、白皙如出浴婴儿的超国标有机大米，我心里微微有些感动——

这哪里是大米啊！这分明是银川市劳模袁东彪借自然之力凝结而成的贺兰山下水土的精魂！

袁东彪的微笑，自有一股渗透心灵的力量

一、一张五十万元银行卡触发的心思

袁东彪，1966年以排行第二的身份成为银川市永宁县一家农户的儿子。1982年，他在永宁县参加中考以全县第一的成绩被常州轻工业学校录取。“兄弟姐妹5个，家庭负担重，就是想早点工作。”袁东彪解释说。

他的名字时代感很强，一个“彪”字，含义更是特别：据说通常母虎生育不超过两胎，若有第三胎，便是彪；彪在古代文化典籍中是一种排在虎豹之间的神秘动物。袁东彪的神秘在于：明明有5000平方米农用物资销售店铺，也很赚钱，却偏偏要一步步转让出去，到乡下去种水稻，做很难赚钱的农业。

“母校老校区周围都是稻田，上学四年看惯了稻菽千重浪，会不会因为这个让我对水稻产生了感情？”袁东彪经常用这句半开玩笑的话来应付别人不解的眼光。

1986年，他从塑料成型工艺及设备专业毕业，作为宁夏回族自治区的委培生，直接进入了自治区重点企业——宁夏第一塑料厂做了技术员，后来做了生产科副科长、科长，再后来做了生产副厂长，承包了一个车间，3个月扭亏为盈。按照合同他可以拿3000元奖金，硬是没好意思拿。1998年辞职自主创业，专做农膜等农资销售生意，门店从90平方米扩大到5000平方米，一年几千万的销售额，在永宁也是数一数二的农资销售商了。

“那年离开工厂时我口袋里只有700元。”——700元？按照我的想象，袁东彪说这话时应该表现出一种“风萧萧兮易水寒”“创业艰难百战多”的悲怆感。但是他没有，他说从学校毕业至今一直很顺，包括农膜在内的农用物资销售一直顺顺利利。

2006年，袁东彪等人做东，召集工艺822班同学在银川永宁县举办毕业20周年班庆活动。大家走在永宁那干旱得长不出草的田埂上，议论着要像袁东彪那样拿些钱资助这里的贫困生。其中有位叫金才庆的常州同学当场拿出存有50万元的银行卡，委托袁东彪落实资助对象。

按理说金才庆当时还算不上太大的老板。感动之余，袁东彪提出：“要不我们合伙搞个项目，你用这50万元入股，让帮困助学可持续？”

合伙搞个项目？什么项目呢？袁东彪的一句话，让大家思考了5年多。

2011年年底，袁东彪去澳洲考察途经上海，一个电话把在母校所在地常州创业的金才庆、朱佳忠两位校友召到了浦东机场。一顿饭后，他们决定共同出资200万元注册成立“宁夏裕稻丰生态农业科技有限公司”，由袁东彪领衔，负责在贺兰山下种水稻。

就这样，原本只是三人合伙在主业之外搞的一个爱心小项目，没承想袁东彪一步步搞大了，最后干脆将5000平方米的农资公司转让了出去，一心一意种水稻。

“这么大规模的水稻种得顺利吗?”我再次用“顺利”一词发问。

“顺利啊，天时地利人和。”袁东彪站在田头，极目眺望3800亩横平竖直的水稻田，目光再慢慢收回，细细观察脚下的田亩，就像欣赏一幅心仪的画。他的眼睛里有一种慈光，与这片土地粘连在了一起。

一项发心于爱的事业，自有其感天动地的力量。公司自成立以来，每年资助贫困生5万元，此外，袁东彪还经常个人掏腰包助困，并不时私访资助款的落实情况。

贺兰山下土地干渴，需要大量水分，犹如嗷嗷待哺的学生。也是奇了怪了：一片干渴得连杂草都不容易长出来的土地，却能培育出全国最好的有机水稻!

低温保存的有机水稻

大米加工厂一角

从这里可以详细观察3800亩水田的状态

二、蛇皮袋装着一百三十万，坐在田埂给农民分钱

谈起这位银川市人大代表，现在常州创业并定居的同班同学金才庆的表情，用“眉飞色舞”来形容一点都不为过。

“2011年年底，我们三人在浦东机场合计说是要种水稻，刚过年袁东彪就电话我们说1800亩水田弄好了——天哪！我们投资款都没有打过去，1800亩啊！”惊讶，佩服，金才庆一惊一乍地给我们讲述着发生在贺兰山下的“拍案惊奇”。

“那天我去银川找他，从河东机场直接打出租车，驱车27千米到达基地，刚好碰上袁东彪给农民分钱——我的天哪，他们用蛇皮袋装了130万元，坐在田埂上，当场丈量土地，按每亩一年流转费725元当场分钱。我说你就不能通过银行打款？东彪说，当场分钱，农民心里踏实。”

永宁县政府对这一规模化现代农业项目倾注了极大的热情，大开方便之门，从土地流转、村民搬迁、政府补贴款落实，到田间汽车行车水泥路的铺设、田间水渠的开挖等等，真可谓呵护到了家。

仁厚养人脉。袁东彪为人的仁厚，让他们三人的爱心项目如鱼得水。

“农民土地给你们了，他们怎么办?”我问出了很多人想问的问题，毕竟农民是弱势一方。我抬头朝着这几千亩地放眼望去，只是偶尔看到个人影在田间晃动，这农民都到哪里去了?

袁东彪扳着手指头给我们算了一笔账：农民自己种一亩地，刨去成本，最多收益500元，如果把人工算进去，他们是亏损的。现在公司每年每亩补贴700~900元土地流转费，他们还能去其他地方挣钱。大部分人都愿意把田拿出来参与流转。公司只是经营权，土地承包权还在农民手里。个别农民一时转不过弯来要自己耕种，一年后掐指一算，又把田给了公司。如果按照传统的方式，3800亩田需要900多人耕种，而我们正式职工只有6人，都是规模化机械化作业，公司是靠效率盈利。

3800亩，大小约等于常州科教城东西区面积的总和。109国道从他们的西侧画出了一条南北走向的直线，几道东西向5米宽的水渠，都用混凝土预制件进行了坡面加固。夏天来临，一片绿油油的水稻，田亩间纵横的水泥道路以及大小水渠格田成方，每条路边都哨兵似的站立两排金叶榆树，把3800亩田地装饰得就像天安门前间隔成方的阅兵队伍。在种植基地中央，几十间生产加工用房如绿色海洋上的不沉之舟。移动公司特地为他们修建了几十米高的信号塔，如舟上桅杆，似绿海灯塔。袁东彪经常会开着车在田间大道上行驶，如驾一叶扁舟赶海的弄潮儿。

“下一步，我们还将把基地北面的5000亩地流转过来。”

晴空万里，几十公里外的贺兰山隐约可见。此时，我很想飞上蓝天，从高空鸟瞰袁东彪究竟下着多大的一盘棋，看贺兰山是如何似灰色的骏马向北朝内蒙方向奔跑，将山西面的沙漠与这里的农田隔开，看基地东面的黄河如何自南向北一路浩歌。

苦于身无彩凤双飞翼，我只能用这诗人般的想象，去体认作为永宁县龙头老大、将来还将成为宁夏回族自治区龙头老大的水稻种植户的气魄。

理念超前的太阳能灭虫灯，用大自然的能量解决大自然的问题

先进的农用机械

过去900人才能种得过来的地，现在6个人全包，靠的就是这些先进的农用机械

三、他在凝结贺兰山下水土的精魂

在占地30亩的办公区内，靠北一排是办公用房；在靠东一排遮雨棚内，多架大型机械化农具排着队在休息，一架价值就是几十万；南侧一排房是墙壁厚度达40厘米、大型碉堡似的隔热稻谷仓库；西侧则是大米加工区，价值230万元的流水加工线，让我们上上下下拐来拐去转悠了好长时间——稻谷从仓库通过一个洞口被吸进管道，经过11道风口的筛选后，再被剥去包衣成为圆润的大米。国标要求有机大米碎米率控制在8%～10%之内（超市大米碎米率达30%～40%），而裕稻丰公司大米碎米率控制到了8%以下，以尽可能保留大米的营养、提升口感。目前公司的资产已经达到3000万元。

40厘米厚的仓库墙体，
让有机水稻进了低温箱

袁东彪戏称自己是公司唯一一名“脱产干部”。此刻包括一名原本是村支书的裕稻丰农场场长都到田头料理农活去了，毕竟大棚里的秧苗都在齐刷刷地成长，很快就要插秧了。

坐在袁东彪的办公室，周围一片静寂，静得似乎可以听到几公里外黄河水缓缓流过的声音。

办公室静谧得似乎可以听到几公里外黄河的流水声

移动公司新建的信号塔将基地的种植信息传送到管理人员手机

育苗大棚

大棚育秧苗

这里的黄河，一改人们印象中惊涛骇浪的形象，变得温柔缠绵。银川属于干旱地区，且早晚温差大，使得农作物病虫害难以生长。贺兰山以其父亲般伟岸的身躯挡住了西北的寒流和沙漠，黄河水以其母亲般的情怀滋养着银川平原的一代代子孙。常年干旱却从不缺水，且日照时间长，使得银川平原成了名副其实的天然粮仓。这里水稻栽植历史悠久，宁夏大米曾居清代“贡米”之列。康熙访宁夏时，钦点为宴席主食，被称为“珍珠粳米”，又誉为“朔方贡米”。宁夏大米不仅产量丰盈，而且以品优质佳著称，兼具“粒圆、色洁、油润、味香”四大优点，蛋白质、脂肪含量尤高，极富营养价值。用其蒸制的米饭，洁白如脂，粒粒晶莹，黏而不腻，油润香口。

袁东彪与黄河水有着不解之缘。他初中三年虽成绩优秀，却从未领到过“三好生”奖状——毕业中考时考了全县第一被学校补评为“三好生”，但至今没拿到证书——因为他多次带着同学进汉渠游泳，多次被老师狠批。

汉渠是汉朝的“引黄灌溉”水利工程，与秦渠、唐渠和20世纪60年代修建的西干渠一起把平川润泽成“塞上江南”。四渠如人体动脉，将上游的汩汩黄河水引入田亩，多余的水又可排出进入黄河下游。造物主的青睐，让银川平原与都江堰一起成为全国仅有的两个自流灌溉区，不需要一分钱电费。水随人意，招之即来，挥之即去，“天下黄河富宁夏”绝非空穴来风。

开凿于汉朝的汉渠，是银川“引黄灌溉”四渠之一

格田成方，成就绿色事业

政府开凿的惠农水渠让这里流水汩汩

立夏过后，整个银川平原弥漫着沙枣花的幽幽甜香。晚饭后，随风潜入夜，让人沉醉。从裕稻丰水稻种植基地到永宁县城，车行13千米。小城街道清静，散步经过永宁县一中门口，袁东彪驻足不前。顺着他的目光向围墙内观看，一群中学生背着书包正离开教室。这是他常年资助的两所中学之一。从袁东彪的言谈举止中，我们可以感受到他对贺兰山下这片土地的眷恋，对黄河之滨这群孩子的关爱——这可能正是他内心满足和宁静的深层次原因。

在采访袁东彪的三天时间里，他提到最多的事情，是常州求学期间老师的关爱如何深深地影响着他的人生，影响着他公司的走向——原来，关爱是一根接力棒，是可以传递的。他带着爱种植水稻、凝结贺兰山下水土的精魂，并通过这一粒粒水土的精魂向黄河的子孙、华夏儿女传递自己的关爱。

多年来心系母校、感恩母校，袁总提出要与母校张涛老师合个影

“我为什么要搞农业？因为农业是绿色的事业，是真正可持续发展的事业。我想让自己慢下来，看庄稼从幼苗慢慢长大，看水土交融慢慢凝结成金黄的稻谷，再经过11道风口筛选吹净后蜕变为晶莹的大米，看这些纯净的大米怎样慢慢喂养天真的孩子，怎样进入寻常百姓家，成为餐桌上令人惊叹的白米饭。”

这位裕稻丰老总，有着陶潜般归园田居的心境，又兼具儒家修身、齐家、济天下的作为。农民的纯朴和现代企业家的眼光和气魄，在他身上完美地结合在了一起。

陪同我们走了一段之后，他要回家了。看着他信步而归的背影，我突然有一种奇妙的感觉：他不就是贺兰山下的水土育养出来的一株成熟的稻穗吗？秋来金灿灿，风来田亩香，袁东彪用一颗爱心，把自己的日子过成了诗。

四、天柱折断，他要用良心重建一座不周山

西汉《淮南子·天文训》中记载了这样一则传说："昔者，共工与颛顼（zhuān xū）争为帝，怒而触不周之山。天柱折，地维绝。天倾西北，故日月星辰移焉；地不满东南，故水潦尘埃归焉。"很久很久以前，共工与颛顼争着想做帝，共工一怒之下用头撞击不周之山，于是支撑天的柱子折了，系挂地的绳子断了。天空朝西北方向倾斜，所以日月星辰都朝西北方向移动；大地朝东南方向倾斜，所以江河泥沙朝东南方向流去。宁夏著名学者高嵩在研究了贺兰山岩画中的文字后得出结论：不周山就是银川西北的贺兰山。

贺兰山岩画

远古时代，有人为名为利，可以不顾天翻地覆、生灵涂炭；当今社会，为了金钱，有人可以昧着良心大量生产有毒食品，只要食品不进我的口，哪怕世上洪水流。袁东彪要用自己的良心，在这3800亩土地上，重建一座诚信的不周山。

2012年初，宁夏裕稻丰生态农业科技有限公司在贺兰山下、黄河之滨注册成立。然而公司虽号称"生态农业"，成立至今，却从未生产过一粒绿色、生态大米。

"绿色、生态大米档次太低，我们只生产有机大米——要做就做最好的。"袁东彪指着橱柜里已连续7年认证合格的农业部《有机产品认证证书》对我们说。证书上清清楚楚这样记载：初次发证日期——2014年3月20日；本次发证日期：2017年11月23日；有效期限：2017年11月24日~2018年11月23日。

有机产品一年一认证，除了年底的专家集中审查外，平时还有两次不打招呼的突击抽查检测。整个认证从土壤、空气、周边环境、水源、种子，到田地的外来投入品（肥料）、稻谷、米粒、加工过程、包装，总共20多个环节项目。而且刚开始还要经历三年的转换期，按照有机食品的生产标准对土壤环境进行观测改造，前三年的大米必须标注“中国有机转换产品”字样方可销售。

裕稻丰公司的有机产品认证之路，走得顺顺当当。当农业部专家从北京赶来，一看这里天朗气清、常年干旱、病虫害难以生长，很多项目就顺利通过了，何况公司成立之初就聘请了好几位专家顾问呢！

绿色食品或者说生态食品的生产，只要农药、化肥、激素使用不超标即可，也不禁止基因工程；有机食品的生产，绝对不允许使用农药和化肥，一旦使用，我们舌尖虽没法鉴别，专家一检测，昭然若揭。化肥会使土地板结，一亩地化肥成本只要200元；使用牛羊粪等有机肥料，一亩地肥料成本达600元，但土地会改良得越来越好。有机食品生产种子都是特供的，绝对禁止转基因。裕稻丰有机大米受益于贺兰山地区独特的地理气候环境，东北大米只有极少数能够达到裕稻丰的水准。这里的有机水稻种植水平在全国处于什么地位？公司橱窗陈列的几十块奖牌中有两块农业部的牌子：“全国有机农业示范基地（水稻）”“全国有机水稻技术标准优秀验证基地”。

种植有机水稻有点像小孩“办家家”，稻田要分成很多正正方方的区域并编上号。虽然这里病虫害很难生长，但公司还是投入一大笔资金，在基地安装了最新理念的太阳能灭虫灯。这灯一路排过去，让人怀疑这里是否要以天为幕举行“印象裕稻丰”大型文艺晚会。鸟雀时来“拜访”，来的都是客嘛，于是他们在田头埋入了滴灌装置，种上向日葵供鸟雀食用以保护稻谷。边缘区域按照要求必须设置16米宽的隔离带，而裕稻丰的隔离带宽达24米，有3条路、两条沟渠和路上两排笔直的白杨树作为屏障。从边缘区域到核心区域，大米也从6元到20元1斤不等。

宽度24米的隔离带，将裕稻丰公司隔离成一个精品大米生产基地

他用向日葵招待麻雀、喜鹊和布谷鸟

一般水稻亩产达 1500 斤，大米 2~3 元 1 斤，而裕稻丰的有机水稻亩产最高只有 800 斤，加工成标准国标有机大米只有 400 斤，每斤卖 7 元以上才能盈利。

“如果你们用一般大米冒充有机大米，岂不是可以有几倍的利润?”

“不可能。有机认证还包括产量认证，我们能生产多少有机大米农业部认证中心清清楚楚，一个 5 公斤的大包装盒上有认证码，里面的分包装还有认证码，手机一扫，是李逵还是李鬼，一清二楚。再说，如果纯粹为了挣钱，我来做农业干什么?”袁东彪的一席话让我彻底打消了顾虑，当即要求他把公司的微信购物平台二维码发给我。

这里信号很好，移动公司专门为这个区域修建了信号塔，政府划拨 1600 万元以项目投入的方式为这块区域安装了监控系统，让公司管理人员随时可以打开手机查看田里情况，收集种植数据。不久的将来，顾客都可以通过手机观看定制水稻的生长情况，一路观看青葱秧苗怎样一步步变成珍珠大米。

这里的探头，将来可以让全球客户实时观察自己定制水稻的生长情况

袁东彪向来低调，性情平和。被评为“永宁县十佳农民”“最美永宁人”，他托人找关系把自己从名单中删除了。有人推荐他做永宁县政协常委，他不肯。“人家托人找关系想进政协，你咋还不肯进来？就你了！”政协主席吼了一声，他无奈地进去了。银川市劳模他榜上有名，他也是无奈地拿着一张表格盖了 16 个章补交了上去。“开政协会议穿上西装我都不知道怎么走路了，而且还必须接受电视台采访。”除了政协会议上的任务性采访，百度“袁东彪”三字，竟找不到一条关于他的报道。中央 7 套来采访他，他拒绝了。

袁东彪戏称自己“胸无大志”：“老老实实做人，舒舒服服做事，有能力、有机会献点爱心，这就是我人生。”

他说这句话的时候，我们正一起在永宁县城内庄严肃穆的纳家户清真寺参观，我发现，此刻袁东彪说话的神情，就像穆斯林一样虔诚——尽管他不是穆斯林。

准确地说，诚信并不是袁东彪的追求，而是他习惯了的一种工作态度和生活方式。良心在，从来不曾惹尘埃，世俗的不周山倒塌了，他心中的天柱从来就不曾折断，而且正借助于这 3800 亩土地外显于形。袁东彪的诚信，终将成为贺兰山众多岩画中的一幅，壁立千仞，风雨不蚀。

袁东彪所获的证书

所属二级学院：材料工程学院

专业：塑料成型工艺及设备

班级：工艺 822 班

班主任：张金兴

签完器官捐献协议，他云淡风轻

2020年5月6日午夜1点22分，梅磊在自己的微信朋友圈上传了一张照片：中国人体器官捐献志愿者登记卡，“梅磊”两个字，明明白白地印在卡片上。他还附上了一首小诗：“生命的礼物：虽然不知生命之旅何时结束/但当那一刻来临之时/可留下鲜花一束……”

犹如漆黑的夜空窜出一束火焰，他的朋友圈顿时轰动起来：从午夜那一刻至今，125人点赞，55条留言。在留言区，有拼命奉上大拇指的——有个叫“流年若梦”的微友献上了22个大拇指，有写“大爱”“情怀”“爱的奉献”的，有“向梅总致敬的”，有“想想都害怕”的，还有戏谑语——“想开点，你还年轻啊！”“从现在开始你要少喝酒少熬夜，保护好身体各个器官，留下好东西。”一位微信名叫“建筑人”的说得最为恳切：“一切有益于人类的事情，无论看起来多么渺小，其实都极伟大！”

第二天，父母急急地从老家如东县打来电话，质询这件事的真伪……

梅磊却很安静。在他看来，自己习惯于“勿以善小而不为”已经很多年，一路走到今天，签署这样一份器官捐献协议，应是水到渠成的事。他站在常州银河湾第一城18楼的公司总部向外远眺，世界很平静，蓝天上，云淡风轻。

他很喜欢“好迪”这个名字

一、怀念十六人上台向大家鞠躬的岁月

1999 年，梅磊考入常州轻工业学校艺术专业，在凤凰路旁的老校区待了 4 年。初中毕业后来校上中专，加上艺术专业学生有点与生俱来的傲气，他们班级成了全校最调皮的班级，弄得班主任老师和学生科老师很是操心。有一次班级一帮男生跟高中后的同学争高低，打了起来。几天后学生科处理决定下来了：课间操时间，上台向操场上的全校师生鞠躬，保证以后不再打架。而上台的同学中，有的头上还贴着药棉。全班 18 名男生，上了 16 人。这个情节，成了毕业后班级聚会大家最喜欢回忆的镜头。《红楼梦》中贾宝玉曾对身边的一群女孩说“我为你们操碎了心”，班主任老师则为班级的 16 名调皮男生“操碎了心”。后来，这些学生成熟了，懂事了，一个个事业有了发展，开始感恩老师感恩学校。毕业多年后，退休了的班主任老师身患不治之症，班级学生一次次去看他，直到后来为他料理后事。

梅磊沉浸在回忆中。他说大家都很怀念那个 16 人上台向师生鞠躬的岁月，一个个庆幸自己的青春叛逆期是在学校度过，学会了怎样做人，怎样跟社会和周围人和谐相处。毕业后有人做起了广告行业，有人做起了装潢生意，还有的专门搞平面设计、空间设计，一个个都离不开母校的培养。

梅磊不在这 16 人中间。当时他是系团总支副书记、副班长，属于不惹事的那种，跟班主任接触很多。自己的好迪装饰工程有限公司成立后，先后两次为班主任家搞装潢，因为不赚钱，为了节省人工成本，他让自己的父亲也去装修现场帮忙。他先后为十几名母校老师做家装，校庆 60 周年之际，又捐款支持母校的发展。

岁月留痕，他与母校之间，永远连着无形的脐带。

因为喜欢“光明磊落”这句话，朋友就给他写了这幅字

二、他把家装当作慈善项目来做

梅磊2003年中专毕业，学得了一手专业技能。他花20元在二手市场买了一辆自行车，每天早晨骑车十几公里，到常州东郊戚墅堰一家装饰公司上班。一路灰蒙蒙，所以每天到单位第一件事情是洗头。洗了5年头，他自己开了家装公司。

其实在这之前，他去杭州考察了好迪门业，早就成了好迪门业在常州的总代理——我忽然想起，2008年我家装修时，用的就是好迪门！这冥冥之中的缘分，12年后才浮出水面。不过听说当初给我装修的公司前几年突然倒闭了，至今还欠着梅磊十几万的好迪门货款。

“开公司，即使小心翼翼，有时还不免掉进坑里。”梅磊淡淡地说。他说现在做家装不比当年，利润已经很低，“家装养人，工装挣钱”，这是装修行业的口头禅。他步子迈得很平稳，不想冒险，大型工装项目轻易不去竞标，他担心一旦回款出了问题，公司拖垮，20多人的饭碗就砸了。

他行事低调，平时话不多，对接洽装修项目，他喜欢面对面交谈，即使特殊时期，他也尽可能戴个口罩见面磋商。因为他发现，客户能够从他的言谈举止中，感受到他的诚恳。

他装修非常注重细节，他将“做好做到位”，作为自己矢志不渝的原则。“一套房子，常常要将一家人半生甚至一生的收入投进去，我不能对不起他们。”10年来，他承接的工程，从未出现过水管漏水事故，防水质保50年，水电质保10年，用户有问题48小时内解决。

开业10年来，至少做过800个项目，他用展台展示自己的历程

他处处为客户考虑，把每个装修项目都当作慈善项目来做，宁可亏一点也不跟客户斤斤计较。于是客户介绍客户，一年能做 80~100 个工程。很多装修公司老板并非出于科班，而是现场项目经理出身，拉几个人就开始搞装修工程，动辄号称“免设计费”，把装修市场搞乱了。梅磊认为没有精心设计这一环节，很难保证装修质量，所以他的公司设计师都是明码标价。中国传统的二十四孝中有一个“涌泉跃鲤”的故事，说的是东汉有一个叫姜诗的孝子，因孝心感动了天地，结果院子里竟然冒出了泉水，泉水中还跃出了两条母亲喜欢吃的鲤鱼。梅磊坚信，把每个装修项目都当作慈善项目来做，终究会感动客户，客户还会将这份感动传递出去。

三、奇怪的身份：合适成年人

古人云：大善重心善，但不废行善。梅磊是否心善，我没有“他心通”的本领，无法直接下结论；但创业虽艰难，他却从来“不废行善”，这是实实在在的。网上“水滴筹”是他常年做善事的地方。因为细水长流不断地尽社会责任，这让他的人生多了一份特有的安详。他不是大老板，“水滴筹”每次捐款从 50~1000 不等，至今已经捐了 144 次。有一次看到常州电视台报道，武进医院有一位女孩生了白血病，需要一种特殊的血，他刚好能够对上号，就赶过去一下子抽掉了 800 毫升，结果头晕眼花，让妻子搀着回家。“他见到血就晕，还经常去献血。”作为同班同学的妻子把这个当笑话说，话语中充满了对丈夫善举的赞赏。去年前黄镇有位孤寡老人房子失火了，电线烧断，墙壁焦黑，梅磊带公司人员为他免费整修，这事就是妻子提供的信息。其实支持梅磊扶危济困的，不仅仅是妻子，还有梅磊的父亲。梅磊父亲对儿子为孤寡老人修房子的事赞不绝口，并告诉我说，儿子还将帮另一家困难户免费修房，要等疫情过了才能动手。

一种向善为善的心念，让梅磊的日常生活处处出现行善的机会。他的“合适成年人”身份，就是在他加入民主建国会之后，因热心于做公益而拥有的一个特殊而奇怪身份。

当他告诉我说他一直在做“合适成年人”时，我一愣：哪来的奇怪概念！百度了一下，刑事诉讼法第 270 条规定：对于未成年人的刑事案件，在讯问和审判的时候，应当通知该未成年人的法定代理人到场。无法通知、法定代理人不能或不愿到场的，也可以通知未成年人的其他成年亲属，所在学校、单位、居住地基层组织或者未成年人保护组织的代表到场，到场的法定代理人或者其他人员认为办案人员在讯问、审判中侵犯未成年人合法权益的，可以提出意见——这些代表就是所谓的“合适成年人”。

很多犯罪的未成年人，人见人厌，家长不管或者不愿露面，在审讯他们时，必须有一个“合适成年人”自始至终陪着，以维护他们的利益。梅磊就是这样的角色，其经历的“恨铁不成钢”的心理过程，经常折磨着他。至今他已结识了十几位未成年犯罪者，每次陪护未成年人接受审讯，都是一次必须直视丑恶的过程。

尽责，有时是必须经历痛苦的，他似乎没有退缩的意思。而为职业院校学生提供实习场所培养专业人才，他的感觉则是“杠杠滴”：看到因为自己公司提供了锻炼平台，职业院校师生的专业知识得以落地开花，他有一种满足感。

这让我想起许地山散文《落花生》中的父子对话：

“父亲说：‘所以你们要像花生一样，它虽然不好看，可是很有用。’我说：‘那么，人要做有用的人，不要做只讲体面，而对别人没有好处的人。’”

沈从文认为许地山的作品把基督教的爱欲、佛教的明慧、近代文明与古旧情绪相融合，使散文发展成一个和谐的境界。在我看来，梅磊，他似乎就生活在一篇散文里，因对社会有用而身心和谐。

四、映秀镇之旅，他勘破了生死

事情回到开头：梅磊在朋友圈上传捐献器官登记卡的第二天，父母就打来了质询电话。

“这种事情，恐怕很难做通父母的工作吧？”我很想了解他跟父母的对话，毕竟，身体发肤，受之父母；何况“死无全尸”还是一句骂人的话……

“我每年带父母出国游或者国内游玩一次，2017 年，我带他们去了成都，电话中，我跟他们回忆映秀镇的所见所闻。”

梅磊烟瘾重，说到这个话题，他自顾自地抽起了烟，眼睛望着窗外。

映秀之旅，那是一个震撼灵魂的行程。他们参观了映秀镇漩口中学遗址，这是 2008 年汶川“5·12”大地震重灾区。5 层高的教学楼，斜着插入了地下，地面只剩下一层。遗址正前方，巨大的时钟停摆在下午 2∶28，而这一刻，学校的 43 名学生、8 名教师、2 名宿舍阿姨、2 名家属的生命也一起停摆，其中很多人的遗体，还埋在这楼底下，保持着最后那一刻痛苦的姿势，纳入了永恒的历史。生命如此脆弱，让导游和车上的游客痛哭流涕。那一刻，梅磊顿悟：生命不管长短，最珍贵的是当下，尽心为社会、为他人做点事，孝老爱亲，感恩知责，才是真正有意义的人生，百年之后，与其是让自己的身体成灰，倒不如让它变成希望，给人间留下鲜花一朵。

梅磊感觉，电话那头，父亲沉默了。

后来当我电话梅磊的父亲，再次问到他对这件事的态度时，其父说了 6 个字：“理解他，支持他。”

我又问梅磊的妻子：“梅磊签订捐献器官的协议，事前告诉过你吗？你感觉能接受吗？”

“他这样做一点都不稀奇，他就是这样的人，挺好。”妻子笑呵呵地跟我说。

电话采访梅磊的同班同学，这位在张家港做着跟梅磊一样行当的男生跟我说：“看到梅磊朋友圈的捐献卡了，我已经把器官捐献中心的二维码保存了下来，也在考虑这件事情。”

梅磊很低调，但通过微信朋友圈传播爱，他从不低调。他的心境，因勘破了生死，而云淡风轻。

映秀镇漩口中学地震遗址

他想借此，在未来的某个节点，传承生命

所属二级学院：艺术创意学院

专业：计算机绘画

班级：99 艺术 41

班主任：郁芳　王加龙

虎年新篇

深耕物流行业：从初级“打工仔”到蜂鸟即配供应商管理“总舵手”的嬗变

2004年，当常州工业职业技术学院开始开设物流专业时，老师们何曾想过会出现一个叫万里的毕业生。

2009年，当因为起薪只有600多元，一同进公司实习的同学跑得只剩下他一个人的时候，万里何曾想过，12年后，他将成为阿里巴巴旗下的饿了么蜂鸟即配事业部高级总监。

万里，一位1988年出生于淮安金湖的不起眼的小伙，深耕物流行业，借助十多年的摸爬滚打和凝眉思考，竟完成了从初级“打工仔”到蜂鸟即配物流供应商管理“总舵手”的嬗变。

在第十二届中国电子商业物流大会暨2021中国同城即时物流行业峰会上发言

一、有个专业叫“物流”

20世纪30年代，美国出现了“物流”这个概念，原意为“实物分配”或“货物配送”。1963年被引入日本，被称作“物的流通”。70年代之后，日本逐渐用“物流”一词取代了“物的流通”。物流，是为了满足客户需要，而对商品、服务消费以及相关信息从产地到消费地的高效、低成本流动和储存进行的规划、实施与控制的过程，是“从供应商到消费者之间”的精细化管理，被称作是继降低物料成本、降低人工成本之后的第三利润源泉。

2007 年，高中毕业的万里在填报高考志愿时，听姐姐说有位同学在苏州做物流，每月工资可以有 2000 元，就在志愿表中写了“物流”两个字。他不承想，所谓事业，就是从填写这两个字开始的。

采访万里，专业性概念很多，什么“位移与存储”“虚拟性服务”，什么“信息化高效运作管理”“半日达”“即时送配”……其实我最感兴趣的，是他毕业后的经历。

体验外卖小哥的酸甜苦辣

二、打工，从每月工资 600 到每年运作 600 亿

2009 年 9 月 1 日，万里开始进入专业实习阶段。他到做公路干线运输的某国内物流公司的常州分公司管理仓库。由于物流行业人员起点低，起薪也低，每月 600 多元的收入，用来租房、吃饭都不够，这跟万里的期望值相距甚远。他还经常要帮着搬运货物，这种初级“打工仔”状态，磨炼着他的心性。一同进公司的同学，跑得只剩下他一个人。面对公司每天进库入库、来来回回的车辆，他的心也不免来来回回动荡。物流专业的施新平老师鼓励他：“物流行业起薪低，但并不表示没前途，将来的收入一定不会低。”

其实，万里也是这么想的：古代“兵马未动粮草先行”；发展至今，整个地球不管白天黑夜，都有物流车队或者快递小哥如水般串流，形成了地球另类不息的脉动；连阐释未来世界的科幻片中，都要搬运物资——物流行业，千年不衰。万里用自己专业的眼光，穿透时间，努力去看5年后、10年后的自己。只是他没料到，他的想象，远远落后于他实际的发展速度和高度。

半年后，他到了该物流公司的上海分公司；又过了一年半，他去了1号店总部，在知名电商公司做物流；2017年3月，他去了饿了么成为蜂鸟配送的配送管理负责人；2018年，阿里巴巴集团联合蚂蚁金服收购饿了么，万里开始在“今天最好的表现，是明天最低的要求”价值观的驱动下，体验一种全新的生活和工作方式；2021年，万里升任饿了么蜂鸟即配事业部业务负责人，成为饿了么物流供应商管理“总舵手”，总领着巨大办公楼中整整一层楼的办公人员，每年规划、运作600亿的业务资金——而这一层楼面的百来名办公人员，通过电脑牵引着全国各地巨大的物流、快递网络，其中快递员就有七八十万。

这样的发展速度和发展高度，实在有点不可思议——能揽下这么大的“瓷器活”，万里手中究竟握着怎样的“金刚钻”？

员工培训（之一）

员工培训（之二）

员工培训（之三）

三、嬗变，缘于他从不停息的思考和探索

2017 年入职饿了么之后，万里接连获得晋升，不到 5 年的时间成长为蜂鸟即配供应商管理业务总负责人。在阿里巴巴的技术等级中，某个高档次级别被称作是“打工者的顶峰”，网友号称“唯有各路科研大牛进阿里才能获得的级别”；而万里的技术级别和岗位，比这个级别还要高一个等级，被研究阿里巴巴内部技术职级的社会人士称作是“梦想中的梦想”。

“梦想还是应该有的，万一它实现了呢！”其实万里最初没有这么高的梦想。万里的专业老师施新平告诉我，万里在校时成绩平平，没见他有过什么出色的表现，但感觉他好思考，想法很多。好思考者应该好读书，那就聊聊读书吧。但万里说，毕业后的前十年，他很少翻看专业书，他的时间主要在研究和思考物流行业最前沿的问题，设计物流行业最前沿的方案，解决物流行业最前沿的难题。

在他看来，书本所说，都是已经解决了问题的前人经验，并不一定能解决大数据时代的物流当下的问题。当今时代的物流弄潮人，始终应该是发现未知领域，挖掘未来空间，创造知识的人。他用敏锐的目光在物流的世界逡巡，一旦发现可能存在的新的服务增长点，就会使出浑身的解数、集中全部的智慧去进行开拓性思考研究，然后拿出（1）研究报告，（2）调研报告，（3）项目规划，（4）实施方案，（5）操作细则（或行动细则）——大学校园里进行课题研究的大学教授们做完第一步，基本就“荷戟独彷徨”了：他们或者四处寻觅投资商提供自己的思路，在投资商的支助下才能编制、实施自己的方案；或者守株待兔等待投资商慧眼识珍珠；最无奈的就是孤芳自赏，让思路和方案成了“屠龙技”——万里不是这样。研究报告、调研报告和项目规划仅仅是他前期的工作，他的重点是要让这些方案落地。他要建立专门的体系，将自己的方案转化为实际的增长势能。而这个时候，平台型公司具有的人员、技术、场景及资金优势，让他如鱼得水。这样的逡巡、思考、研究、设计以及组织实施的过程，促成了他从初级“打工仔”到蜂鸟即配物流供应商管理“总舵手”的嬗变——这不是简单的量的提升，而是类似于一种元素通过核反应，转化为另一种元素。通过这种嬗变，他把初级“打工仔”和物流供应商管理“总舵手”之间的距离，变成了“零”。而这一切，缘于他的“思考和探索”——这种从不停息的“思考和探索”，才是他得以揽“瓷器活”、敢于揽“瓷器活”的“金刚钻”。

“你的级别和年薪，我能不能在文章中明确说一说让大家有点震撼感?”我征询万里的意见。

“不可说，不可说!”万里用谈玄之语笑呵呵地拒绝了我的要求。

尽管他的职级“不可说”，但我的提问仍然紧扣他的职级：“你的职级，必须具有‘行业影响力’，而且必须具备‘有行业影响力的成果’。你在全国物流行业有怎样的影响力?你‘有影响力的成果’是什么?我想，所谓‘行业影响力’，总不至于仅仅是跟物流行业的‘大佬们’一起吃吃饭、聊聊天，在全国性物流研讨会上作为嘉宾发发言吧?”我的提问咄咄逼人。

万里被公司某职能部门定义为“即时配送领域的先行探索者”，他究竟探索出了什么成果?45分钟之后，他要去主持一个全国性的视频会议，我得利用这段时间释疑解惑。

万里作为嘉宾参加中国同城即时物流行业峰会

四、家人帮着发传单，“小区雷购”模式横空出世

2015年，O2O之火席卷行业。所谓“O2O”，是指线上营销、线上购买或预订（预约）带动线下经营和线下消费的营销模式。而生鲜领域，成为O2O的试验田。

在传统的网络销售中，生鲜因为损耗高、配送成本高，“最后一公里”配送成本也居高不下，生鲜电商多是以“进口”“有机”等高单价产品主打。一家专门做生鲜的电商有个公开的数字，每一单宅配的冷链物流成本超过30块钱。而知名网商1号店2014年率先推出了“小区雷购”，不仅可以供应鱼肉蔬菜等各种生鲜商品，居然还能免费送货，最快的送货时间甚至只要20分钟——雷者，雷电也，比喻像雷电那样速度飞快。这一系列改变，源于“小区雷购”App中的商品，不需要长途跋涉多次辗转，因为货物仓库已经前置到了你的小区附近。2015年2月5日的《北京商报》报道说：“‘小区雷购’是1号店手机App上提供的一款社区商品抢购服务，用户打开1号店App，根据定位，就可以购买到低于1号店网上超市价格的商品。‘小区雷购’在京已经覆盖了23个站点，并在天通苑开出首家‘体验店’。普通的站点只是配送和仓储，而体验店有物流集散点、顾客提货点和社区营销点三个功能。在北商商业研究院方面看来，新的市场环境带来的消费习惯改变，让社区O2O成为业界公认的大蛋糕。”

时至今日，小区团购、生鲜前置仓已经遍布全国各大城市，很多网商包括叮咚买菜、美团、盒马鲜生都采用了这一模式，而这一模式的始作俑者，竟是此刻坐在我面前、个子不高的本文主人公——万里。

2014年，当时在1号店任职的万里策划了一个项目：通过物流末端推动物流前端的改革——将仓储前置到居民小区密集地段，让居民能够网购生鲜产品（包括其他平时购买频率较高的商品），并能快速收到商品。方案制定后，他先在上海苏州河边的特大小区——有3300多住户的中远两湾城，选择其中的西区进行试点，然后再扩大到东区。线下宣传推送环节人手不够，他把父亲和妻子动员过来帮着发宣传单。大热的天站在太阳底下，被1号店一位副总看见了，副总特批他招收部分放暑假的大学生帮着发单子。初见成效后，1号店开始重点推进，“小区雷购”影响迅速扩大，直接推动了大中城市居民生活方式的改变。

于是，“即时配送”这一新概念诞生了。万里认为，是“懒人经济”和“生活快节奏”促进了即时配送物流市场的发展。中国即时配送市场规模不断扩大，越来越多的人开始享受各大平台提供的便捷到家服务。

当物流界的这匹黑马横空出世，急需人才的网商和物流公司不淡定了，有的开出了跟万里当时年薪相比将近4倍的待遇挖人。

五、他将人生设计成了一台跑步机

万里，每天早晨6：40起床，8：00不到出门，9：00到公司，9：30开始组织或参加各种视频会电话会，陆陆续续开到晚上10：00。开会，成了万里的主要工作方式。他通过会议了解全国各地情况，通过会议协调全国各地工作，通过会议进行集体“头脑风暴”寻找解决问题的对策，通过会议将自己最新的思考传达给大家。公司蜂鸟即配的网络遍布全国，与万里身边近百号现场办公人员的工作相链接。全国蜂鸟即配的工作运行，既发轫于他的部门，又在他这里闭环。万

因为万里设计出了“小区雷购”，万里（右）和他的领导成了1号店内刊的封面人物

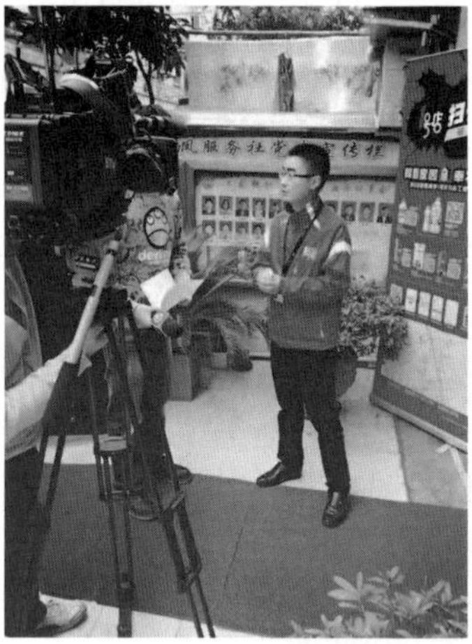

接受上海电视台采访

里，每天都在体验飞翔的感觉。

他说他大脑的沟回，一半时间在处理当下的问题，还有一半时间在思考和处理半年乃至三年后的问题。他带着团队在研究顾客的需求，甚至是研究几年后可能出现的需求。很有意思的是，2009 年万里进入天地华宇从事基础物流时，从商家到客户之间的物流时间是 5 天；2014 年加盟 1 号店，物流时间缩短到了 2 天；2017 年入职饿了么蜂鸟配送，物流时间缩短到了 1 小时；2018 年饿了么蜂鸟配送升级为“饿了么蜂鸟即配”，即时物流实现了分钟级配送。万里的发展，与行业同频共振，他成了传统物流向供应链演进前沿的弄潮儿。

告别蜂鸟即配上海总部时，我突然注意到他公司楼下健身房里的跑步机——万里把自己的人生设计成了一台跑步机：只要你迈开步子，其整个系统便会随着你有条不紊地前行。生命在于运动——肢体需要运动，思维，更加需要运动。唯有思维的运动，才能完成从初级“打工仔”到蜂鸟即配供应商管理“总舵手”的嬗变。

（本文在写作过程中，江苏一带一路研究院研究员、产业与供应链专家沙志平先生，以及从事现代物流管理研究的南京财经大学博士生导师吴志华教授提供了专业解读，在此表示衷心感谢！）

所属二级学院：经贸管理学院

专业：物流管理

班级：07 物流管理 332

班主任：黄衡

长脸叔叔少儿绘馆和一天两百多个加盟电话

“你的脸究竟有多长?”

采访张白雨，我设计的第一个问题显得不近人情。

然而不出所料，张白雨开心地笑了。2016 年年初，当他把自己的长相做成品牌符号、用作自嘲的内容时，一种超越了自我的欣喜油然而生，顿时获得了精神的自由，自由得就像他不加修饰的穿戴。

他脸长，但思想深邃而丰满

一、因为脸长，他没做成班长

他总希望随着天增岁月，自己的脸可以相对变得短一些，然而，直到 2010 年 9 月进入常州轻工职业技术学院艺术系时，也未能如愿。体育课排队他站在后排，旁边同学很认真地跟他比身高，很认真地得出结论："其实我们肩膀一样高，只是因为你脸长，你才显得比我高一截。"

入学后选班长，张白雨向班主任表达了自己想试一试的意愿。班主任看看他的脸，想想他平时有些自由散漫的个性，心想你还是先管好自己吧。果然，他上台竞选，因票数不是很高而落选。

自由散漫，可能是学艺术者的天性。张白雨散漫但不出格，尤其幸运的是，他周围有一群宽容且呵护他的老师。比如班主任李辉老师，跟他相处得就像朋友一样，还带他去某咖啡馆为墙壁画壁画，初尝了商业创作的味道。当发现张白雨在常州、南京等地悄悄兼职，尝试着创业时，李老师爽快地在他的很多假条上签了字。张白雨则也乖巧，作业和考试一次都不缺，毕竟从小学到初中、从初中到高中，他酷爱画画，始终在学画画，功底十分扎实，毕业那一年，还得了奖学金。

"其实张白雨是块当班长的料，有领导才能，跟同学相处很好，当时不当班长可惜了。"李辉老师说这句话时，距离当年张白雨上台竞选班长已经整整过去了 11 年。在李老师眼里，张白雨在专业上是个思想活跃、思路很宽的学生，细心呵护他的各种想法，成了老师们的职责和义务。因为老师们知道，很多奇思妙想，常常以一种"怪诞"的面目出现，唯有宽松的氛围，才能育养出自由奔放的灵魂。

然而正是这种自由奔放，让他两次独闯新疆，三次误入无人区。

参加老师的教研活动

二、孤独骑士的新疆无人区之夜

西北边陲的新疆，古称西域，这是张骞两度出使的地方，这是林则徐被发配的地方，这是“大漠孤烟直”“西出阳关无故人”的地方。这里壮丽的山川、无垠的瀚海，遍地的古迹，奇异的民俗，对张白雨有着挥之不去的诱惑，他想来一次“自我发配”“自我流浪”。2011 年暑假，父母拗不过他的执着，同意他只身穷游新疆两个月；2019 年，张白雨事业的第一桶金早已入库，自己也已成家，他感觉需要静下来，以一种孤独的方式去思考、体验人生，于是这年夏天，他再度独闯新疆。令人不寒而栗的是：第二次的交通工具是一辆摩托车，历时 40 多天，行程 14 000 公里！他先是骑摩托到北京钓鱼台参加了一个艺术教育类会议，然后途经河北、内蒙古、陕西、兰州、河西走廊，最后进入新疆。

夸父逐日，追逐的是太阳，张白雨一路骑行，为的是圆一个堂吉诃德式的孤独骑士之梦。他没有具体的攻略，他说他不是真正意义上的旅游。他要的是经过上百公里不见人烟的骑行之后，绿洲和城市突然出现在眼前的惊喜；他要的是蛮荒之地的孤独体验——目标不在前方，而在过程。

然而，因为导航失灵，他三次误入戈壁沙漠无人区。

第一次误入无人区，是在哈密市的伊吾县。县城很小，但全县总面积 19519 平方公里，都是让人看得绝望的沙漠、茫茫戈壁。跟着导航走，柏油路—水泥路—石子路—搓衣板路……他毫无心理准备地进入了无人区。

“今夜不知何处宿，平沙万里绝人烟”，夜越来越深，他心头的恐怖也越来越浓。偶尔会有小动物远远地注视着这位沙漠中的异类，眼睛发出绿色的光。他独自向前走，弄些枯树枝来生火，竟不敢轻易回头看，因为看多了《盗墓笔记》，他生怕书中的情景再现。整个上半夜，摩托车他都没有歇火，毕竟，发动机的声响可以减轻他的恐惧。

大地昏暗，天似穹庐，独卧帐篷，他想了很多很多。究竟是他抛弃了人间，还是人间抛弃了他？汉朝大将霍去病曾经在此戎马，虽声名显赫，但区区二十多岁便告别了人世，人的生命为何如此脆弱？自己的事业该如何继续？那么多人依托自己的艺术绘馆养家糊口，自己若有个三长两短，该怎么办？被称作“死亡之海”的塔克拉玛干沙漠还在自己的行程之中，摩托的双轮，是否还应该继续向前飞奔？

真正孤独的行者，从来都不孤独，他有深邃的思想为伴。他体悟了“生命”“孤独”和“超越”的含义，测试了自己的“胆量”。一次无人区之夜，成了他精神的洗礼之夜。周围是那么的贫瘠，自己却凭借这貌似绝望的大自然丰富了起来。

所幸的是，第二天早晨，几个边防巡逻兵经过时唤醒了他：“好在这是夏天，狼不缺食物，若是冬季，你早被狼叼走了——前面有过先例。”

倒吸一口凉气，张白雨继续前行。

用纱布捂住脸，为的是跟蛮荒更贴近

夜深了，他与篝火为伴

太阳用光和热告诉沙漠里孤独的行者——“你还活着”

三、感恩为他的长脸定格的“长脸老师”

在张白雨的话语中，出现频率最高的老师是刘星，不仅因为刘老师跟张白雨都是南京人，关键是刘老师跟“长脸”二字，有着撕扯不开的联系。

在张白雨的成长历程中，刘老师扮演的始终是带点“教师爷”性质的“长脸”角色。她看到张白雨有些自由散漫，专业课学得不如自己期望的那么好，心里着急，就经常敲打他。她动员张白雨参加设计大赛练练手，眼看时间来不及，跟同一教研室的丈夫张晔一商量，干脆把张白雨带回家，连续作战几天，终于递交了作品。作品得了个省赛二等奖，刘星老师心里十分慰藉：南京学生张白雨，终于让自己看到了亮色。平时刘老师出去跟企业洽谈交流，也总是带着他。

在校期间，张白雨一边跟着老师们学做设计，一边在周末空歇时帮刘老师在工作室教几个朋友家的孩子画画。慢慢他发现，画画是自己一生的梦想，教孩子画画，是其一生的热情。于是实习期回到南京后，他去了小时候学画的老师那做助教，直到正式毕业。萌生创业的想法后，电话刘老师说他想把南京的一个少儿艺术培训品牌买下来，钱都交了。刘老师是专搞品牌视觉形象设计的，敏锐地感觉到这个品牌太老了，过时了，竭力劝他停止购买。

“我给你设计一个品牌标识，就叫‘长脸叔叔’。”刘老师突发奇想。

“那怎么行！那样一来，我走出去，别人还不盯着我的脸看啊！”张白雨有点抵触情绪。

“我要的就是这个识别度。”刘老师以专业的思维做他的工作。两周后，长脸叔叔的 logo 问世。

刘老师为社会设计了大量的品牌标志，她的设计意识总是超前一步或者几步。5 年多过去了，“长脸叔叔”的形象和名号早已在全国闻名，以极大的亲和力吸引着孩子们，孩子、孩子家长以及合作单位见到他，不约而同都喊他“长脸叔叔”，有的培训分校的家长，还专门带孩子来总部，他们要看看“长脸叔叔”的真人。很多艺术类协会以一次课 1 万元的价格请他去讲课，同行们要看看“长脸叔叔”的真人秀，了解他脑袋中的办学思路和教育思想。

刘星老师长期以校企合作的方式为张白雨设计“长脸叔叔”的各种延伸形象和文创产品，有时把设计项目作为在校生的实训内容。2019 年，刘老师带着学生设计出了 1 组 50 多个长脸叔叔动态表情包，或哭或笑或坐或卧，跟着季节和各种节日变化穿戴和动作，在第七届全国高校数字艺术设计大赛中荣获一等奖。此外，刘老师夫妇俩还负责为长脸叔叔绘馆的老师进行文创和教学培训。

“看来，我这脸被刘老师定格再也短不下来了。”张白雨笑着自嘲，长长地吐着一口烟，言辞间充满了感恩。

正因为这份感恩之情，让他想到了自己的社会责任。他组织人员带着捐款去四川大凉山支教，2021 年河南新乡水灾时他捐款，禄口机场疫情导致南京封城，他捐出一个集装箱的矿泉水。他让培训班的老师们参与献爱心，共同传播爱，同时也让爱滋养老师自己，通过老师滋润孩子们。

他说他要像当年母校老师对每位学生都关注、负责那样，对绘馆所有的老师负责。他在公司内设计了很多晋升通道，进行严格的考核，要求每个人制订自己的职业规划，让大家有明确的发展目标，像中小学那样号召老师评职称。他让老师们共享公司发展的成果，设法让大家能够在高房价的南京安家落户。

“成人达己——成就了别人，也就成就了自己。”

说这句话时，手机响了，张白雨接了一个广州电话，说的是托运到广州去修理的一辆老爷车的事情。放下电话，他开始给我讲述创业之初的艰难岁月。

张白雨的专业老师刘星（左）是“长脸叔叔”形象的设计者

刘星老师（右 3）、张晔老师（右 2）指导绘馆文创人员进行文创设计

四、学习创业，从看厕所开始

“最早学习创业，我是从看厕所开始的。”

张白雨从小喜欢画画，从小学到高中，兴趣不改。到常州上大学后，有一次接到高中时绘画老师的电话，说是自己跟同一办公大楼内其他培训机构没处好关系，问他能不能回南京帮帮忙。张白雨赶回去一看，老师培训班的门窗玻璃被砸了，墙上被涂鸦。了解下来，得知老师的做事风格也有欠妥之处。他便一家一家去与人沟通，最后剩下带头起事的那家，他请了几个朋友经常在门口抽烟、转悠。

“不过倪老师，我上高中后从来没打过架，”怕我误解，张白雨主动辩解，“我只是让他们摆出些 pose，绝对不会让他们动手。只有这样，我老师才有立足之地。”果然，对方主动示好，大家相安无事。

张白雨帮着老师管理培训班，做前台。培训班楼道里厕所下水道管子细，一旦有人上“大号”，下水管便堵塞。老师说，你给我看着点，有人来上厕所，你就帮着说明一下，如果他上“大号”，就让他换个地方。结果自己偶尔出去一会儿，回来时厕所就堵住了，只能自己动手处理。这厕所一看，就是 3 个月。3 个月之后，有位培训班老师离开了，他终于填补了上去。

之后，他利用各种渠道，使出浑身解数帮着老师设计广告、做小视频招生，让老师的培训班从 100 人扩大到了 1000 人。

“你这是‘王熙凤协理宁国府’啊！”我跟他开玩笑。

“王熙凤可没有看过厕所。”他笑了，笑得很轻松。

在张白雨眼里，这是一段非常宝贵的创业学习过程，尽管他的收益，除去常州南京来回跑的差旅费，已经所剩无几。

他的很多思考，都写在墙上

这两行字，每天都在唤醒大家心头的爱与责任

五、装修门店时，穷得每天只吃一顿饭

毕业后他上了南京艺术学院跟常州轻院联办的本科班，同时借刘星老师的艺术设计工作室教学生画画弄点口粮钱。后来回南京，跟人合租一个商场地下室，继续教孩子画画。然而地下室三次淹水，第一次淹没了脚背，第二次淹没了小腿，第三次水直接到了腰部，他被迫换地方。再后来，便有了购买某个少儿艺术培训品牌被刘星老师劝阻的事情。当刘星老师把设计好的“长脸叔叔”IP 形象交给他时，他有些手足无措——

“刘老师，我没钱付设计费……”张白雨本身就是学艺术设计的，他知道刘星老师一项设计所付出的甘苦，同时也知道老师不会开口向他要设计费，因为此时的张白雨口袋里只有 5 万元。

他在南京江宁区租用了一个门面，年租金 11 万。第一笔房租付完，手里还剩两万五。他必须装修，于是向施工队提出自己作为一名装修工参加他们的装修，让对方报价便宜了 5000 元。因为缺钱，一个半月的时间内，他经常每天只吃一顿饭，体重从 140 斤瘦到 103 斤。

“天将降大任于斯人也，必先苦其心志，劳其筋骨，饿其体肤——孟子懂我。”他背诵了一段古文，并加了一句评语。不过我想，如果孟子看到张白雨那带鱼似的身材，估计就不忍心再说出这么励志的话语了。

他又向人借了 3 万，结果还是不够，怎么办？

他在发现天才，通过展示厅激励天才

六、冒充家长走进了幼儿园

怎么办？那就一边装修一边招生，用学费一步步填补资金的窟窿。

刚开始，绘馆只有他和自己的女友两位老师。有一次，附近一家幼儿园放学，他就跟家长一起走了进去，找老师沟通，让他们介绍生源。慢慢地，奇迹因沟通而发生：陆陆续续来了百来个学生。他用收到的学费，今天装一个空调，明天添一些桌椅，顺利度过了初创时期的难关。

的确，人生之路上总要跋山涉水，而沟通，就是其中的一条不沉之舟。

张白雨非常善于沟通。他说话，除了“n、l”有些模糊之外，普通话发音比较标准，其不紧不慢的男中音，本身就很有磁性。从小学到高中，他读了不少书，文科一直不错，这使他的沟通如虎添翼。他有思想，对艺术培训有自己独特的思考，谈话时推心置腹，逻辑性强，内容实在。而且，谈话过程中，就像美国口才训练大师卡耐基所倡导的那样：总是不失时机地给对方以真诚的赞美，总是诉诸对方的需求。

有一年年底，他跟正在公司培训教师的刘星老师说：“我想办个师生年会。”

刘老师一听急了：“你刚刚起步，办年会单是场地费就是一笔不小的开支！”

但张白雨坚持要开，因为这是总结和宣传自己成果的有效途径之一。于是他去了附近一家刚开张、自带艺术展厅的大酒店，希望免费借用，理由是：“你们空着也是空着，我500多师生、家长欢聚在这里，你们酒店的富丽堂皇和高品质服务就会通过微信、微博大量向外发送，能有比这更好的酒店营销手段吗？500多师生来了，其中有可能会有一二十家来这里吃饭消费……”

就这样，场地免费，水电免费，服务人员免费，张白雨仅仅送出了一批长脸叔叔的文创产品给酒店服务员——这些文创产品本来就需要对社会发放或销售以扩大绘馆的影响力的。长脸叔叔艺术绘馆名气越来越大，很多商场主动邀请他们去做活动，为商场增加人气。

回想当年刚刚起步时，他带着老师们去居民小区、幼儿园、小学做宣传，被保安骂，被城管骂，他要笑嘻嘻的给保安递烟，他要面对家长们不屑的眼神；如今不同了，他以做品牌替代了传统的宣传手段。

“我厕所都看过，这些能算什么呢?”

荣誉太多，一面墙已经不够展示

七、特殊时期，准备卖别墅给老师发工资

2019 年 8 月，独闯新疆的孤独骑士回来了，带着误入无人区后独特体验和思考，他的淡定映在脸上。然而这年年底，他终于淡定不起来了：特殊时期阴云笼罩，所有的培训点挂锁停业，房租和 70 多位老师的底薪工资、社保缴费，像两座大山压在他瘦弱的肩膀上。要知道，为了保证教学质量，稳定教师队伍，提高教师的归属感，他绘馆的所有教职工都是“进编”的正式员工。

他贷款 180 万应对疫情，一个月、两个月、三个月……似乎还看不到希望。

这时，刘星老师关切的电话来了，一番交流后，刘老师听到他吐出了沉重的三个字：“卖别墅……”

“不，卖课程!”刘老师给他拨转了思维方向。不承想刘老师的这三个字，让张白雨再次渡过难关。

刘老师通过网络辅导全体居家的绘馆老师制作各个年龄段的网络课程。为了扩大影响力，刘老师建议刚开始每个课程销售价都要尽可能便宜：“就卖 99 一门课吧。”

过了一天，张白雨回电话了，他说他准备每门课卖 9.9 元，为了流量，为了影响力！听到这个决定，刘星老师一时语塞。

每门 9.9 元的课程上线销售了，第一天，就卖了 1 万多个！疫情肆虐，“小楼一夜听风雨”，不承想，他们收获了“深巷明朝卖杏花”的惊喜。

如今，南京江宁区长脸叔叔办学点增加到了 12 个，在校人数 4000 多。公司发展步子慢了点，张白雨提出在全国招收加盟会员。消息一经发出，他们每天收到上百个咨询电话，最多一天收到 200 多个。那个经常扮“长脸”的刘老师又开始给他泼冷水，希望他严格控制扩张速度。公司有人主张乘这股东风加速扩张，张白雨不同意，他计划一年最多吸收 30 个，而且要求招商部特别关注加盟机构的教育情怀，所有加盟机构必须全部是“进编”全职教师，不能有一个兼职人员。

既要运筹帷幄，又要紧盯着教学，张白雨太累了。这时，又一个奇迹发生：有位擅长做国内市场的某商业品牌营销老手，放弃了 100 多万年薪和某品牌 49% 的股权，改换门庭，皈依了长脸叔叔，成了张白雨的总经理，而张白雨目前能给她的，仅仅是她原来年薪的零头和合伙人的身份——能够忽悠住这样一位几乎可称为“人精”的职场老手，凭什么？

疫情防控期间的网络课程，就是这样火

八、论道牛首山

暮霭沉沉，被我拉着一起采访的刘星老师、张晔老师，以及刚到绘馆一年半的“人精”女总经理，坐张白雨的奔驰车到牛首山共进晚餐，我趁机寻找“凭什么”的答案。

自梁代到明代的千余年间，牛首山一直是僧人咸集、群贤毕至、论道谈玄之地。我们坐而论道，从张白雨选择的专业开始。

数字媒体艺术设计，原名“多媒体设计与制作”，是一个跨自然科学、社会科学和人文科学的综合性专业，集中体现了“科学、艺术和人文”的理念。这一术语中的“数字”反映其科技基础，“媒体”强调其立足于传媒行业，“艺术”则明确其所针对的是艺术作品创作和数字产品的艺术设计等应用领域。张白雨认为，这是一个非常前瞻性的艺术类专业，当时开设这个专业的学校还很少，2010年他报考时，就是认准了这个专业。

我传达了班主任李辉老师对张白雨专业学习情况的评价：“张白雨在专业上是个思想活跃、思路很宽的学生。”

“你认为你专业学得怎么样?”我想听听他的自我评价。

“很好，非常好。”张白雨毫不谦虚。

“不，你画画画得非常好，但是专业学得不能算好。”刘星老师再一次扮演了“长脸”的角色——从2010年张白雨入学，她就一直扮“长脸”，此时再扮一次，也不嫌多。

张白雨有点不服气，思忖半晌，笑着辩解说：“因为刘老师总是用专业的眼光要求我，要求太高了，所以才有这样的印象。”

一语既出，在座的几位频频点头，连刘星老师也并不否认地笑了起来。面对批评，他有很强的辨别能力和自我修复能力，这是老师们共同的感觉。

张晔老师开口了：“数字媒体艺术设计，其实就是基于数字化平台进行艺术品牌设计的，这个专业对张白雨最大的作用就是：培养了张白雨的设计意识。”

张老师说完，在座的直呼“表达精准”。刘星老师还进一步对此进行阐述，提出了“泛设计意识”的概念，认为有了“泛设计意识”，学生就有了持续学习的能力，就能适应设计的更新——这等于从另一个角度，肯定了张白雨的专业能力。

的确，张白雨自创业以来，一直以各种手段进行品牌打造，他把数字传播媒体的宣传手段发挥到了极致。他有网站，有各种微信、抖音营销号，有的营销号就是张白雨自己在做——公司所有营销号的粉丝，他们都严格进行细分；他们有各种层次不同、对象不同的微信群；单单是长脸叔叔的文创产品，他就设计制作了几十种，或赠或卖。有的小朋友家长竟然专门收藏他的文创产品，种类比他旗舰店的仓库都齐全。长脸叔叔的文创产品以鲜亮的色彩、活泼的造型见长，人见人爱。当然，这里面有很大一部分是刘星老师带着学生帮助设计的。有一次刘星老师带了很多长脸叔叔的文创产品，参加江苏省委宣传部等18个部委厅局组织的“紫金奖”文化创意设计大赛，所有产品竟被观展的市民一抢而空——不是赠送，是出售。今年刘老师为长脸叔叔绘馆设计的品牌宣传画册，以几何图形为主题，又走在了图形化流行趋势之前。长脸叔叔文创产品经过了市场的检验，随着这些文创产品的脚步，长脸叔叔品牌也走进了千家万户。

我细细琢磨眼前的这对师生，突然有了个感觉：老师刘星和学生张白雨，其实是少儿艺术培训舞台上的太极推手，两人看似你来我往争论不休，实则相得益彰，共同成就，他们利用各自的艺术设计意识，共同打造了少儿艺术培训的某种辉煌。

有小朋友家长专门收藏长脸叔叔的文创产品，种类比总部仓库都齐全

交流过程中，我看到张白雨不时地用手机快速打字，他说他要及时记下各位交谈中的精彩之论，通过微信发给自己，保存下来。他的手机，也是他的笔记本，绘馆墙上很多经典话语，都是张白雨受到某种启发，独自思考状态下通过微信记载下来的思想火花。“张白雨不是因为高中成绩不好而‘曲线救国’报考艺术专业的，他的文科一贯很好，初中就写过 5 万字的小说；他是真正喜欢才来的，而且至今矢志不渝。”刘星老师的补充，让我们对张白雨的认识，更深入了一层。

张白雨设计意识用到了内聚人心方面，做得更加极端：教职工年会发放奖金，10 万、20 万甚至 30 万，他直接发现金，弄得那些女教师领到奖金只能抱在怀里吃年夜饭，通知老公开车来接。在绘馆工龄满 5 年，他直接送一辆汽车——他要的就是老师或者老师家属开着赠予车辆满大街跑的感觉。

与琳琅满目的各种多媒体品牌宣传手段相比，张白雨思考更多的则是他的办学方向和教学质量。他不是一个注重眼前利益的老板，只要孩子需要，他就会去做。张白雨乐观的人生态度、动人的教育情怀、对绘馆远大的构想，以及步步为营、让一个个梦想落地的举措，终于把职场老手陈辰打动了。

最初引起陈辰总经理兴趣的，是“长脸叔叔”四个字和那个下巴是一支笔造型的 logo。她做了十年的国内市场的品牌推广，因为想寻找一些能够用于全国推广的课程，开始接触了“长脸叔叔”的真人。而最能打动这位女总经理的，是一年半前跟张白雨接触不久，张白雨在教师培训会上开口说的一段话：

“我们长脸叔叔少儿艺术绘馆是干什么的？是通过艺术教育的手段，给孩子们传递爱，培养孩子们的爱心。”

张白雨是在用一颗企业家的心，做一个教育家的梦。这面“艺术教育爱的大旗”一旦飘扬起来，撩拨着各方英豪的心。加上张白雨看问题的前瞻性，对绘馆未来愿景的描述、构思，以及言必信、行必果的风格，这位原先一直以经济绩效为目的的职场品牌营销高手，终于动心了。她有 4 家公司的股份，其中有个品牌，自己占股 49%，因为她的离开，其收益归属就成了扯皮的事，拉锯战半年之后，她干脆选择了放弃。

夜深了，隐隐的梵音，在牛首山的空谷回响，赋予了牛首山以人文的灵魂。人生需要精进，比如张白雨，三年大专之后，他参加了南京艺术学院与常州轻院合办的专接本，事业做到了这样的程度，现在他还计划着读研，他说他要潜入更深的艺术境界，在艺术中遨游。

标语上写的还是老校名，张白雨说：母校的恩情他说不尽

所属二级学院：艺术创意学院

专业：数字媒体艺术设计

班级：10 媒体 331

班主任：李辉

成长数轴上的两个“半年”：半年如饥似渴，半年浴火而生

在今创集团内，除了空气，到处都有今创股票的代码；李军身上当然看不见今创的股票代码，但我感觉，连他呼出的气息，都带有今创的味道。

“你是上市公司的副总，持有公司的激励性股票，某种意义上你也是今创的老板之一了。你与公司的‘命运共同体’关系，是从股票进入你账户那一刻开始的吗？”

面对我的问题，李军思忖良久，说：“不对。2000 年，我从常州轻工业学校中专毕业后到公司就业，公司把巨资购买的进口高端机床交给我，我就隐隐约约有一种感觉：这一生，我可能无法与公司分离了。”

“长风万里送秋雁”，李军的成长，是今创集团这股“长风”托举而行的结果。李军说，在他成长的数轴上，有两个关键性的“半年”，让他感慨至今，也感恩至今。

今创集团副总、党委委员、国际事业部党支部书记李军

一、半年如饥似渴

2000 年 2 月的一天，李军作为实习生来到了离家不远的武进剑湖铁路客车配

件厂（今创集团的前身），有人把他带到了金工车间，车间主任又把他带到了刚刚用 300 万元购买的德国西门子机床（加工中心）前。300 万，这对于这个两三百人的小厂，实在是个天价。李军围着这台机床转圈，双手摩挲着，感受着西门子产品的质感，联想到西方国家在高端机床出口方面对我国的封锁，他以手抚膺坐长叹。进厂 10 天之后，他被安排到另一个厂家跟着师傅学习模具开发。学校通知他回校参加大专班最后两门课考试，他实在抽不出时间，乃至于直到 2013 年，他都只是一张中专文凭。

常州华威，常州最牛的模具制造企业，李军的老板通过私人关系介绍李军跟着华威一位最牛的师傅学习。“企业给员工最大的福利是送出去培训。”李军想到了比尔·盖茨说的这句话。初来乍到就享受如此高端的“福利”，李军有点受宠若惊。

“如饥似渴”的半年就这样开始了。

因为在模具制造界名气大，华威客户纷至沓来，设备运行时间排得满满的。李军一边学习一边跟着师傅做产品，每天工作学习 12 小时，有时甚至 14 个小时。他庆幸自己跟到了一个好师傅。师傅交代的事情，李军不折不扣做好；师傅没交代的事情，李军也不折不扣做好。一同拜师学艺的共有 3 人，跟另外两人比，李军还多了一个“经典动作”——把书带到机床旁，经常在机床旁翻书。李军感动了师傅，师傅倾囊相授，包括有些敏感的技术也毫无保留。李军有时间就待在机床旁，尽可能多学点东西，不负这半年好时光。

他家在常州郊区，如果乘车上班加上走路，单趟要一个半小时。为了节省时间，他买了一辆摩托车。风雨兼程半年之后，他回到了武进剑湖铁路客车配件厂的金工车间，开始独立开发模具。

面对价值 300 万的西门子机床，他像抱着一名十世单传的婴儿。经过中专时的学习和实习，经过半年如饥似渴的培训，他相信自己的三维模具制图水平，相信自己编程逻辑的严密，相信自己的机床操作能力，但是实际操作机床时，他仍小心翼翼，暂停按钮不离手，生怕因为自己的原因损坏零部件，因为一旦撞刀，一把刀就要几千元，而且所有零部件都要从德国购买辗转进口。

一般说来，模具开发必须三拨人配合工作：第一拨人进行模具三维图设计，第二拨人根据三维图编写程序，第三拨人进行机床操作。李军开发模具，从接到任务到拿出成品，一个人一竿子到底。

几副大模具成功开发出来，老板看他的眼神都变了。当时企业工资比较高的职工每月 1000 元，李军每月是 800 元，老板直接将他的年薪提高到了 25000 元。随着越来越多模具的成功开发，李军的底气也越来越足。3 年后，他成了金工车间主任。

走在今创遥观厂区的道路上，路旁金灿灿的油菜花把周围渲染成了一首歌。

李军回忆着从入学、入职至今的历程，突然来了一句煽情语："遇见你，就是我的上上签。"

我兴趣大增，不失时机追问："'你'是指谁？"

"'你'是指我的母校——校风和学习氛围那么好——是指当年的杨劲松老师和袁峰老师；'你'是指我的老板，是指我在华威的师傅，是指我的那台西门子机床。"

李军熟悉机床，就像老耕夫熟悉自己的耕牛。我让他带我去看看那台西门子机床，设想着让他跟他的"上上签"之一合个影。但李军不无遗憾地说，那台机床为今创服务了 14 年后，作为二手设备转让给其他企业了。

机床辛勤如牛，李军如牛踏实。"日斜草远牛行迟，牛劳牛饥唯我知"，一台机床，让李军不舍到如今。

在公司展览馆讲解轨道交通原理

二、半年浴火而生

作为金工车间主任的李军，他每天带着百来号人马进行车、铣、刨、磨、钻，让进车间的各种毛坯金属，摇身一变成为"帅哥靓妹"。而最让他自豪的，则是参加了共和国第一列动车和第一列高铁的设计制造。2006 年，他被任命为动车事业部部长，2009 年又被提拔为制造部部长，管整个集团的生产，这让他感觉左右两个肩膀就像铁路的两条道轨，动车和高铁必须靠自己的肩膀扛起来才能呼啸而过。

大白鲨似的"和谐号"全身有百分之六十的部件，是他组织、指挥技术人员和工人反复设计、研讨，反复试验制造出来的——如果国家给他们资质，他们可以造出包括整体车厢和转向架在内的整列动车。今创集团是动车、高铁、城市轨道交通的"大型超市"，"除了整体车厢和转向架，我们什么都有。"

2009年，国家拿出巨资投入高铁建设拉动内需，以缓解全球金融危机带来的负面影响。已经成为公司制造部部长的李军最为“水深火热”的日子也跟着到来了。

高铁，要从动车的最高设计时速380公里提高到470公里，这一速度，已经超过飞机的起飞时速。这一速度的量变，使得几乎所有设备都要跟着质变：车型是新的，要试验新材料，有些材料要隔音、耐磨……而产品交付量大，几乎是制造动车时候的两倍。所有动车、高铁正式上线之前都要经过30万公里试运行，他们要配专人跟车收集数据，有时要跟车到漠河高寒地区以及青藏高原进行试验。他召集了无数次的技术工艺评审会，国外公司、铁道部以及制造主机的国内四大铁路工厂，一个都不能缺席。

2016年7月，我在上海至兰州的火车上，听一位结束疗养回家的火车司机说了一段经历：高铁上线试验时，当时铁道部的第一负责人就站在他的身边，命令他提速—提速—再提速，那火车快得像飞机似的，把这位司机吓得出了好几身冷汗。我把这个故事告诉李军，李军淡然一笑，说：“这位司机不了解我们的保险系数，如果他知道我们的设计、生产、试验情况，就不会害怕了。”

从造动车转型造高铁，那个半年多李军忙成什么样子？公司7点半上班，他7点必到厂里，先到车间转一圈，晚上11点工人下班了，他一个人再到车间去转一圈。他的妻子告诉我，那时自己在休产假，李军没有给孩子换过一块尿不湿。有时连续几天不回家，妻子一大早赶到厂里给他送换洗衣服，看到他从办公桌上睡眼惺忪地爬起来，满肚子的怨气瞬间变成了一声叹息。写到这里，我想起了李军在遥观总部办公室桌上的一只杯子：这是妻子送给他的一只瓷杯，一面印着“好好吃饭，天天睡觉”，另一面印着“也许睡觉就能变瘦”。李军表示，当时尽管人很疲倦，但当新产品试验成功，自己就会兴奋不已，哪怕半夜，也要拍成彩信发给领导和客户。

随后，“拼命三郎”的外号，多次从他老板的口中说出，传遍了整个公司。

经过如此“炼狱”般的半年多时间，李军感觉从此以后，再也没有什么困难能够吓得倒自己，因为后来所有遇到的新问题，都是小巫见大巫。

凤凰涅槃，浴火而生。先后出厂的2000多列动车、高铁在世界各地驰骋，李军的情怀溢满了中国元素，也包蕴了世界。

2017年，一纸任命落地，李军，成了今创集团股份有限公司副总经理，成了集团5名党委委员之一。

三、手摩钢锤，心有菩提

为了深挖李军成长数轴上的故事，我采访了李军的几位同学。

他参与制造了2000多列动车、高铁

讲解高铁避震原理

在李军同学的印象中，李军除了是几门课的课代表、学习成绩很好之外，几乎没有给大家留下什么特别的印象，这未免让我失望。在我的一再提示、追问下，有位同学突然大叫起来："有了！有了！"

他说在金属工艺学实习期间，金工实习老师给大家布置的作业，就是每人给一段废钢，让大家练习做钳工，再经过车、铣、刨、磨，做一把漂亮的工艺钢锤。一个班40把钢锤做完了，老师一把把评点，总体都还不错。但李军手摩着自己的钢锤，看着那锤头的六边形，总感觉不是很规则，于是重新要了一块废钢，一个人又开始叮叮当当敲起来，再经历一遍车、铣、刨、磨、钻，硬是重做了一把让自己看着舒坦的锤子。

"他是我们班重做钢锤作业的唯一一位同学，当时我就感觉他这人跟我们不太一样，心中肯定有他特别的追求。"说着说着，李军的这位20多年前的同学赞叹起来。

是的，在技术追求的路上，李军从来都是孜孜以求的。他在今创集团的金工车间工作期间，把车床、铣床、刨床、磨床、钻床等所有设备都做了一遍，这让只会做车、铣、刨、磨中的一个工种的老工人很是惊讶——这年轻人，怎么什么都懂？

工匠，就是这样炼成的。

今创集团，在国内有19个厂区（分公司），员工将近9000人，此外，还在20多个国家设立了分公司。手摩钢锤工匠出身的李军，如今做了集团副总，主管着公司的日常运行，除了财务、采购、营销，生产、技术、工艺、品质管理、物流都是他负责。因为经历了成长数轴上的两个"半年"，加上参加了本科学习，并于2013年获得了郑州大学的本科文凭，后来又分别参加了复旦大学和武汉大学的EMBA，自然心有菩提，胸有智慧。李军说，流程管事，制度管人，国际知名公司来公司审核，对他们的管理工作给予了极高的评价。

"跟对一个老板不容易，民营企业的老板，他本身就是企业文化。"李军送我走出今创集团武进厂区大门，这里已经是我第三个采访点了。我回头仰望，大门上方，飘扬着 21 面各国国旗。

“忠诚，敬业，担当，感恩，做到这 8 个字，才是合格的职业经理人。”

——这是李军在接受我几次采访给我印象最深的几句话，也成了我文章的结尾。

今创集团遥观厂区的匠心石

这标语，印在高铁车厢上，刻在李军心坎里

所属二级学院：智能控制学院

专业：机电一体化

班级：96 机电 41（中专）/96 机电 43（大专）

班主任：杨劲松/都超平

大鹏，在上海滩林立的高楼间翱翔

在上海的轻轨上，看两侧高楼大厦倏忽而过。几个月前，也就是 2021 年春节前后，上海市中心房价拔笋似的上涨，很多小区每平方米过了 10 万元，有的达到了 20 万元，联想到这些，几乎觉得脚下的土地热得发烫，让人心惊肉跳。此刻我要去的虹口区中星理想商务大厦也在市中心，坐镇其中的曹大鹏，一个出生在扬州江都的外地人，是如何在寸土寸金之地生存下来的？一只大鹏鸟，是如何在上海滩林立的高楼大厦间翱翔，而避免撞墙折翼的？

曹大鹏的故事，应该从他对专业的选择说起。

一、选择精细化工专业：坚定—后悔—庆幸

高考后填志愿，有部分考生会放弃三本而报考高职学院，曹大鹏就是这“部分”之一。因为化学成绩一贯很好，又因为有人告诉他任何产品都离不开化工，今后就业面宽广，曹大鹏就将目光锁定在了开设精细化工专业的三所高职学院。最后，他收到了常州轻工职业技术学院轻化系的录取通知书。

精细化工，是当今化学工业最具活力的新兴领域之一，是新材料的重要组成部分。其产品种类多，附加值高，用途广，产业关联度大，直接服务于诸多行业和高新技术产业的各个领域。作为曹大鹏高考志愿填报中最坚定的选择，面对入学通知书上“精细化工”四个字，他有一种如愿以偿的欣慰。

2003 年 9 月入学的曹大鹏直接到还在建设中的新校区报到。不过，部分实验他们还是要去位于雕庄街道的老校区做。他清清楚楚地记得，那些仪器看上去十分的高大上，仪器上还粘贴着“世界银行贷款项目”的字样。

正当曹大鹏如鱼得水在知识的大餐中饕餮的时候，同班有位同学转专业离开了轻化系，这让曹大鹏心里五味杂陈，自己第一志愿填报的专业居然被人否定了！看着转专业的同学捧着被窝到另一个系部报到，他着实后悔了一阵子。

“现在呢？还后悔吗？”

问这句话时，我已经在位于中星理想商务大厦十楼的上海望宇环境工程有限公司参观。今天是休息日，整个公司只有我们俩。350 平方米的办公区域，除了会议室和办公室外，还备有健身房，墙上贴着公司 60 几名员工的活动照片。他的总经理办公室位于南侧靠北的地方，窗外是每平方米 9 万元以上的住宅小区。他已经在上海买了两套房，并有了一男一女两个孩子，事业蒸蒸日上。而这一切，跟他选择的精细化工专业有着直接的因果关系。

“14 年前选择精细化工专业，你现在的感觉一定是‘庆幸’吧？”我直接替曹大鹏选了个词语做了回答。

“对！对……对……对！‘庆幸’！”“对”是曹大鹏的口头禅，而“庆幸”一词，是曹大鹏以 14 年的专业学习和专业工作为背景，对自己专业选择所作的终极结论。

公司理念：共创、共享、共担

公司内的健身房

他们的业务在扩大，但来公司办公室上班的人员却越来越少

二、两块钱“买”到的就业岗位

曹大鹏2003年入学，直到2007年才离校，因为第四年他参加了专升本，读了一年本科。前三年的精细化工专业学习，让他找到了现在的工作，第四年学习获得的本科文凭，让他在上海工作7年后得以拿到上海户口。

曹大鹏到上海找工作，一是投奔爱情——先他一年毕业的同班女生已经到了这个一线城市，二是因为他想到大城市闯闯，再说他的很多亲戚都在上海。

春秋战国时期，由于上海是楚国春申君黄歇的封邑，故别称为“申”。晋朝时期，因渔民创造捕鱼工具“扈”，江流入海处称“渎”，因此松江下游一带被称为“扈渎”，以后又改“扈”为“沪”，故上海简称“沪”。上海是让人向往的城市，因为她是国家中心城市、超大城市、上海大都市圈核心城市，中国国际经济、金融、贸易、航运、科技创新中心；上海又是让人害怕的城市，一平方米十几万的房价，阻止着就业者的步伐，很多人干了一两年，只能知难而退，离开上海。

追随春申君的脚步，又一个外来户来了。这只大鹏展翅翱翔，是否会被这里林立的高楼大厦阻挡，最后折翼而归？——150公里之外，母校的老师也在议论着，担忧着。

他先是在上海闲逛了4个月。2007年年底，他跟女友吃完晚饭从一个小饭馆出来，见对面有个报刊亭，就花两块钱买了一张《人才市场报》和一张《前程无忧》报。这两张报纸刊登了大量招聘信息，曹大鹏从密密麻麻的字迹中，窥探自己的前程。

他选择5家单位投寄了自己的简历，有4家通知他面试。最后，他选择了上海望宇环境工程有限公司。应聘岗位是产品营销，父母一听反对了，说你又不是那种嘴甜能说会道的人，怎么能去做销售？曹大鹏和女友却信心坚定，他俩十分关注岗位名称“技术型销售”中的前三个字。何况公司指定要精细化工专业，曹大鹏专业对口，说不定一只大鹏鸟，就从这“技术型销售”岗位展翅翱翔了呢！

“失败了，无非我来养你。”女友的一句话，让他温暖到如今。

一心想做技术的曹大鹏，就这样做起了技术型营销的活。结果，第一年就以495万的销售业绩雄冠公司所有销售人员，成了公司的优秀员工。2010年做了销售主管，2011年做销售总监。公司的年销售业绩也从他刚进公司的6000万增长到了2017年的2.6亿元。2017年被聘为公司总经理，之后年销售业绩增加到2.8亿、3亿。刚进公司时他是公司的第九名员工，而今他的公司人员是当年的7倍。他的近期目标是到2023年底，公司年销售额达到5个亿。懂专业、懂技术的搞销售，就是不一样，至今，有的老客户给他打电话还是称他“曹工”，因为当初搞销售时，客户就把他当成了工程师。

在这过程中，公司董事长向他转让股份，跟妻子一商量，咬咬牙把当时在上海的唯一一套房抵押了出去，从此成了公司第三大股东。

十几年来一路走过，他的每一步选择都很正确，没走什么弯路。

“看来，做老板很容易啊！”我跟他开了一句玩笑，想引出从员工到老板背后的艰辛。

他的团队，都在这些图片里

三、他住的旅馆，不带卫生间

曹大鹏所在的上海望宇环境工程有限公司成立于2002年，是一家从事进口水处理产品，在国内推广销售的高新技术贸易型企业。

我们可以这样理解他们的产品：当你想减少水中杂质时，你可以考虑用一层或几层纱布，将水从纱布中过滤一遍；曹大鹏他们销售的主打产品就是这样的特殊“纱布”——当然他们不叫“纱布”，叫“膜”。不同于一般水泼不进的膜，他们的“膜”属于“透膜”，水可以渗透过去。要想让水干净符合各种工业标准，就必须经过几千道、几万道、乃至于几亿道“膜”的过滤。这些“膜”被组装成一个个“炮筒”一样的物件，每个“炮筒”内卷着33.4平方米的“膜”，用高压水泵将水从这些组合的“炮筒”内透压过去之后，这水的净化程度，高过饮用水几倍甚至几十倍。因为过于纯净，人们的身体无法适应，已经无法饮用。需要排放污染水的企业如果安装了他们的水处理产品，甚至可以达到零排放的标准——污水被循环利用之后，最后只剩下少量的固体杂质填埋了事。

可以这么说：凡是用到水的企业，都有他们产品的用武之地。

曹大鹏没想到，他上岗后第一笔生意，竟然是母校所在地的戚墅堰电厂的一笔单子。当时有人介绍他认识了电厂的一位工程师，他发挥自己专业型营销人员的优势，很诚恳地介绍了自己公司产品的优势和弱势，没想到就成了。这套设备目前运行11年，至今一切正常。

“常州是我母校所在地，也是我第一笔业务的所在地，是我的福地……”曹大鹏沉浸在回忆中。

我想，此刻的他应该点燃一支烟，看着烟圈慢慢升腾。但他不抽烟，不喝酒，也不打牌。他甚至不关注上海的繁华，除了因为老家亲戚来陪着去过几趟外滩外，国际性大都市的灯红酒绿，对他来说，似乎只是别人家的风景。

他经常连续出差一个月、两个月。刚进公司的时候，经常只住每晚50元的旅馆，这样的旅馆连独立卫生间都没有。有时明明可以打出租车，但他还是选择乘公交，最多的一天他乘公交跑了8家单位。乘飞机他一般选择早晨或晚上的航班，因为早晚航班要便宜很多。全国各地到处跑，但他从来没有顺带玩过任何风景点。除了家庭，他所有心思都在事业上。

“成功的花，人们只惊羡她现时的明艳！然而当初她的芽儿，浸透了奋斗的泪泉，洒遍了牺牲的血雨。”用冰心的诗来形容他奋斗的历程，似乎并不合适，因为曹大鹏很阳光，他认为自己一路走过来，只是艰苦一点而已，没有血和泪。

为了应对中心城区过高的房价，他们租用仓库选择金沙、嘉定等远郊地区。高房价让他们留用人才十分困难，他们就在全国各地设立办事处，让他们分散到全国各地办公、成家立业。如今，武汉、长沙、东莞、北京、西安、乌鲁木齐、鄂尔多斯、成都、济南、郑州……都有他们的办事处，客户涉及央企、国企、外企的各种行业。难怪他们公司发展了，而总部办公室却越来越空，还专门辟出一间屋子做了员工健身房。

四、怀念母校门口那两根牵绳

“学化工专业的，干着干着就做老板了，我们同学中做老板的很多。”曹大

他手里拿着公司主打产品为我讲解全国各地营销点的情况

为农夫山泉安装的纯净过滤设备

鹏一直在为自己的专业选择庆幸。

“大鹏一日同风起，扶摇直上九万里”，其实，不需要直上九万里，能够在上海滩林立的高楼大厦间翱翔十多年，已经是个奇迹。他这样总结自己成功的原因：选对了专业，找对了公司，工作勤奋，加上有当年曾是同班同学的妻子一直鼓励和支持。

临别时，他从抽屉里拿出一只旧信封交给我，信封上写着“198.5 元”的字样。他告诉我，在校时他是生活委员，这是他们班的班费，毕业前因为大家各自在岗位实习没机会花，至今一直保存着。我说我带回去交给校史馆吧，让校史馆留住你们的青春记忆。

“我们是 2003 年入校的，是新校址的第一届学生，当时，新校还没建好，西门和南门都没造好，分别用一根绳子牵着。”他说这两根牵绳，竟荡悠悠牵着他十几年，身在十里洋场，一直忘不了。

是的，母校，就像光阴的墙角盛开的白花，让他收不住流连的目光，又像故乡的鹧鸪声，时远时近。“回常州出差，我喜欢住在学校附近的常裕大酒店，因为对母校实在太留恋。我经常回忆我上大学至今走过的道路，是学校改变了我，公司董事长和我的妻子，则是我事业上的两位贵人。”

揣着曹大鹏的旧信封，我坐上了去火车站的轻轨，突然听到微信的声音，打开手机，是曹大鹏发来的一张全家福。照片上，一家四口设计了一个幸福的造型。

是的，幸福人生，原本是可以设计的。

他们全家设计了一个幸福的造型

所属二级学院：材料工程学院

专业：精细化工

班级：03 精化 331

班主任：滕业方

在每分钟十二万转的极致追求中成长

有位高中生考上了北大，乡下叔叔带他在路边小面馆吃面，叔叔指着侄儿跟面馆小老板说："他马上要去上北大。"也许是心有旁骛，小老板随口安慰说："好歹是个大学，多读点书总是好的。"

刚听说杨成在常州新北区的麦格纳工作，我的心境跟面馆小老板一样：好歹是份工作，先养活自己再说。

然而百度了一下"麦格纳"，我无法淡定了：麦格纳国际，全球最大的汽车零部件制造商之一，也堪称全球最多元化的汽车零部件供应商，财富 500 强企业，《财富》杂志评选出的 2020 年全球最受赞赏的公司。

我没有见过《财富》杂志，但我面前有一本麦格纳国际中国区的中文刊物《麦格纳人》。出生于 1989 年的杨成，就是典型的"麦格纳人"。

杨成近照

一、跟着老师写传奇

2008 年入校，3 年后，杨成从数控编程专业毕业，到常州某电机电器公司就业。他在校时有门课，叫“机制工艺与夹具”，就是这门课，让他和褚守云老师结下了师生缘。毕业后，这师生缘竟演义出了一段电机电器制造方面的传奇。

在杨成到该公司就业之前，褚老师受该公司委托，开发一种每分钟转速达12万转的电主轴产品。杨成一到，自然就成了褚老师4人攻关小组的成员。

“他是我学生，我肯定优先选择培养他。”褚老师一边跟我说，一边从电脑中寻找因开发该产品而获得的4张发明专利证书，据说上面有杨成的名字。

电主轴，外文名HVCT，是在数控机床领域出现的将机床主轴与主轴电机融为一体的新技术。主轴是一套组件，它包括电主轴本身及其附件：电主轴、高频变频装置、油雾润滑器、冷却装置、内置编码器、换刀装置等。这种主轴电动机与机床主轴“合二为一”的传动结构形式，使主轴部件从机床的传动系统和整体结构中相对独立出来，因此可做成“主轴单元”，俗称“电主轴”，特性为高转速、高精度、低噪音。

每分钟12万转的电主轴，相当于每秒2000转，这绝对是个“阳春白雪”的东西，跟这样的转速比，当时国内使用的电主轴都还处在“下里巴人”的档次。褚老师开始也不知道怎么弄，连他们邀请过来一起讨论的德国西门子的博士也不清楚怎么弄。杨成呢，既然老师给了机会，自然“屁颠屁颠”跟在后面一起研究，又是机加工又是设计精密夹具，就怕哪个环节漏了没学到。

制造如此高速旋转的电主轴，涉及零件材料的选择、轴承的油脂选择、室内空气的清洁度管控、室内的温度湿度管控……其精度要从0.01毫米（丝级）提升到0.001毫米（微米级），是常规电主轴的10倍，这10倍，绝不是简单的量的区别。其核心技术有“两个半”：一是精密制造，二是精密装配，三是精密轴承——精密轴承只能算“半个技术”。单说精密装配，同样的配件，德国专家与中国技术人员各自动手装配，德国专家组装出来的机电总成，运转至最高时速时，温度要比中国技术人员组装的整整低5摄氏度。他们曾经遇到一个哭笑不得的问题：一件轴承套，在这个操作台上测量出这个精度，拿到50米外再测量，精度居然变化了，他们百思不得其解！几次一来才发现，那是因为拿工件的手本身有温度导致的！高端电主轴就像宋玉笔下的美女，实在难伺候，“著粉则太白，施朱则太赤”。而这些过程积淀起来，成为杨成脑中记忆的沟回。

“有些技术属于高精尖，有些技术纯粹是经验，不过是一层窗户纸，一捅就破。”曾经沧海，杨成感慨着。

我将杨成的这句话转述给褚守云，褚老师笑着纠正：“很多‘窗户纸’技术也是高精尖啊！”

项目开发走了不少弯路，有时甚至出现了方向性错误。前后持续了整整三年，最后终获成功，开发了18种系列产品并实现了量产。因为这个项目，他们获得了4项国家发明专利。

闲话之间，褚守云老师已经从电脑中找到了4张专利证书，但是证书上并未找到杨成的名字。褚老师突然想起：当年申报专利时，杨成的名字被换成了公司老总。

名字没了，但作为公司技术人员的杨成却成长起来了。

“我的技术，就是从开发这个电主轴慢慢积累起来的。”杨成对老师和公司充满感激。也就是凭着这样的顶尖技术，2016年6月，杨成成功应聘，成为麦格纳汽车系统（常州）有限公司的一名机加工专员，专门负责公司的冲压、加工的技术指导，时间不长，就做了机加工主管。

杨成跟褚老师长期保持联系，经常会带着工件来到褚老师的办公室，两个人抓耳挠腮地研讨，有的当场解决问题，有的要过一段时间才能找到方案。有一次，褚老师在青海出差，正欣赏着奔驰在青藏线上的高铁机车，因为这车头的核心部件是他多年前在戚墅堰机车车辆工厂工作时负责制造的，这时杨成电话来了，说是又有技术问题想到学校请教。放下电话，褚老师忽有所悟：这火车头是自己的满意作品，而自己手把手培养出来的学生，又何尝不是一种智慧产品呢！

电主轴示意图（网络图片）

二、笔记本记载工匠足迹

2016年6月，杨成的胸前正式挂上了麦格纳的工作牌，挑战也一个接着一个地来了。首先是外语对话这一关要过，所以他拼命地学外语练口语。这里的产品一旦投产，单一产品至少做30万件，多的要70—80万件，责任重大，必须严格保证质量，否则，一个小小的问题，会因为产量的巨大而不断放大。他每天都在观察和预判产品潜在风险，防微杜渐。麦格纳坚守“现场优先”原则，杨成时刻关注着工程师、技术员们的工作以及一线工人的操作情况，一旦现场有疑问，必须迅速作出反应。他们开了大量的“诸葛亮会”，研究解决各种问题。

杨成是善于学习的人，似乎一直在思考状态。他上班时的标配，除了胸牌和进车间时所戴的防护眼镜之外，就是一本高24.5厘米、宽17厘米异型16开的笔记本。翻开他的笔记本，几乎每天都要记载很多条，多的一天记了24条。所

杨成是善于学习的人，似乎一直在思考状态

记内容基本都是技术方面的问题，有的是就某个环节提出疑问，有的是解决问题的思路，有的是提醒自己应该注意什么，有的是突然出现的某个技术灵感，或者别人提出的某项建议。一本笔记本 280 面，他即将记满两本。

写到这里，我突然想起我采访过的两位杰出校友的笔记本——全国劳模邓建军专门记载纺织电机开发和维修的笔记本，以及全国五一劳动奖章获得者张志东从事数控机床装调维修积累下来的笔记本。一流的工匠，或者说正在成为一流工匠的人，大概都有记技术笔记的习惯吧。那些登山者的足印印在悬崖上或雪地上，工匠的足迹，印在笔记本里。我想，杨成进麦格纳两年不到，就从技术专员升为部门主管，跟这本笔记本，应该有着极强的因果关系吧。

听杨成说，他出生于隶属徐州的邳州市，那里是“银杏之乡”。秋阳下，连片 21 万亩的银杏森林公园，把邳州打扮得昂扬辉煌。森林公园中有一条绵延 3 公里的“银杏时光隧道”，穿梭其中，一般人只会关注盛夏枝叶的蓬勃和金秋天地间的皇家之气，很少会想起银杏之所以木材优质、价格昂贵，素有“银香木”或“银木”之称，原因之一是它的生长比一般木材有着更大的耐心。唯有这耐心的潜滋暗长，方能成为制作乐器和高档家具的材料。杨成从邳州的“银杏时光隧道”走来，他在专业技术方面的成长，一如银杏树的生长，不急不躁，日积月累，踏踏实实。他那两本厚厚的笔记，条分缕析，记载着他每天的技术足迹。看着他的笔记本，我联想起一系列成语：孜孜不倦、如饥似渴、滴水穿石、专心致志、业精于勤、精益求精，如果用这些成语造句，每一句的主语，都可以写上

“杨成”二字。

笔记本成了杨成的标配

三、育养一颗匠心，方得幸福人生

从我家开车去麦格纳汽车系统（常州）有限公司，要经过两个古玩市场。我不懂古玩，偶尔进去看看热闹。那些玩古玩的人泡一杯茶，坐在那真真假假的古玩中，把手里的手串摩挲得溜光溜光，有时我还真羡慕他们的那种陶醉状态。

杨成的手上没有手串，他玩的是冲压和机加工技术，而且玩到了痴迷状态，多少年来，他一直在享受这一过程。麦格纳绝对排斥“差不多主义”，用他们的管理体系保证“精益生产”，不断让产品精美——今天比昨天精美，明天则更加精美。杨成就在这样的体系下工作，把自己塑造成了一个“精美主义”者。

进麦格纳以来，他负责过两个项目的量产：第一是世界著名变速箱品牌 ZF（采埃孚）里面的行星齿轮架的制造加工。业内都知道宝马的发动机厉害，而宝马的变速箱其实是 ZF 变速箱，ZF 变速箱里面的行星齿轮架，是杨成负责生产加工的，价格昂贵，每年生产 40 万只。杨成负责的第二个生产项目是 JATCO（捷特科）变速箱里面的两款配件，为日产、三菱、马自达、宝马、大众、路虎、捷豹等品牌车辆配套，两款产品各年产 10 万只。在这样的国际品牌 T 台上走秀，来不得半点马虎，唯有飒爽英姿，方能踩出跟世界同频的步伐。当我采访杨成兄弟部门的一位工程师时，工程师说了一句“市面上很难找到像杨工这样水平高的人”，在场的杨成抿着嘴笑，似乎想否定，但最终也没说个“不”字。

杨成陶醉于世界一流汽车品牌配件的制造、加工中，无法自拔，也不想自拔，就像一名有瘾的烟民，动辄会去摸摸口袋——杨成不抽烟，他动辄触摸的，是封面印着“MAGNA”字样、做工精致的软皮笔记本。笔记本里的每一条记录，都关联着生产线上的产品。他经常去摩挲他主管的生产线上那些锃亮锃亮的产品，就像古玩爱好者摩挲自己最珍贵的藏品。他感觉这些灵动的产品都是有灵魂的，这灵魂是他和他手下的 3 名工程师、8 名技术员以及生产线上的一群工人集体注入的。他还因为兴趣和责任，跟一位工程师一起为公司设计了一条自动化生产线，从而节省了一个工人岗位。自动化设计，已经超出了杨成的专业领域。“其实可以购买外面成熟的自动化系统，但是我们自己做，可以学到东西。”在杨成看来，探索本身，就是最好的学习。

他抠细节不放松，为了解决机加工中的毛刺问题，绞尽脑汁想办法。为了节省成本，他把刀具供应商拉过来，一起研究如何从刀具制造环节延长刀具的使用寿命。

在这过程中，他感受到了敬业的幸福，专注和精益求精的幸福，以及价值创造的幸福。而他的家庭、他的人生，也因此获得了幸福。

很可惜，我未能采访到杨成刚到麦格纳时常州公司的那位外国老总。据说他收藏了一本教材，是机械工业出版社出版的《机械零件数控综合加工案例教程》，该教材褚守云老师任主编，杨成作为编写组成员，负责编写主轴的数控磨削程序。这本教材，将杨成与褚守云老师、杨成与母校、杨成与麦格纳紧紧联系到了一起，阅读教材的后生们不太会知道，这油墨清香的背后，有怎样的匠心在跳动。

墙上是前后几代发动机部件，杨成作为部门主管负责进行精密加工

所属二级学院：现代装备制造学院

专业：数控编程

班级：08 数编 332

班主任：虞俊

离职后，她被客户“逼”着做老板

金华终于晕倒了。感觉要晕倒时，她离开单人办公室走到了综合办公室门口，她需要有人看见，以便及时抢救。13 年来，她已经习惯了每年只休息年初一到年初四共 4 天的工作状态，但这次她的身体不允许她继续“习惯”下去了。医院里的一群博士、研究生对她观察研究了半个月，也没有查出什么大毛病，对多种可能性一一排除之后，在金华的出院小结上写下了病因：劳累过度。

之后她又回单位工作了一年。正值孩子小升初，金华的母亲多次提醒她“该管管孩子啦”，她斟酌再三，决意辞职，专门养生、带孩子。她辞职的消息传出去之后，好几家企业邀请她入职，有的甚至开出了是她辞职前 4 倍的年薪，她没答应。家中的积蓄，加上丈夫还开了个小公司，反正生活不愁。她不念过往，不畏将来。

艾灸的青烟在房中缭绕，她在休养身体，也在修养自己的精神状态，想让自己松弛下来。她甚至戏谑性地希望自己通过休养养出些“负能量”，让自己也能“消极”一点——在周围人的眼里，她对一切艰难困苦都安之若素，没有牢骚，每天积极得就像幼儿园孩子做游戏，永远乐此不疲，身上的“正能量”多得能

金华在作职工技能比武大赛动员

够溢出来。

“她是个阳光般的存在。”有位员工这样对我说。

2018 年 5 月，正当她沉浸在相夫教子和缭绕青烟中享受生活时，突然接到了一个陌生男子的电话，约她出来到附近茶馆坐坐，说是要给她个房产配供电生意，单是施工费就不少于 300 万。

300 万？还是房产配供电这种自己原公司求之多少年而不得的业务？

“骗子！”金华很警觉。但闲着也是闲着，金华决定走出家门会会这个“骗子”。

一、“骗子”为何盯着她不放？

“骗子”盯上她，自然有“骗子”的理由——金华在电力施工行业是出了名的，何况这位“骗子”也并非骗子。

2005 年，金华在母校所在地常州工作已经 5 年了，为了回南通老家，她离开常州应聘于南通一家电力行业的三产公司——电力工程公司。该公司主要承接电力、石油、港口、市政公用工程等众多领域的输变电及供配电工程，同时，公司还承担南通地区的电力抢修项目，一旦电路故障，南通供电公司会第一时间将电话打给他们公司——不，到后来，变成第一时间把电话打给金华。

为了保证电力工程的质量和工期，电力工程公司有两个岗位特别关键：一是工作签发人，二是工作负责人。其中的“工作负责人”实在太苦，一般都是男的担任。然而金华担任了，而且一任就是很多年，300 多人的队伍，她是总指挥。她的电话，常常是早晨 6：00 就响起，何时结束？她自己不可能知道，比如何时需要电力抢修，狂风大雨不会告诉你作祟的时间。半夜起床上厕所，她都会打开手机看看会不会有什么情况。有一次某位领导到电力抢修现场查看情况，一看有个穿雨披的女子在带人排查故障点，给施工队长分配任务，十分惊讶：“这种地方怎么还有女的在？”

金华不畏艰难，不避困苦，在电力企业的办公室和施工现场之间来回穿梭，这一“穿梭”的节奏，她保持了整整 13 年——13 年！

金华是做电力施工行业的管理工作的。当年她刚刚接手“工作负责人”这摊子事情时，每个项目动工前，她都会请老前辈带着在项目周围转一圈，自己把每个点的情况用笔记载了下来。对于金华来说，“一丝不苟”不是个简单的成语，而是一种内化于心的要求，一种习惯，一种状态。她做事踏实，她的管理工作，既能把握工程全局，又能关注每一个环节，精到细致，让方方面面都放心，就像一名看管着好几台纺机的纺纱女，不允许任何一根纱线断线。她的管理思路、管理方式、管理风格，口碑在外。

这样的管理能力，得益于她的不断学习。2000年中专毕业后，她进了母校所在地的一家只有六七个人的小企业。好几年下来，虽然月工资低于其他同业人员，但她感觉正因为企业小，她既是办公室主任，又是文员；既是一线工人，又做检验员；既做经理、销售员联系客户，又参加售后服务，还要各方协调，这样可以学到大量东西。让人感觉有点喜感的是，当时她还在肯德基打工，成了肯德基的“优秀员工”，如果她真是全职在肯德基工作，时至今日，会发展到什么程度，还真难预料。

她通过书本学知识，通过实践学管理，金华，成了一个有“学问”的人。

于是，“骗子”循着名声找来了：“我们是国内十大房地产商之一，刚刚进入南通市场，听人介绍说房产配供电只要交给一个叫‘金华’的人，就可以放心了，所以来找你。”

从未谋面，也无朋友介绍，项目标的如此之大，而且是电力工程项目中的肥肉，竟然还能“直接给”——天上会掉这样的馅饼？

在茶馆聊了一下，对方就要求金华报价。虽然怀疑对方是骗子，但金华不会说任何一句有损对方人格的话语。热情、平等地对待每一个人，是金华多年来养成的习惯。金华的热情，让所有接触过她的人都印象深刻。

离开茶馆，金华继续陶醉于艾灸的清香之中，继续她的相夫教子。

不承想这个“骗子”盯上了她。过了一段时间，又来找她了，催她报价。难道这次天上还真掉馅饼了？金华当成一件事情了，仔细调查了其人的背景，并且频频接触，看来不假。

虽然金华此时隐居狼山脚下，锁在青烟中，然而多年来低调做人、谨慎做事、真心帮人，让她结下了很多善缘。她要人有人，要物有物，什么都不缺，报价，施工，验收，付款——她被“逼”着做了一次老板。该项目做完了，对方又给了她第二个项目。

对于金华，客户们都是慕名而来，其实他们中的大部分只知道金华电力工程管理和施工的名声，他们不知道，金华的电气专业知识技能也是“杠杠滴”。她有“十八般武艺”。

二、把职业当事业，学得了“十八般武艺”

胡剑虹老师是金华进入常州轻工业学校的第一任班主任。有一个镜头胡老师念念不忘：有一年到南通，金华竟是自己开着工地上运材料用的面包车过来接她，脸晒得黝黑黝黑。这让胡老师想起《六祖坛经》中的一段记载：禅宗五祖来到后院舂米的作坊，看望后来成为禅宗六祖的慧能，见慧能因为个子小体重不够，腰里绑着一块石头在舂米，不禁感慨道：“求道之人，当如是乎？”看到眼

这样的现场，按理说只能有男人的身影

金华在项目作业处检查工作

前的金华，胡老师怎么也难以想象：眼前的这位，就是上学时那个做过团支书的女生。胡老师评价金华，有一句经典性的话语："她从来都是把职业当事业做。"

通过多年的磨炼，金华在电力施工管理方面积累了大量经验。有一次她在南通电力系统会议上发言，就电力施工提出了"四不五要"的观点，散会时，这"四不五要"已经通过微信传达到了整个南通地区。有位项目经理在做一个项目的材料准备工作，金华到现场转了一圈，就几个点提出了整改意见，不仅节省了材料成本，而且避免了工期的延误，这让这位项目经理佩服得五体投地。是啊，没有持续不断的学习、摸索，就不可能手握"金刚钻"，而没有"金刚钻"，谁敢揽"瓷器活"！

金华的"十八般武艺"除了她吃苦耐劳、一丝不苟的工匠精神和出色的管理才能之外，还包括她的电气行业专业知识和专业技能。

常人都知道律师资格证和注册会计师证是如何难考，如何含金量高，很少有人知道，电力行业的注册建造师和注册安全工程师两个证书，有着跟前面两个证书同样的含金量。每个证书都要两三年才有可能过关，而一旦证书到手，你就成了电力企业的香饽饽，非常抢手。金华，不仅两证在手，她还获得了电气工程师证书。可以这么说：证书的主人只要不怕违规，愿意让电力施工企业将这些证书纳入他们企业的资质档案，自己就能坐在家里领工资。

既然被客户"逼"着做了一次老板，成立自己的公司也就是水到渠成的事情了。2018 年，她把同班同学的科技咨询公司改组成了"南通博兰电气技术有限公司”，把原公司的老板“降级”为副总经理，自己做了总经理。那几张含金量极高的证书，也就成了公司不可或缺的资质支撑。

这位“同班同学”，当年是她这位团支书的“部下”，毕业后是她的丈夫，如今是她的副手、施工现场的总指挥。结婚时，金华给“同班同学”最深的印象，是各种获奖证书、结业证书、资格证书铺了一桌，“同班同学”估计，如今金华的证书可能需要两张桌子才能完整地铺展。金华还催促着员工考各种专业证书，不仅给他们讲课辅导，还陪着他们一起坐到座位上参加考试——她明明早就有了这方面的资格证书。

凭着自己的“十八般武艺”，几年时间，金华就把公司做得风生水起，银行一看他们的流水，主动提出要给他们贷款。

跟原来公司的工作量相比，金华感觉做老板要轻松很多。

为员工进行专业知识培训

三、那个用啤酒瓶当话筒嗨歌发抖音的家庭

坐在公司办公室的沙发上，金华打开手机让我们看了一段抖音：手机中一位高个子妇女站在客厅里唱歌，抓在手中做“话筒”的，竟然是一只啤酒瓶！歌者是金华的母亲，一位老高中生。

如果说“正能量”也能遗传，那金华的家庭应该算是一例。

1981 年 10 月，金华出生在南通市通州区平潮镇一个农民家里。说是农民家庭，其实并不太贴切，她父母平时做木材生意，所以家里温饱不愁。在父母眼里，为自己干活的都需要特别呵护，反复关照金华对员工要好，包括对为她们家装的工人也要好。金华父母在南通城里帮着金华带孩子，田里的麦子没人收，左邻右舍主动把他家麦子收割好堆放在了他家院门口。这就应了那句俗语：厚德必有邻，人慈福满门。这淳厚的家风传递到金华这一辈，就变成了金华对周围一切人尤其是员工的宽厚仁慈，变成了对寻求帮助者的诚恳相助。

配电线路维修

轨道交通箱式开闭所安装

金华的小叔子是公司最得力的现场施工队长之一，那种吃苦精神，连作为哥哥的公司副总经理都自叹不如。然而有一次，这位“家里人”对着工人发脾气了。夫妻俩一商量，准备忍痛割爱，让他离开公司。小叔子的父亲、妻子甚至小叔子的女儿纷纷打电话来说情，最后，小叔子接受了哥嫂的“约法三章”，回到了公司。就这样，欲留故辞，最终转变了一个人。夫妻俩跟我说到这个弟弟时，那种对舍得吃苦者的赞赏和怜惜，深深地感动着我。

金华在南通电力施工行业跌打滚爬了十几年，经常跟着电力行业领导一起上电视，合影时总是排在 C 位，然而自从被那位“骗子”客户“逼”着自己做了老板之后，她就尽可能少在镜头前露面；所做项目，也尽可能跟原来的老板错开，避免形成竞争。在原公司干了整整 13 年，她从来没有向老板提出过待遇问题，因为公司体量太大、太辛苦、压力太大，想到孩子和家庭，最终决定离开。离开时，她的老板顿足不已：“这么多年，你为何不跟我谈待遇问题?!”在金华眼里，原来公司虽苦，但毕竟是公司造就了自己，她心存感恩。

因为对他人的仁厚，乃至于金华自己碰到问题寻求帮助时，竟是左右逢源。

“我不帮金华，良心上说不过去。”很多给金华创业路上提供便利的人都会这么说。

“仁厚做人，给儿子留一条路。”金华如是说。

采访结束了，我们在濠河边告别。濠河曲里拐弯，其水无语而流。坐在车上，我随手翻阅着金华公司的宣传册，只见扉页上赫然印着八个字：“上善若水，诚信共赢”。老子曰：水，“天下之至柔，驰骋天下之至坚”。我想，宣传册上关于“水”的这 8 个字，既是金华本人和公司的追求，也是金华公司今后驰骋天下的通行证。

一个月后，在思考本文如何结尾时，我接到了曾给金华的办公室赠送“风水轮”的同班女生回打过来的电话，她说：“金华自主创业时间并不长，在创业的同学之中，她不是做得最大的，但未来，一定是走得最稳、走得最远的。”

这个电话，给我送来了文章的结尾，还给我送来了一种饱含祝福的心情。

坐在风水轮旁的金华说：心地善良，待人和蔼，就是人生最好的风水

跟班主任胡剑虹老师在公司合影

所属二级学院：智能控制学院

专业：自动控制技术（现名称：电气自动化技术）

班级：96 自控 41

班主任：胡剑虹　王直理

2009年，桃园三结义“忽悠”出第一台抓举机器人

古希腊传说，有位国王住在一座美丽的宫殿内，里面宝物价值连城。国王的朋友达摩克里特多次表示羡慕，于是国王让他穿上王袍，坐到自己的位子上饮酒作乐。当他举起酒杯，突然发现一支利剑用马鬃吊着高悬在头顶，这让他大惊失色……他终于明白，国王每天都在过着担惊受怕的日子。

来到肖永华公司位于金坛的生产基地，我看到了他办公室的“达摩克利特之剑”——一块书法牌匾，上书四个大字：“居危思危”。同样的牌匾，还出现在他的副总黄如鹄的办公室。

我作为一个业外人士，看到那蓝天白云下刚刚投入使用的宏伟气派的厂房，自然不明白他们“危”在何处。但“居危思危”四个字，至少描述了他们创业路上的惕厉精神，让客户踏实，让员工放心。

坐到“居危思危”牌匾之下，采访，从2009年他们争取到的第一份订单开始。

“当时你们‘桃园三结义’还刚刚起步，客户凭什么敢把100万元的订单交给你们?”我的疑惑，让肖永华愣了一下：“我也说不清，就是忽悠忽悠，他们就付定金了。”

没想到肖永华用了“忽悠”一词，连他自己都被逗笑了。

整个采访过程，我从办公室到车间，跟各种岗位的员工交谈，戴着安全帽在各种搬运类机器人中间转悠，了解肖永华他们三人十几年来在工业电气自动化专业方面的“忽悠史”。

一、一张莫名其妙的入学通知书

1998年6月，肖永华从南通海安的一所初级中学毕业，中考志愿填写了两所高中，就在家等待录取通知书。时间不长，他莫名其妙地收到了常州轻工业学校

肖永华（中）、杨天海（左）、黄如鹄（右）在公司成立10周年纪念牌前

“居危思危”匾，肖永华和黄如鹄的办公室各有一块

的入学通知书，其中原因，他至今也没弄明白。

当时学校位于雕庄，他懵懵懂懂地报到，懵懵懂懂地进了操场旁第二间宿舍。他的上铺叫杨天海，旁边一张床，跟他头碰头的是黄如鹄。三人同窗、同宿舍4年，2009年“桃园三结义”共同创业至今，这期间又是12年，百年才修得同船渡，这前世该是修了多少年才有今天的缘分？

而把三人的人生和事业绾到一起的，竟是肖永华那张莫名其妙的入学通知书。

三人都生于狗年，狗的特性是忠诚、聪明、顾家。肖永华最大，自然成了带头大哥。其实肖永华带头大哥的作用，在校时主要集中在体育项目方面：他是班级体育委员，参加过学校各种体育比赛，给年级拿过很多第一。明明是同班级、同宿舍的同学，但言谈中，黄如鹄、杨天海只要涉及肖永华，从来不直呼其名，一律称“肖总”。他俩佩服肖永华的眼光、见地和胆略，日常工作中，只要肖总作出一项决定，二人绝对是不折不扣地完成。

这让我想起了周易的艮卦：在周易中，狗为艮，艮的卦象是两个阴爻支撑上面的一个阳爻（☶），如此稳固的结构，加上狗性的忠诚、聪明、顾家，自然既做得好细节，又成得了大事。

二、乡村旮旯里挖到了第一桶金

2002年，肖永华4年中专毕业，因为成绩好，被任课老师推荐进了一家衡器厂做自动化控制。他在工作中学习、钻研自动化控制技术，同时搞起了销售。机遇之门，慢慢向他开启了。

在老常州人眼里，新北区那个叫“安家舍”的地方，不过是个乡村旮旯。肖永华先后找到了黄如鹄、杨天海，提出“桃园三结义”，利用“安家舍”钣金工艺比较发达这一优势，共同创业。

第一桶金，是2009年来自于江西的一笔100万的业务。这个时候，他们公司还没有注册登记，没有厂房，没有机械设备，肖永华“忽悠”的功夫就是他在自动化方面多年积累下来的技术。他以自己的技术作为谈资，谈得头头是道，甲方听得心悦诚服。就这样，作为甲方的江西某个做糖浆的厂家在合同上签字了，并且付了20万定金，他们要求提供一台抓举用的机器人。当天夜晚，肖永华兴奋得通宵未眠。

刘、关、张“桃园三结义”，自然各有各的能耐。肖、杨、黄在“安家舍”动手设计了，他们还聘请了一位机械工程师，4个人没日没夜地联合攻关。他们找来了日本的不二机器人拆开研究，买来了国外的夹具一个尺寸一个尺寸测绘，自己制图安装。就这样，一台用于抓举的机器人设计、组装成功了！之后，由于国内做自动化的厂家越来越多，很多厂家都在他们这里购买这款抓举机器人，销量巨大。

业务不断扩大，他们多次搬家，车间也不断扩大。

翻阅公司10周年庆典资料，发现有一张副总杨天海上台演讲的照片，他用PPT展示当年在乡村旮旯创业时的景象：PPT下方，是斑驳的工厂大门；PPT上方，办公桌上一台手提电脑，总经理肖永华一脸的青涩。

九层之台，起于垒土，杨天海给这张PPT起名为“杨帆”。

三、有一种生产机器人的速度，叫“立等可取”

2016年中秋前夕，湖北某个做米酒的企业急匆匆找到肖永华总经理，请求救急。细问方知，该企业是湖北的明星企业，他们向领导和社会承诺，整个米酒生产过程完全自动化，让车间看不见工人。其中有个装箱环节，箱子里好几道隔

公司副总杨天海在回忆公司创业之初的情景

公司第一张订单产品抓举机器人，
副总黄如鹄爱不释手

板，要将大小不等的酒瓶装入同一只纸箱。如果用夹抓器抓瓶口，瓶口大小有误差；用磁铁试验，吸力又不够，而且玻璃瓶易碎，无法保证百分之百安全。此刻，离开市政府领导到企业剪彩只有 7 天了，必须在这之前完成机器人装箱的设计、制造并安装到位。

“肖总，你们能不能做？”湖北厂家的采购员眼睛盯着肖永华。肖永华一个电话喊来管生产的副总黄如鹄：

“黄总，你们能不能做？”

黄如鹄听完情况介绍，说了一个字：“能。”

“5 天完成？”对方追问。

“5 天。”黄如鹄回答。

湖北的采购员住了下来，每天到车间盯着进度。第一天，什么实物也没看见；第二天，什么实物也没看见；第三天，居然还是什么实物也没看见。采购员急得直跳脚！然而黄如鹄照样笑眯眯地看着他，让他别急。第四天，变戏法似的，瓶装酒装箱机器人出现在了采购员面前——至于那个磁铁吸力不够的问题，黄如鹄他们找到了无锡的一家吸铁石公司，他们用超强吸力的磁铁解决了问题。阴历 8 月 15 日中秋节那一天，司机开车把机器人送到了湖北。

工业企业生产的产品，有标准件和非标产品之别。非标产品，指不按国家颁布的统一行业标准和规格制造，而是根据用户的用途需要，自行设计制造的产品或设备。

“我们有 2000 多家客户，有 200 多种非标产品，因为我们的非标产品种类很多，对于市场来说属于非标，其实对于我们来说，却是标准件，有库存。所以，其他自动化厂家要一个月的周期，我们常常只要 15 天。我们创盛智能做过很多在常人看来不可能的事情，创造过很多奇迹。”此刻，我应该用“成竹在胸”形容黄如鹄说话的神态。

还有一家湖北军工企业，想改行做机器人。他们订了山东某自动化工厂的货，一年时间未见音讯。赶到山东找，人都找不到。于是从合肥、南京一路向东，打听能够供货的自动化企业。等找到创盛智能时，离开机器人上展会的时间只有 4 天了。肖永华答应了，让黄如鹄安排生产。客户每天跟着黄如鹄，跟上次一样：第一天，没见着东西；第二天，没见着东西；第三天上午十点半，装配完成，发货！

他们生产机器人，就像百年老店烙烧饼，客户因口碑而来，立等可取。当然，并非所有机器人都能立等可取，最长的项目，他们要干半年。

公司的主业是机器人物料搬运成套系统及周边配套设备的集成、研发、生产、销售与服务。他们制造的机器人都是“苦力滴干活”，包括：各种口袋包装、搬运，3D 智能拆垛，分拣装箱，自动化立库，使用 AGV 导引车、RGV 轨道车、MES 等进行智能仓储，以及自动装车、自动卸车系统。如今，全国几乎每个省都有他们的客户，马来西亚、印尼以及非洲、北美洲都有他们的机器人在“辛勤劳作”。

他们的机器人究竟进入了多少行业，连他们自己都一时说不全面。副总杨天海负责公司的设计开发及销售，他随口说出了一连串企业及品牌名称：米婆婆、妙可蓝多、蒙牛、金龙鱼、中粮、汉高、尼高、锦湖、广汽、正大、双胞胎、朗盛、成都烟草、宁波烟草、三菱化学、浙江帝人、上海特强、金坛中盐、中航锂电、金坛蜂巢……这些企业或品牌，其生产的后端搬运，都有创盛智能的机器人在忙碌。

金坛制造中心外貌

金坛制造中心车间之一

四、成大业如烹小鲜

肖永华从来不睡懒觉。周日的早晨，肖永华跟平时一样，6 点多就起床，他要去菜场买菜。从周一到周六，他每天 7：30 准时到办公室，至于下班时间，有可能晚 7 点，也有可能是晚 10 点、11 点。做老板太忙了，唯有周日，他可以用烧菜这一方式补偿家人。

“成大业如烹小鲜”——我脑海里突然浮出了这句话。

其实，老子《道德经》第六十章原文是“治大国，若烹小鲜。”对这句话的解释多种多样，其中一种说法是：治理大国就好像烹煎小鱼儿，油、盐、酱、醋等调料不能多不能少，要放得恰到好处。

常州创盛智能装备股份有限公司已经离开当初的那个常州旮旯，行政总部和研发中心搬进了新北区常州高新科技园；在常州金坛的 200 亩土地上，刚刚交付使用的 16，000 平方米的厂房，将承载年产值 7~8 个亿，该生产基地目前还在进一步扩展；他们还将在四川宜宾建设生产基地，规划年产值 2 个亿。他们是“江苏省高新技术企业”“江苏省优秀企业”“全国质量管理先进企业”“全国用户满意企业”。事业做得这么大，除了“桃园三结义”共同努力、认准专业行当不断开拓，以及拿出足够的经费投入科研开发、省下所有的广告费奖励研发人员等一系列原因之外，我们不得不关注他们企业的核心价值观：诚信、勇气、专注、创新。这 8 个字，既可以用来形容肖永华他们三人的特点，又可以看作公司的特质，还能够用来描述创盛智能十多年来的发展足迹。成大业如烹小鲜，既仰望星空，又一步一个脚印，步步为营，努力拼搏，做事恰到好处——也许，这些就是他们成功的全部秘密？

不，还有“责任”二字！

肖永华在常州新北区的公司行政中心

公司副总黄如鹄介绍公司愿景

五、锣声下的责任

“创业以来，你遇到的最开心的事情是什么？”面对受访者，我几乎都会提这个问题。

我估摸着给肖永华提供了以下几个选择：2009 年，签下了第一份订单；

2015 年，取得 ABB 机器人供应商资格；2016 年公司在新三板挂牌；2020 年金坛制造中心投入使用。

然而肖永华的回答太出乎我意料：“没有，没有开心的事情。”

他抬头看了一眼墙上的“居危思危”4 个字，说：“我们每天都有危机，包括当下的危机和潜在的危机。我们是办公司，不是做老板，公司办到后来，就是个责任。”

因为满脑子思考的都是危机和责任，他已经淡忘了 2009 年签下第一份订单时夜不能寐的兴奋。

“提供完整的智慧工厂解决方案，为客户创造长期价值，与优秀员工一起打造健康快乐富足的平台，成就客户，成就企业，成就员工。”肖永华背书似的把企业使命给我背诵了一遍。其实同样的话语，公司搞企划的主管已经给我说过一遍，两个人所说内容一字不差。两人同样说得一字不差的还有企业愿景：成为世界一流的“智慧工厂”价值提供商。这句话，布满公司所有重要场所。

“产品给客户带来效应，这是最重要的。公司有 300 多号人要吃饭，后面连着 300 多个家庭——办企业就是个责任问题。”肖永华说完这段话，跟我加了微信好友就离开了。他每天事情很多，下午 5 点，还有个协调会。

我随手翻阅着公司资料，玩味着 836378 这个数字，这是公司在新三板挂牌的股票代号。2016 年 4 月 14 日，经过半年准备，肖永华围着红色围脖，在北京全国中小企业股份转让系统所在地，敲响了铜锣。锣声激越，那一刻，肖永华感觉肩头的责任更重了。

再看他的微信签名：“将欲取之，必先予之。”我想，当“责任”二字始终闪现在脑海时，“取”“与”之间的关系，也就不难把握了。

公司产品之一

公司产品之二

公司产品之三

所属二级学院：智能控制学院
专业：工业电气自动化
班级：98 工电 41
班主任：陈志刚

附录一

从一座塑像到一种文化

——常州工业职业技术学院特色文化打造历程回顾

2022年6月19日下午，我面对电脑突发奇想：如果百度一下“‘工匠精神培育’和‘感恩知责教育’双轮联动的学校文化”，会是怎样的一种结果？结果就是跳出一行字：“百度为您找到相关结果132，000个”。

不管百度的这种“热闹”该如何看待，常州科教城内的常州工业职业技术学院，其“工匠精神培育”和“感恩知责教育”双轮联动的学校文化已成洋洋大观，却是个不争的事实。从十六年前校园里卓然而起一座人物塑像，到而今成为“洋洋大观”的一种文化，其过程，时而山重水复疑无路，时而柳暗花明又一村，充满了“转角遇见你”的传奇。这一文化涉及两大标志性人物，随着人物和文化溢出效应的扩大，自然也就成了常州科教城无形资产的重要组成部分。

一、特色在哪里？学校上下都在冥思苦想

2006年，常州轻工职业技术学院（常州工业职业技术学院的前身）迎来了教育部高职高专办学水平评估。评估只有获得“优秀”，学校才能长足发展；而要获得“优秀”，有一个必要条件：必须递交一份专家认可的办学特色报告。

从中专升格为高职学院仅仅四年，就谈办学特色？学校遇到了绝大多数升格不久的高职学院同样纠结的难题。为了这个难题，全校上下冥思苦想了几个月，不断召开研讨会，莫衷一是。7月初，时任院长周大农召集了七个人，住到了几十公里外的竺山湖某宾馆，自我“禁闭”一周，务必“找出办学特色”，写出一篇特色报告。当时我在管理系任教“中国旅游文化”和“实用公文写作”两门专业课，学报编辑部主任伍学雷向院长推荐，让我成为成员之一。

有位中层干部根据自己的理解写了一份“特色报告”，很长，应该有一万五六千字，带到了研讨会上。我是第一次参加这样的讨论，我问什么是特色报告？这才知道这个问题谁也回答不了。

轻工特色、模具特色、教学特色、资源共享特色……多少个“特色”一一被提出，又一一被否定。最后就在已有的这篇报告的基础上，再增加点内容，大家觉得这就是“特色报告”了。我则隐隐感觉这仅仅是一篇学校综合性总结，包罗万象，什么都装了进去，似乎不成其为“特色”。

在这之前，周大农院长一直痛感学校缺少亮点，就提出为当时年仅 37 岁的杰出校友邓建军塑一座像，塑像将于评估的第一天请评估专家参与揭幕。邓建军在当时已经是全国知名劳模了，时任党委书记杨兴华也十分重视这位毕业生榜样。与此相关，在竺山湖几天的头脑风暴中，时任科技处处长袁峰一直在提一个概念——“邓建军精神”，大家就共同为邓建军精神确定了八个字：“爱岗敬业，自强不息”。

当年的竺山湖，湖广人稀，山野寂静，离开时，我们几个都在怀想：这么一块风水宝地，将会被开发成怎样的一片天地？

二、一座塑像与下午的阳光

大家信心满满等来了预评估专家，专家三句话把我们打蒙了：“这是什么特色报告？这是学校工作全面总结而已，看不出特色。”

于是又一轮发动开始了——学校领导再次动员大家寻找、讨论办学特色……此时，离正式评估的时间只剩下两个多月了，用“焦灼”一词形容领导的心情，一点都不为过。

暑假里，所有员工每天加班到晚上 9 点。我作为特色报告组的成员，院长特批可以在家办公。盛夏季节，那天我坐在家中地板上，看下午的阳光斜照进屋，想起邓建军的塑像，脑中突然冒出一个概念：“邓建军文化”。我思考能否以邓建军这样一位人物为中心，围绕他构建一种文化，撰写一篇文化建设特色报告？我马上给思政部主任杨湘洪打电话，他说这个很有可能成为一种特色。因为前期思考了很多问题，所以这个报告很快就写成了，题目叫《构建邓建军校园文化》。有一次午餐时遇见杨湘洪老师，他建议改为《构建以邓建军精神为核心的校园文化》（正式评估时，专家们建议再改两个字，变成《构建以邓建军精神为核心的学校文化》——这是后话）。

三、一片反对声中，专家组组长一锤定音

初稿出来了，第一次召集有校领导参加的讨论会时，现场我就没听到一句肯定的话语。大家感觉，文中除了邓建军像、邓建军班，以及邓建军曾经回校作过报告确有其事，剩下的一万多字，全是我编的故事——如果这个也能成为我们的“办学特色”，几近荒诞不经。其实我很认可大家的意见，只是我强调一点：对于“邓建军精神”，我们可以采用“六经注我”的方式来确定其内涵，为我所用。

后来我问周大农院长当时为何不表态，他说全校找了半年都没找出个特色，

“如果我再否定，你就没有积极性了”——但是他强调，“如果你写的确有其事，肯定是个特色”。我回到办公室，刚刚一同参加讨论会的管理系团委书记邢凯岭凑到我面前，认真端详我，说是要观察一下我心情是否“很沉重”。这一招，让我忍不住笑了起来。值得一提的是，报告形成过程中，高教所所长威亚光始终是最为坚定的支持者。

评估时间越来越近，评估专家组成员已经公布，党委书记杨兴华带着这篇“文化特色报告”去征求专家组组长的意见。组长看完了，非常惊讶：“我看过一百多所高校的办学特色报告，这是我看到写得最好的特色报告!”

我设想，听到这个消息，杨书记第一个电话肯定是打给周院长。

专家组组长接着说的一句话就是：“你们支撑材料做得怎么样?”

办学特色报告，是展示过程和成果的报告，而要让专家承认这是“办学特色”，必须有系列的支撑材料，证明你们的确是做了这些事情。我根据自己的理解，罗列了需要补做的大大小小 31 件事交给杨兴华书记，杨书记转交分管学生工作的党委副书记张涛落实。张涛副书记雷厉风行，通过学工处、团委、班主任开展与特色文化有关的活动，两个月补做了三年的事情。其中我印象最深的，是为迎接评估所进行的“学生专题研讨”训练，我跟杨湘洪老师担任研讨训练的全校总指导，“邓建军”“邓建军精神”“劳模”自然成了研讨中的关键词。反反复复的研讨训练，把特色文化的氛围渲染得很浓。正式评估时，专家所出的研讨题是“中国制造业·邓建军·我”，最后，我们学生以出色的表现赢得专家喝彩。研讨结束时，研讨训练总负责人、党委副书记张涛兴奋不已，拼命让人给参加研讨的师生拍各种大小团队组合的照片。中午到食堂吃饭，几位现场感受过研讨会精彩过程的校领导，看到我，无一例外开心地笑。研讨会消息通过评估专家传到省教育厅，省厅有关领导给校领导发来手机短信：“听说你们学生专题研讨的效果是空前的!”此外，作为特色报告的重要支撑，专家进场之前，“邓建军校园文化研究会”（后改为“邓建军学校文化研究会”）也召开了成立大会。我作为大会“总设计师”，忙前忙后，以至于至今都想不起来——现场那张记录历史的照片，究竟是谁帮忙拍下的?

其实对于我来说，肩上所承受的，指导学生专题研讨，其压力远远大于构思、撰写特色报告。几天的评估结束了，回到家，夫人看到我疲劳和消瘦的样子，吃惊地问我：“你究竟碰到了什么事情?”我还算幸运的，当时有些老师都累病了。现在偶尔跟一群人回忆起当初高强度的评估经历，一个个都充满了战斗的豪情。

四、一筹莫展时想到制订学校文化建设大纲

评估结束，我回到管理系继续上课，只是从此多了个绰号“倪特色”。

然而让人挠头的事情很快来了：学校要申报骨干学校，周大农院长要我撰写一份学校文化建设计划。我搜索枯肠多少天，也没能整出个名堂来。文化建设理论方面，我素无造诣；文化建设实践方面，我没有做过团委书记，压根就想不到可以开展哪些活动——何况特色报告标题的中心词是“学校文化”，其建设涉及学校的方方面面，远非开展学生课余活动这一件事。

“搜索枯肠”貌似没有结果，山重水复疑无路之时，新的思路出现了：我发现自从特色报告出炉后，很多部门尤其是二级学院，都在自觉或不自觉地开展跟特色文化有关的活动。这些具体活动或工作，学校层面根本想不到，也没必要去设计、思考、做计划。学校层面只需要出原则、明方向——于是我想到了拟写学校文化建设大纲和大纲实施意见。经过近一年的思考，《常州轻工职业技术学院以邓建军精神为核心的学校文化建设大纲》和大纲实施意见正式公布。大纲从邓建军精神引申出我们作为高职学院进行学校文化建设的三大原则：倡导自信自强自立原则，引领创新创优创业原则，强化工匠精神培育原则——使全校的各项工作都能从邓建军精神和三大原则中寻找到结合点，为特色文化全员共建创造了条件。

特色报告不是学校文件，而文化建设大纲和实施意见以党委文件的形式发布，弥补了文化建设没有校级文件作为顶层设计文本的缺憾。

五、到宣传部做特色文化，各种奖项纷至沓来

2009 年年底，我到宣传部负责全面工作，虽然涉及方方面面的事情很多，但我脑子里思考最多的，还是特色文化。笛卡尔说“我思故我在”，对于学校文化建设来说，则是“我思便有成果”。这里的成果，主要是指文化建设的新点子、新概念、新思路、新实践（活动）。

既然到了宣传部，我自然也就成了邓建军学校文化研究会的会长，这一“长”就“长”到退休。为使以邓建军精神为核心的学校文化与时俱进，研究会根据时代要求，为特色文化适时加入了新的时代元素，作为对文化大纲的更新和补充，并通过党委进行发布：2014 年，党委书记发表讲话《邓建军、邓建军精神与社会主义核心价值观》，厘清了邓建军精神与社会主义核心价值观之间的关系；2017 年初，党委发布《关于学习余美芳家庭事迹，大力弘扬孝老爱亲感恩知责传统文化的决定》，明确了“以特色人文教育涵养工匠精神”的文化建设新思路；2018 年底，党委书记发表讲话《邓建军精神是工匠精神在我校的校本化表达》，阐明了邓建军精神与工匠精神的关系，并明确提出我院师生的共同愿景为：“育养匠心，幸福人生”。在此期间，研究会共完成省市级文化研究课题 5 项，发表专题研究论文 24 篇，有一半以上发表于中文核心期刊，有的被人大复

印资料收录。为了使学校文化建设路径更清晰，目标更加明确，我专门撰写了一篇论文，将“校园文化”“学校文化”“校本文化”“特色文化”四个概念明确区分开来，创造了“校本文化资源”“发轫点”等概念并进行明确的定义。这些概念和论断，都进入了学校的各种文件、对外宣传稿以及教学成果奖申报等各种材料之中。长期的思考、研究和全校性的实践，我校特色文化形成了自身的语言体系。

在此期间，有件事让我兴奋不已。时任教务处长蒋新萍首创全校性的“‘建军杯’专业技能竞赛节”，每年一届，从 2011 年开始一直坚持至今（周大农院长 2006 年就提出了这一设想）。这让我当初在特色报告中提出的“让邓建军精神进入课堂、进入专业教学、进入专业技能竞赛、进入实验实训环节”基本成为现实。

2010 年，特色文化获教育部高校校园文化建设成果三等奖，之后又获江苏省教学成果二等奖、首届全国机械职业教育素质教育教学成果一等奖以及常州市奖项。获教育部三等奖时，常州科教城管委会还专门发来贺信。学校还因此获得“常州市文明建设标兵”“江苏省文明单位”等荣誉。

本文作者作特色文化研究报告

六、发现余美芳家庭

2011 年，从工会转过来一篇稿件，是模具系一位叫余美芳的辅导员撰写的自述稿，叙述她的家庭从她公公开始，几十年来先后赡养了五位外姓孤寡老人。党委书记杨兴华知晓后十分重视，让工会转到宣传部，让我花点功夫。看到这样的重大题材，我也是如获至宝，于是改写成了一篇通讯《五姓之家的敬老演义》。为了让这个复杂家庭的人物关系更加清晰，那天上午我把余美芳喊到办公室，让宣传部一位老师在余美芳的指导下画出了家庭关系图。文章先在校园网发表，接着常州日报、江苏工人报、新华日报以及中国青年报、光明日报等数不清的大小报纸和网络媒体相继报道，常州电视台、江苏广播电视台、央视等都制作了专题节目予以报道，余美芳家庭荣获“全国最美家庭”“全国文明家庭”“全国五好文明家庭”和“全国孝老爱亲最美家庭”等荣誉几十项，受到了习近平总书记接见。借助余美芳家庭孝老爱亲事迹，学校的美誉度大大提高。

柳暗花明又一村——学校文化建设新的题材来了。

七、“人”的一撇一捺与“双轮联动”

党委书记杨兴华在兴奋之余，多次跟我探讨：我们的特色文化是“以邓建军精神为核心的学校文化”，能不能把“孝老爱亲”也结合进去——八小时以内倡导“爱岗敬业，自强不息”的邓建军精神；八小时以外，倡导“孝老爱亲”——这刚好是“人”的一撇一捺，只有这样，才能立德树人。他让我给“孝老爱亲”再配上四个字，最好是跟社会主义核心价值观有关的四个字，并多次督促我：“别忘了想那四个字啊！”催着催着，两三个月过去了，有一次我乘公交车经过广化桥，脑子里突然跳出一个词语“明礼友善”，马上用短信发给了杨书记，杨书记连说好。

“爱岗敬业，自强不息”——“孝老爱亲，明礼友善”，两两相对的确很整齐，但是如果不能阐述出二者之间的逻辑关系，这样的结合也就缺乏内在力量，有“硬凑”的嫌疑。后来我购买了一本日本著名工匠秋山利辉的《匠人精神》，方知秋山利辉在培养工匠时将“孝老爱亲”和“感恩”作为必备品德，他认为：“只有经过集体生活，才能培养替人着想、关心他人的心，以及感恩的情感。其中，最重要的是孝心，不孝顺的人不能成为一流匠人。”秋山利辉的论述和实践的成功，给了我底气，我提出二者之间是“双轮联动”的关系，并且将“孝老爱亲，明礼友善”改成了“孝老爱亲，感恩知责”，归纳出以下论断：我们秉承“以特色人文教育涵养工匠精神”的理念，以受到习近平接见的余美芳家庭孝老爱亲事迹为发轫点，引导师生“孝老爱亲，感恩知责”，树立“利益他人、利益社会”的人生志向，放下功利心选择进取心，形成“工匠精神培育”和“感恩知责教育”的双轮联动的学校文化育人模式，培养既有人文底蕴又具工匠精神的发展型、复合型、创新型技术技能人才，立德树人。我还借助自己纯文科生拙朴的手，设计出了“‘工匠精神培育’和‘感恩知责教育’双轮联动的学校文化育人模式示意图”。有个学机械的老师开玩笑说我那两个轮子“联动不起来”，我辩解说“示意图示意图，让人知道意思就行了嘛”。我想，如果两个轮子真的符合了机械专业老师的要求，可能会影响画面美感。时任党委书记缪昌武第一次听我宣讲特色文化时，我来了个设问“‘工匠精神培育’和‘感恩知责教育’二者是什么关系呢?”没等我说出答案，他就抢答说“是两个轮子的关系”。坐在旁边的校长杨劲松一听乐了：“对对对，示意图上就是‘双轮联动’关系。”

后来学校修改章程，我虽没参加，但我注意到，2021 年 10 月 29 日经江苏省教育厅核准的《常州工业职业技术学院章程》，“爱岗敬业，自强不息”以及“孝老爱亲，感恩知责”等学校文化重要理念，已经进入了学校的“根本大法”。

学校文化新理念、新结构的推出，我一直都是很谨慎的。大约是 2019 年下半年，我在负责申报一个文化项目时，校长杨劲松提出“要报就按照新的报”。这“临门一脚”，使我下定了决心，“升级版”的学校文化育人模式正式亮相。

在此期间，“余美芳感恩知责工作室”项目获全国职业技术教育学会“奋进新时代中华传统美德职教行”优秀品牌项目奖，思政部老师的“中华传统美德之‘孝’”获江苏高校微课比赛一等奖。

八、让学校文化“文本化”

让学校文化“文本化”，就是让学校文化的理念、建设路径成为学校的系列文件或主要领导的专题讲话，让学校文化建设过程和成果形成系列的文字，甚至可以结集出版——这一直是我的重要目标。除了学校文化建设大纲及其实施意见、学校文化建设十三五、十四五规划，以及党委书记的几次重要的文化专题讲话外，我一直想让学校文化的文本更加“厚重”些。2010 年，我刚到宣传部时间还不长，设计出了“践行建军精神 17 项活动”，其中一项就是发动教师撰写“爱岗敬业故事”——此项活动原本的设想是将教师中爱岗敬业的事迹、细节收集起来，但我没有考虑到让教师撰写这样的文字很难达到要求，加上沟通不够，我的思路没能让大家真正了理解，虽然结集成 9 本材料，内容却并不理想。

2016 年年底我离开宣传部，本想彻底放下学校文化转做其他工作，无奈当时的党委书记称我是“学校文化的标签性人物”，坚决不同意我搁笔转行，要求我“人到哪里，就把学校文化研究会带到哪里”。于是“邓建军学校文化研究会”成了我的“蜗牛壳”，跟着我先到了高教所，接着又回到了宣传部，最后到了马院。其实我的“户口”不管到哪里，所做的工作都隶属于宣传部。

2017 年下半年，在学校第二次党代会上，新上任的党委书记缪昌武代表第一届委员会作工作报告，报告全文一万两千多字，“文化”一词共出现 29 次，报告中有三段文字集中论述我校特色文化。接着他专程去看望了邓建军，并在教师节跟校长杨劲松一起看望余美芳老师并赠送鲜花。见到我，多次让我“好好做，好好宣传”，有一次还专门电话我让我赶到会议室，问我“邓建军到底属不属于‘大国工匠’？”当我罗列出邓建军是“大国工匠”的诸多依据之后，他心里踏实了。与此同时，校长杨劲松一直都在催促我做一件事——优秀毕业生成才事迹的文本化工作。

研究会是没有太实质性的工作的，所以我将我自己的主要工作确定为：深度采访各专业的优秀毕业生，以“邓建军的校友们”为专栏名称，写成系列人物通讯，使文章成为“用文学的表现手法撰写出的优秀毕业生成才研究报告”。文章在校园网和学校微信公众号发表后，反响强烈。文章短则四五千字，长则七八千字，有些老师每篇必看，有的文章甚至连看两遍，部分内容成了专业老师的课堂案例。原计划在今年我的退休之年结集出版，在缪昌武书记和时任宣传部长檀祝平的催促和支持下，提前一年出版了《邓建军的校友们（第一辑）·匠心花开》。据说中国轻工业出版社的几位老编辑和新来的社长、党委书记看了书稿后，感觉非常满意，问责任编辑：“这真是高职学院的老师写的？”该书还被常州市全国劳模档案展示馆收藏。至此，“工匠精神培育”和“感恩知责教育”双轮联动的学校文化，其文本化工作，迈出了最为坚实的一步。

九、十六年岁月的河

我们的特色文化建设，2006 年至今已整整十六年。去年在建设学校文化长廊时，我把 2006 年以来学校文化建设的标志性事件罗列出来，取名为“学校文化建设足迹”，设计师将足迹设计成一条弯弯曲曲的河。我闭着眼睛都能说出这河道里的每一道弯，每一株草，每一根木，每一块石。

2021 年，是我们学校文化建设的“大年”之一：《邓建军的校友们（第一辑）·匠心花开》出版了，学校还花 60 万，建设了学校文化长廊和劳模工匠长廊。

我多次从上海徐家汇中学门口经过，很欣赏他们墙上的铜质浮雕。学校文化长廊的第一块竖板“‘工匠精神培育’和‘感恩知责教育’双轮联动的学校文化育人模式示意图”，就是以类似浮雕的形式设计制作的。当学校文化长廊和劳模工匠长廊安装到位时，我强烈的地感觉到，我文化建设使命完成了。

十六年来，常州工业职业技术学院将特色文化打造成了“有理念、有载体、有实践、有成效、有总结、有影响力”的品牌文化。对于学校文化建设的成果，我认为应该分成外在成果和内化成果两种。特色文化获得了教育部、江苏省教育厅、常州市委宣传部以及多个协会的多种奖项，江苏省教育厅先后两次发专题简报向全省教育系统推荐——这些应该看作文化建设的外在成果。关键还在于内化成果，就是看对师生，尤其是对学生的影响力，学生出现了哪些改变——这是个

学校文化长廊

劳模工匠长廊

似乎有，有时甚至很明显，但又难以捉摸清楚、难以量化的问题。但可以肯定的是，持续倡导某种理念，辅之以大量有计划、有规模的专题活动，学校文化的潜移默化作用，是不言而喻的。

1962 年出生的我，2002 年调入任教，先后经历了常州轻工业学校、常州轻工职业技术学院、常州工业职业技术学院几个时期，今年就要退休了。花甲之年，因回忆往事而提笔，因感慨岁月而疾书。从教 39 年，最让我有成就感的，还是 2006 年至今从事的学校文化建设工作。感谢学校几轮领导给了我足够的时间和空间，让我在学校文化的天地里游弋；感谢相关部门和师生十六年来开展的 400 多次专题活动，共同成就了从一座塑像到一种文化的传奇。值得一提的是，当时我提出构建以邓建军精神为核心的学校文化时，毛伯民是宣传部长，他后来升任党委副书记曾主管宣传，对特色文化建设全力支持，“倪特色”这个绰号喊得最多的，就是他。

时近退休，有人跟我开玩笑说：“你退休了，特色文化可能就没了。”我说，时代不管如何变迁，学校不管如何更替，崇尚劳动、崇尚劳模、崇尚劳模精神和工匠精神，永远不会变，孝老爱亲、感恩知责这些传统文化的精髓，永远不可能被抛弃。退休前向刚到任的党委书记席海涛汇报工作和今后设想时，可以看出席书记对已经形成的特色文化特别珍惜，告诉我他正在调研、构思，准备组建“邓建军工匠学院”——显然，这将让我们的特色文化更上一层楼。

好几次遇见退休后已白发苍苍的周大农老院长，偶尔提起当初为撰写特色报告从一座塑像开始“编故事”的往事，周院长说：“就这叫‘以评促建’。”

我们都笑了，满是欣慰。

倪筱荣

2022 年 7 月 10 日成文于陕南岚皋大巴山中

12 月 4 日修改于上海龙华寺旁

附录二

学校文化研究课题及论文

学校文化研究课题

	课题名称	来源	主持人
1	以邓建军精神为核心的学校文化研究	江苏高校哲学社会科学研究基金项目(2008)	张涛
2	邓建军精神与高职生职业素养培养	江苏教育科学规划办“十一五”规划课题(2009)	杨湘洪
3	高等职业院校文化建设研究	江苏教育科学规划办“十二五”规划重点课题(2011)	倪筱荣
4	常州高职教育园区校本文化资源调查研究	常州市社科联课题(2011)	倪筱荣
5	常州高职教育园区文化的整体周流和互动共生研究	常州科教城重点课题(2012)	杨兴华

学校文化专题论文

	论文题目	作者	发表刊物
1	邓建军精神是工匠精神在常州工业职业技术学院的校本化表达	缪昌武	《现代职业教育研究》2018 年第 3 期
2	一流高职院校建设的文化价值取向：德技一体	杨劲松	中国高职高专网 2018 年 1 月 17 日
3	邓建军、邓建军精神与社会主义核心价值观	杨兴华	《现代职业教育研究》2014 年第 2 期
4	邓建军精神的解读与核心能力的构建	周大农 戚亚光 吴亚萍	《职教通讯》2008 年 9 月
5	以邓建军精神为核心的校园文化建设新思路	倪筱荣 张涛	《教育与职业》2010 年第 2 期
6	以行业杰出人物姓名为学校文化命名的利弊分析	倪筱荣	《学校党建与思想教育》2012 年第 6 期

续表

	论文题目	作者	发表刊物
7	高职院校作为校本文化资源的标志性人物及其开发	倪筱荣 杨兴华	《学校党建与思想教育》2013 年第 10 期
8	以行业杰出人物精神为核心构建高职院校文化的实践	倪筱荣 杨兴华 张涛	《中国职业技术教育》2011 年第 35 期
9	试论邓建军身份的多重属性	倪筱荣	《现代企业文化》2008 年第 26 期
10	劳模精神进校园是核心价值观融入高职学院文化建设的有效路径	倪筱荣 杨兴华	《现代职业教育研究》2016 年第 3 期
11	高职院校特色学校文化的实践和创新	高振发 周大农	《职教论坛》2015 年 4 月
12	以"但问耕耘"的执着进行文化建设	杨兴华	《现代职业教育研究》2015 年第 4 期
13	发掘特色精神财富做好高校党建工作	杨湘洪	《学校党建与思想教育》2009 年 6 月
14	构建具有职业特色的校园文化	杨湘洪	《思想教育研究》2007 年 11 月
15	高职院校文化建设原则初探	倪筱荣	《江苏高教》2012 年第 5 期
16	常州高职教育园区校本文化资源状况及其保护利用	倪筱荣	《江苏教育研究》2014 年第 4 期
17	论常州高职教育园区文化的整体周流与互动共生	倪筱荣	《职业技术教育》2012 年第 20 期
18	高校校训的尚古与维新	倪筱荣 杨兴华	《高校教育管理》2011 第 3 期(人大《复印报刊资料》全文收入、《教育科学文摘》部分收录)
19	论大学校训与大学精神关系的"应然"与"实然"状态	倪筱荣	《教育与职业》2011 年第 35 期
20	论校本文化及其建设路径	倪筱荣	《教育学术月刊》2012 年第 11 期
21	"校本文化资源"概念辨析及其开发利用	倪筱荣	《学校党建与思想教育》2012 年第 19 期
22	高职学院专业文化建设的阶段性及当下的建设重点	倪筱荣	《现代职业教育研究》2019 年第 2 期
23	挖掘校本人文教育资源,推进学校文化建设	缪昌武 杨劲松 倪筱荣	《新华日报》"思想周刊"2022 年 6 月 14 日

后　　记

2006 年，常州工业职业技术学院开始系统构建“以邓建军精神为核心的学校文化”，2018 年，又通过《常州工业职业技术学院学校文化建设“十三五”规划（修订版）》推出“升级版”学校文化建设框架，提出在十多年特色文化建设的基础上，构建“‘工匠精神培育’和‘感恩知责教育’双轮联动的学校文化”。在此过程中，倪筱荣老师起了关键作用。

倪筱荣老师是我校教育管理研究方面的研究员。2006 年提出全面构建“以邓建军精神为核心的学校文化”，并拿出初步方案；2009 年年底担任邓建军学校文化研究会会长，之后进一步挖掘学校文化资源，提出了学校文化建设“升级版”框架；同时，通过系列课题和系列论文，概括、提炼了学校文化一系列概念和论断，皆被学校党委采纳，对学校的未来发展产生了重大影响。

我校的学校文化，既是以劳模精神为核心的劳模文化，也是以校友为重要内容的校友文化；既是基于两大校本文化资源的校本文化，又是植根于“自强不息”“孝老爱亲”“感恩知责”等传统美德的传统文化。对具有“爱岗敬业、自强不息”等工匠精神，以及具有“孝老爱亲、感恩知责”传统美德的优秀校友进行深度采访，既是对我校办学历史的深度探究，也是对我校未来的深度思考。采访组将采访对象当作自己的研究对象，努力挖掘具有价值的规律性的内容。这些优秀校友深度采访报道首先在校园网和学校微信公众号发布，师生反响强烈，有些被专业教师作为专业学习案例引入了课堂，有些被班主任作为班会课内容，有些二级学院专门组织相关活动，邀请采访对象回母校传经送宝。部分报道在“今日头条”等网络媒体发表后，点击率动辄 4~5 万，最高达到了 6 万。

本次出版的《匠心花开》主创人员为倪筱荣、李颖，沈叶菁和张帅各参与了 1 篇人物通讯的撰写。此外，特别感谢学校原党委副书记张涛，作为学校老教师、老领导，他在联系毕业生、促成采访方面，做了很多工作。在采访过程中，各二级学院尤其是班主任，给予了很多帮助，在此一并感谢。

常州工业职业技术学院历经六十多年沧桑，“邓建军式”以及“孝老爱亲、感恩知责”的优秀毕业生数不胜数，因此，采访这样的优秀校友，将是邓建军学校文化研究会的长期任务。邓建军学校文化研究会是宣传部所属的学校文化研究和推进机构，宣传部自当一如既往地支持、配合他们的这项工作，让我们的优秀毕业生发出光亮，熠熠生辉。

常州工业职业技术学院党委宣传部

2023 年 7 月 10 日